いま住みたいのはこんな家

続き

間取りのお手本

コラボハウス一級建築士事務所

X-Knowledge

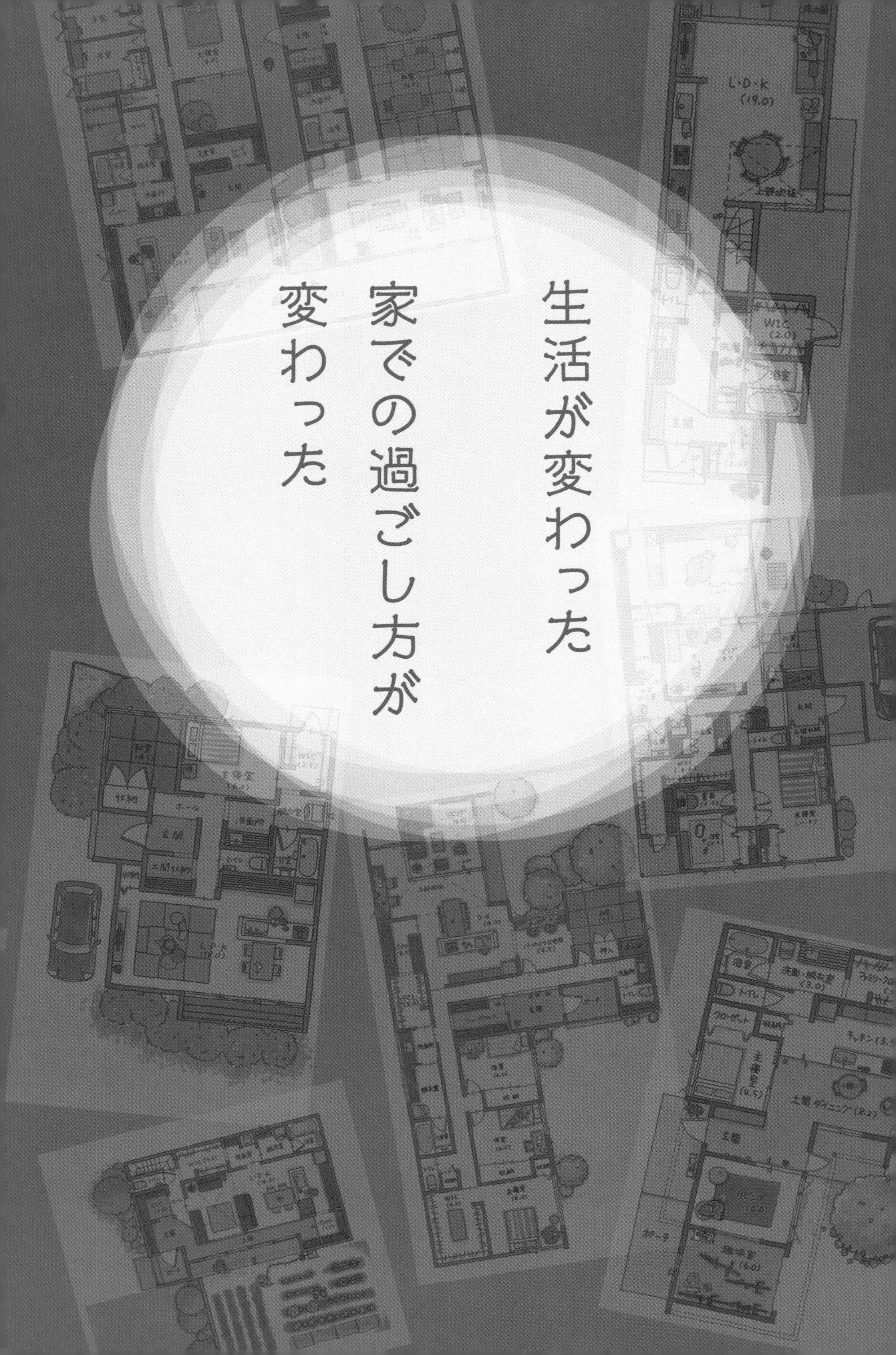

生活が変わった
家での過ごし方が
変わった

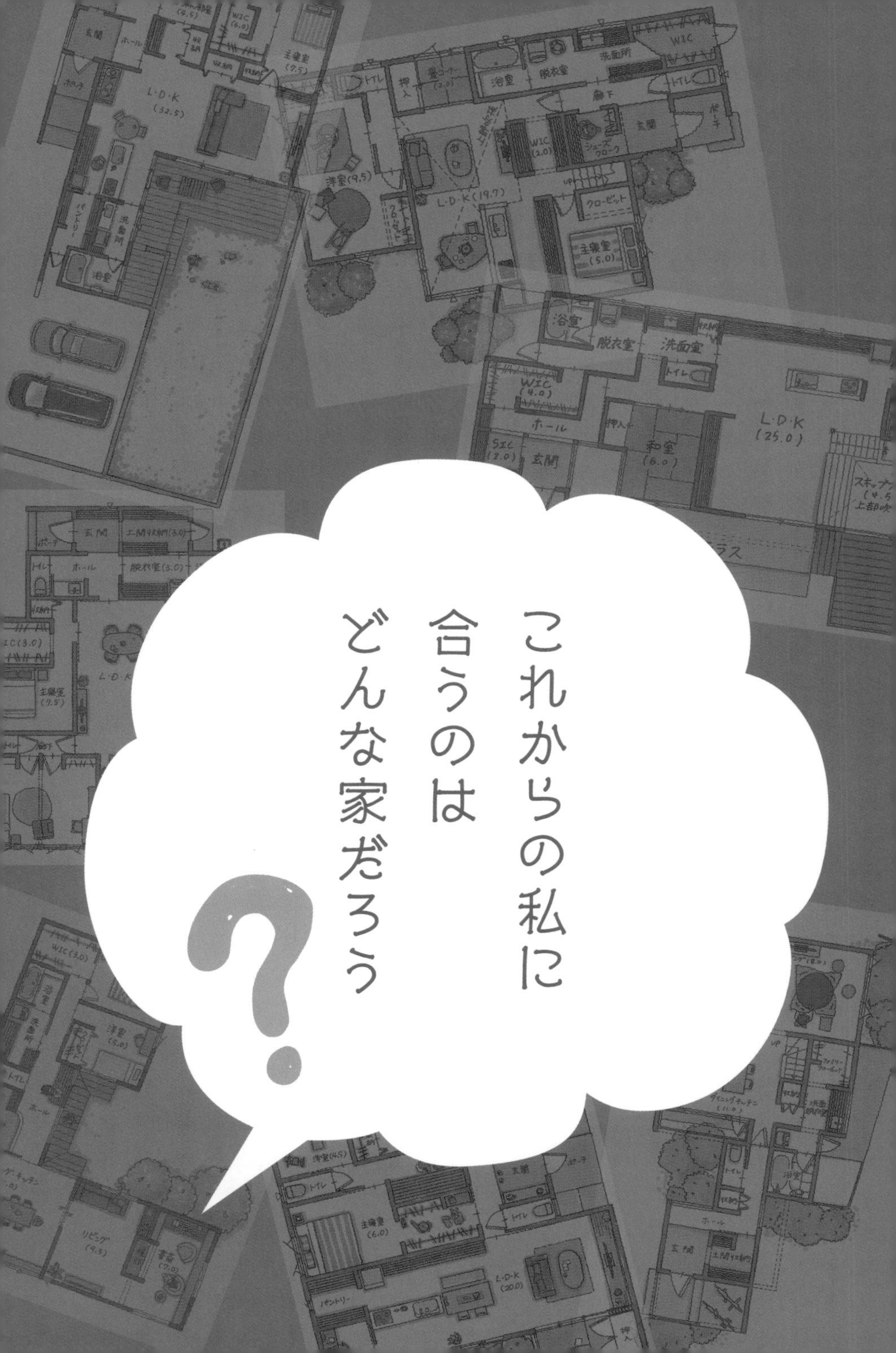
これからの私に
合うのは
どんな家だろう

みんなが辿り着いた〝お手本〟から

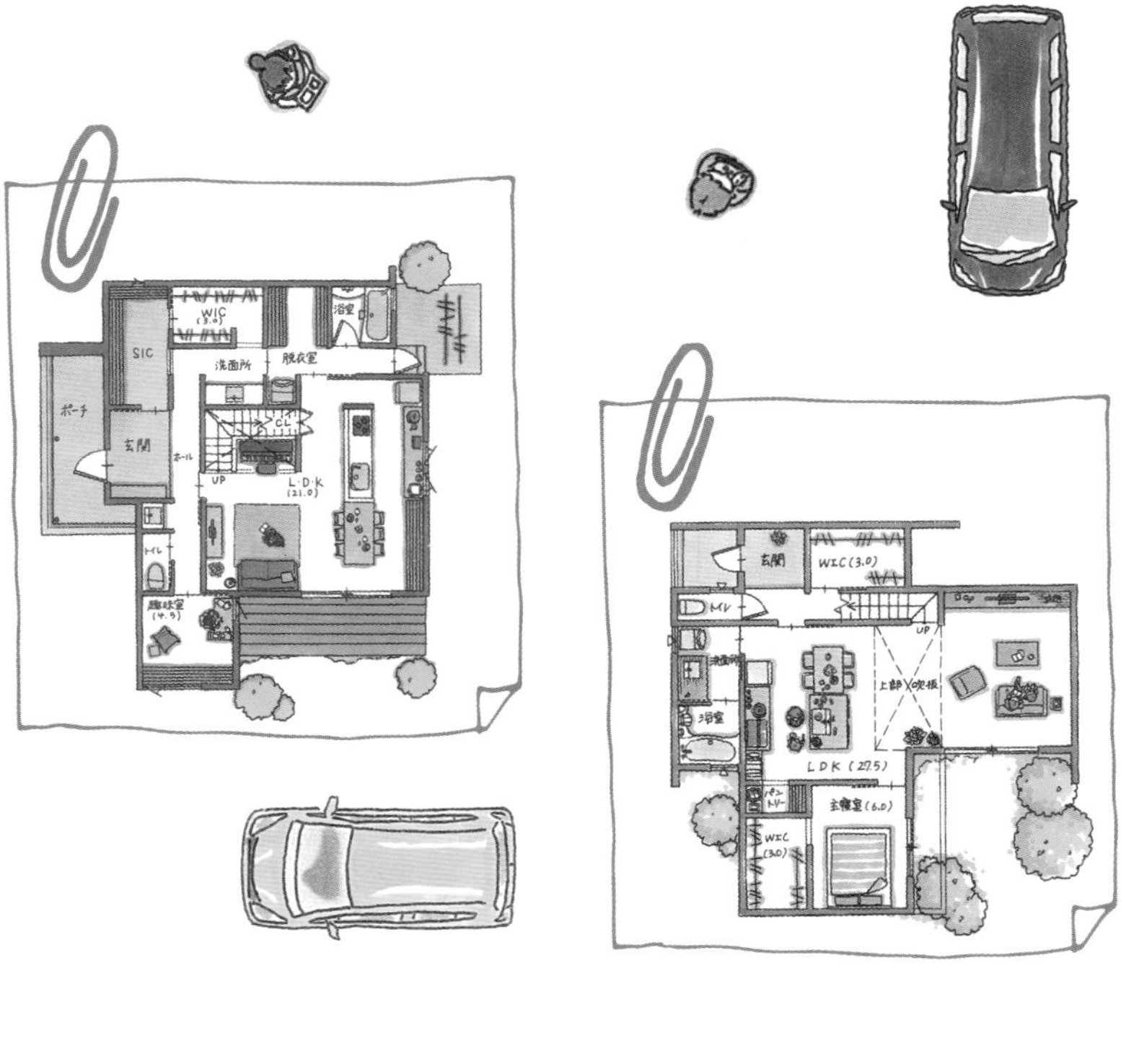

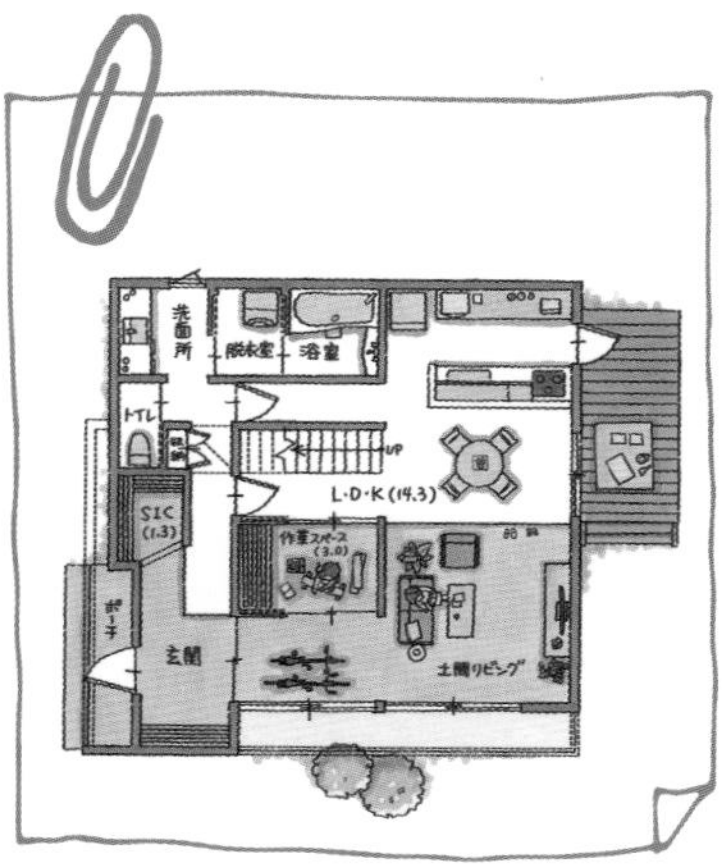

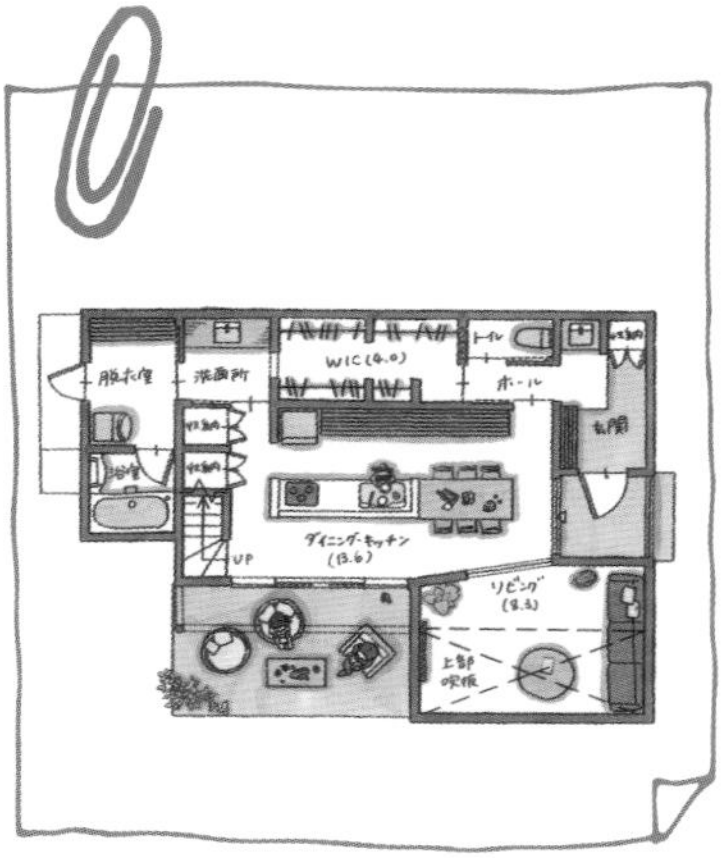

間取りのヒントを見つけよう！

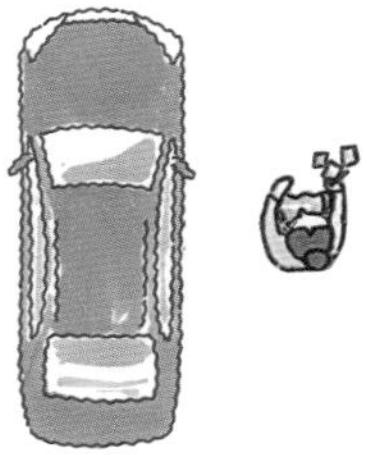

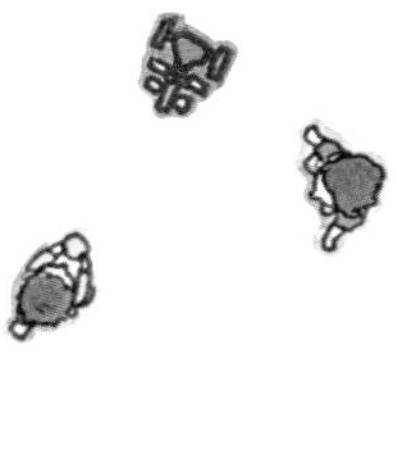

「いい間取り」って、どんな間取りだと思いますか？

あなたにとって
「いい間取り」とはどんなものですか。
ホッと落ち着ける間取り、
家事がラクになる間取り、
家族が自然と集まる間取り？

子どもの頃過ごした家。
いつか遊びに行った友人の家。
旅行で泊まったホテルの部屋。
いつかどこかで見た風景が少しずつ重なって、
人は理想の間取りを思い描いていくのかもしれません。

家づくりは悩みだらけです。
だからこそたくさん写真を見たり、
実物を見たり触ったりして
楽しく悩んで決めるもの。
この本はその過程に伴走し、61の家族に話を聞きました。
迷って考えて相談して、
納得してやっと辿り着いたそれぞれにとっての間取りの正解。
言わば「間取りのお手本」です。

掲載している間取りは既に建っている家も計画段階の家もありますが、
住まい手の理想と設計士の知恵が詰まったものばかり。
「想い」と「間取り」のつながりを、ぜひ楽しんでください。

Contents

間取りの見方

動線 ⋯⋯→

視線 ——→

通風 〜→

・床面積は、小数点第2位を四捨五入しています

・家族構成や周辺環境等の情報は、取材時の状況に基づきます（施主名は仮名を含む）

Staff

デザイン
三木俊一＋高見朋子＋西田寧々（文京図案室）

編集協力
藤城明子（ポルタ）、田方みき

印刷
シナノ書籍印刷株式会社

まずはどこから考える?
お悩み別に、間取りのヒント5選を紹介します。

間取りのお手本

hint
1

一日中、家事している気がしたら……

キッチンと洗面・脱衣所を近づける

布巾やエプロンを洗濯したり、服をたたみながら夕食準備をしたり。炊事⇔洗濯は、日に何度も行き来するので、近くにあるのが何より吉。さらに回遊動線がつくれると、行き止まりがなく、家族との渋滞が防げます。

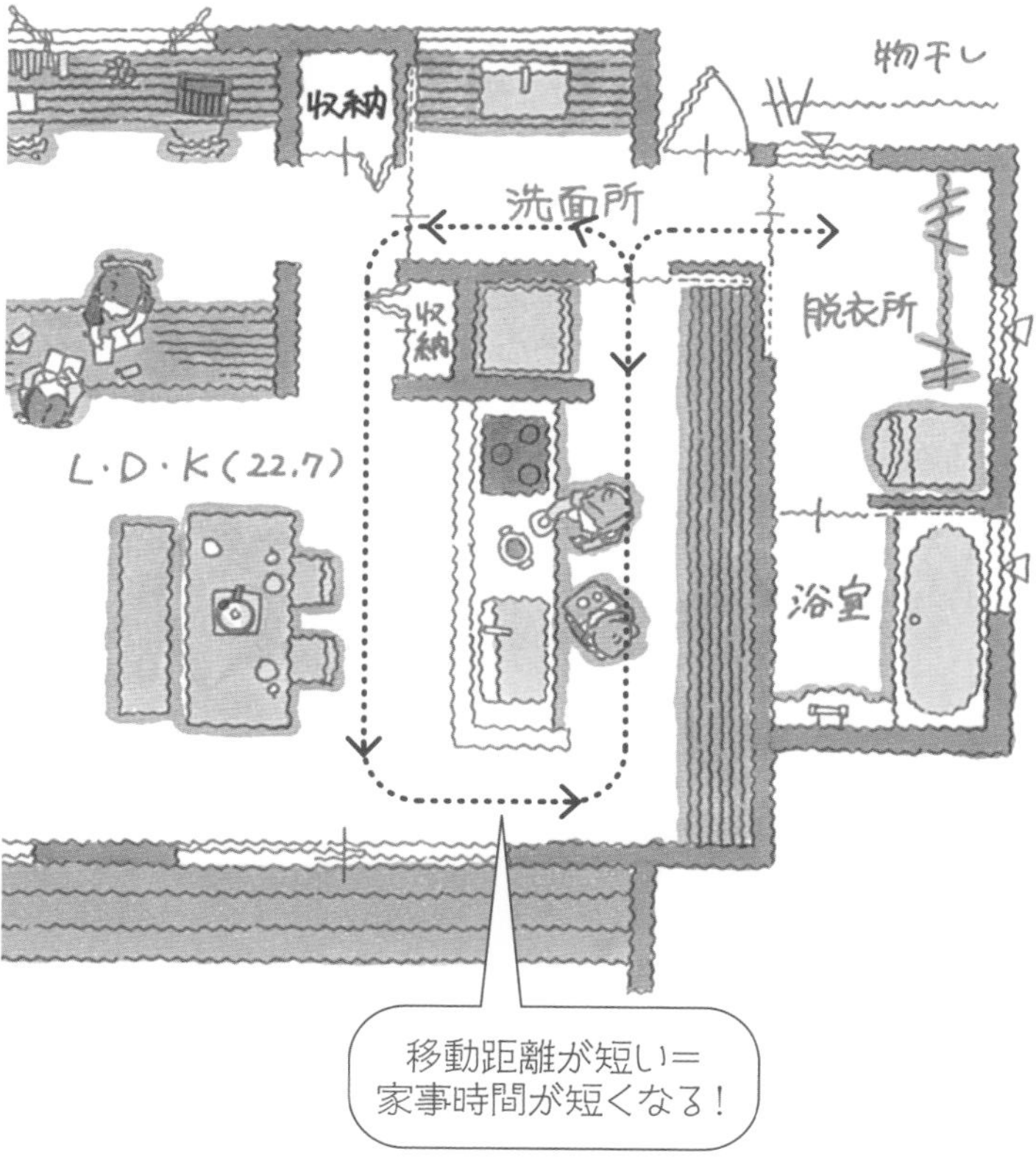

P.22、P.26、P.42、P.94、P.114 etc.をチェック!

間取りのお手本

hint

2

家の中に、汚れや菌を入れたくない

最短距離で
玄関↓水まわりを
つなげる

感染症対策としてはもちろん、外遊びの多い子育て世帯から多いこの要望には、玄関から水まわりへ最短で直行できる間取りがベスト。また、玄関にシューズクロークを備えるのも得策。アウターやバッグを置けば、泥や埃、花粉などが室内へ舞い込みづらくなります。

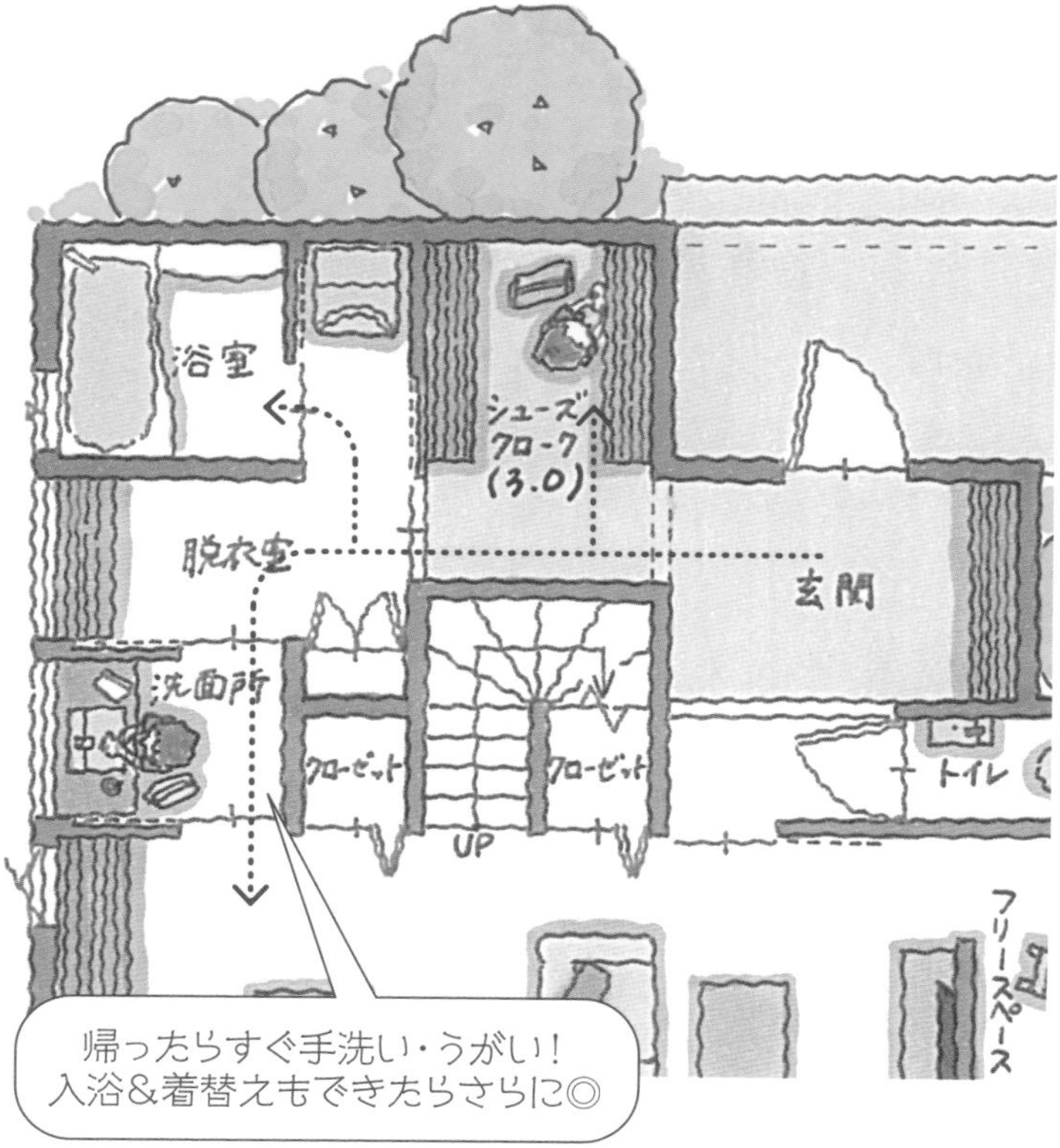
浴室
シューズクローク
(3.0)
脱衣室
玄関
洗面所
クローゼット
クローゼット
トイレ
UP
フリースペース
帰ったらすぐ手洗い・うがい！
入浴＆着替えもできたらさらに◎

P.36、P.38、P.40、P.108、P.118 etc.をチェック!

間取りのお手本

hint 3

リビングを広く、明るくしたい

吹き抜けや
床を下げるのが
プロのワザ

「リビングを心地いい部屋に」は、求める人がもっとも多いテーマのひとつ。天井を吹き抜けにして開放感を出したり、床を下げて落ち着きを演出したりすることによって、広く、明るく感じられます。

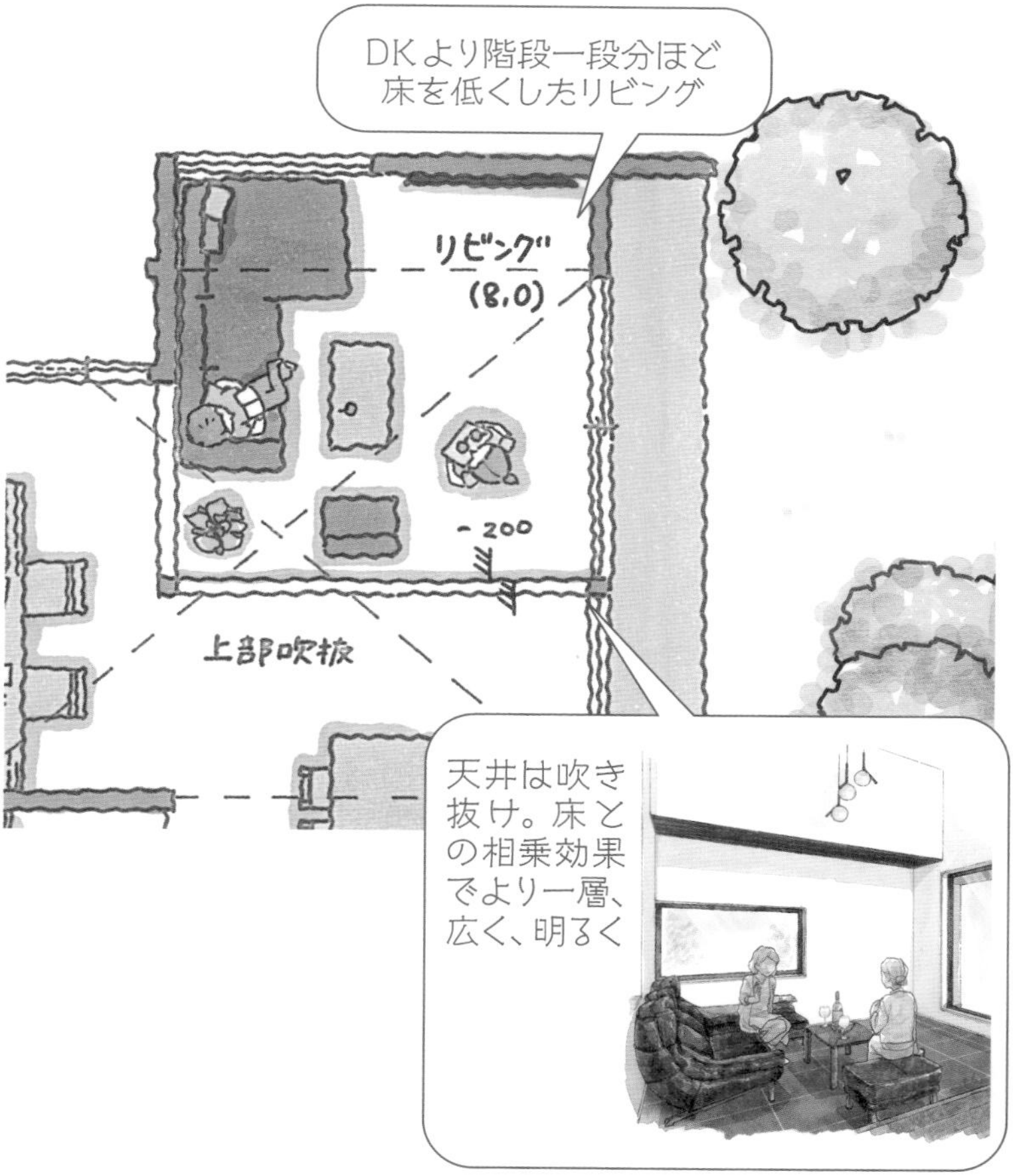
DKより階段一段分ほど
床を低くしたリビング
リビング
(8.0)
-200
上部吹抜
天井は吹き
抜け。床と
の相乗効果
でより一層、
広く、明るく

P.40、P.56、P.84、P.126、P.139 etc.をチェック!

間取りのお手本

hint 4

衣類の片づけから解放されたい

ファミクロがあれば
家族全員分を
一括収納！

ファミリークローゼット通称“ファミクロ”。家族共用の衣類収納のことで、最近需要が急上昇しています。乾燥後すぐしまえる位置にあれば、各人の部屋へ運ぶ手間が不要! 面倒な家事をひとつ減らせます。

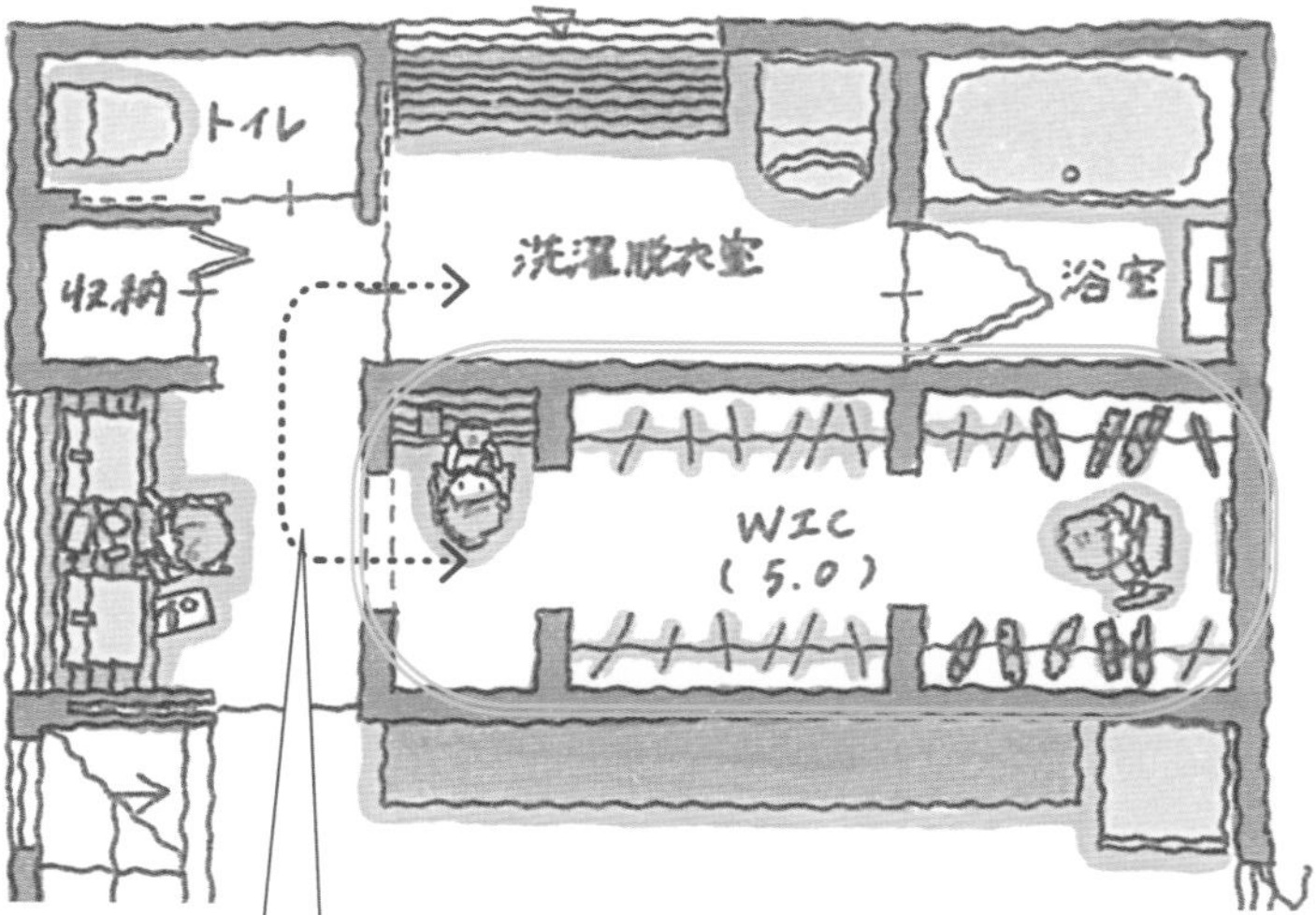

暮らし方に合わせて
寝室やベランダの近くに
配置することも

P.22、P.28、P.60、P.114、P.148 etc.をチェック!

間取りのお手本

hint 5

憧れの平屋。間取りのポイントは？

よく使う場所を
家の真ん中に

庭とつながる暮らし、階段のないラクさ、耐震性などの理由から、平屋の人気が高まっています。間取りのコツは、どの部屋を「家の真ん中」＝「家のどこからも行きやすい場所」にするか。毎日のルーティンを振り返り、よく使う場所、長く居る場所を考えてみましょう。

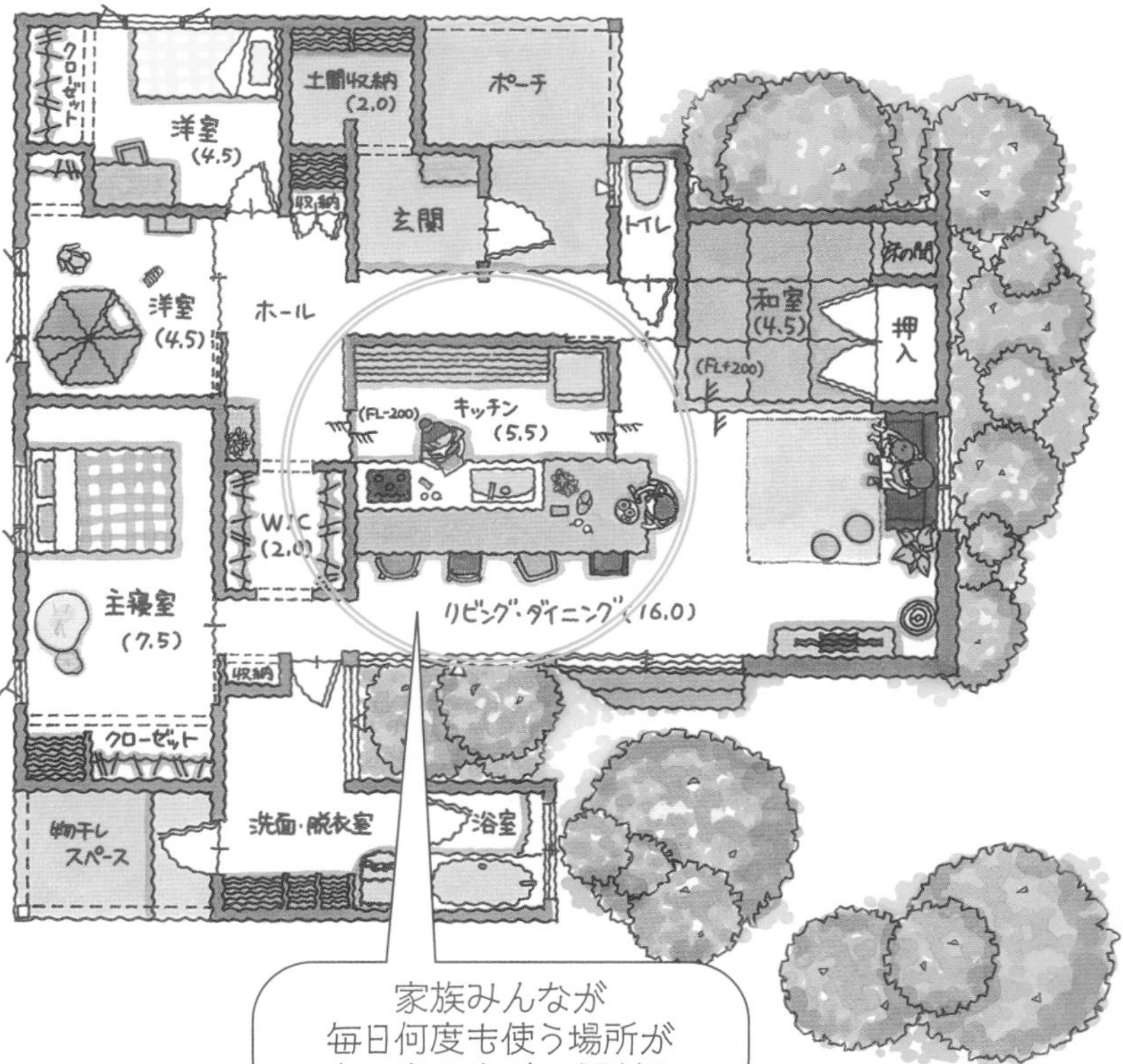

クローゼット
洋室
(4.5)
土間収納
(2.0)
ポーチ
収納
玄関
トイレ
和室
(4.5)
押入
(FL+200)
ホール
洋室
(4.5)
キッチン
(5.5)
(FL-200)
W.I.C
(2.0)
主寝室
(7.5)
リビング・ダイニング(16.0)
収納
クローゼット
洗面・脱衣室
浴室
物干し
スペース
家族みんなが
毎日何度も使う場所が
家の真ん中だと便利◎

P.22、P.32、P.74、P.96、P.142 etc.をチェック!

おしゃれ、収納、家事ラク動線
希望を詰め込んだ小さな平屋

ＳＮＳや雑誌で間取りを見るのがもともと好きだという西さん。夫は釣りやサイクリング、スキー、妻は音楽や読書とそれぞれに趣味があり、〝おしゃれながらも片づく家〟を夢見ていました。「それと、平屋にすごく惹かれていて。ワンフロアで完結する家っていいよねって夫と話し、注文住宅を決めました」

初回の打ち合わせでは、ありったけの希望をぶつけたそう。「まずは平屋。これは絶対。そのうえで、収納付きの土間玄関、私専用の書斎、庭とつながるＬＤＫに、家事がラクになる回遊動線……と、ダメ元でほしいものを全部お伝えしました（笑）」。プランが仕上がると見事にすべてが反映されていて、

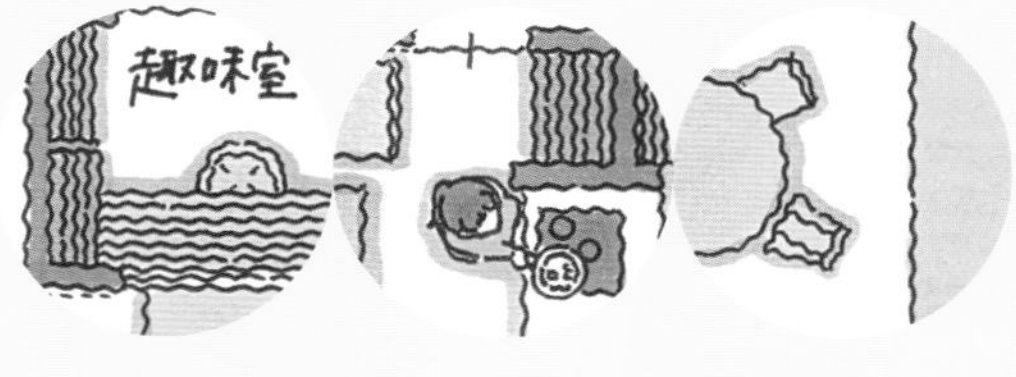

「迷いなく一発ＯＫでした！」

ゆとりのある玄関は壁面に自転車を掛けて。隣は約３・５畳の収納で、靴やアウターのほか夫の趣味の道具をしまいます。妻の本やＣＤは趣味室に。約９畳と広めですが、将来は二部屋に分け、子ども室を設けることも可能です。キッチンと洗面所、脱衣所、衣類収納室は、ぐるっとつながる回遊動線。家事効率は抜群です。「衣類収納はウォークスルー。着るのもしまうのも最短でできます」

家事がラクになったことで、インテリアを楽しむ余裕も生まれました。「キッチン周りに雑貨を飾ったり。夢が全部叶ったわが家、住み続けるのが楽しみです」

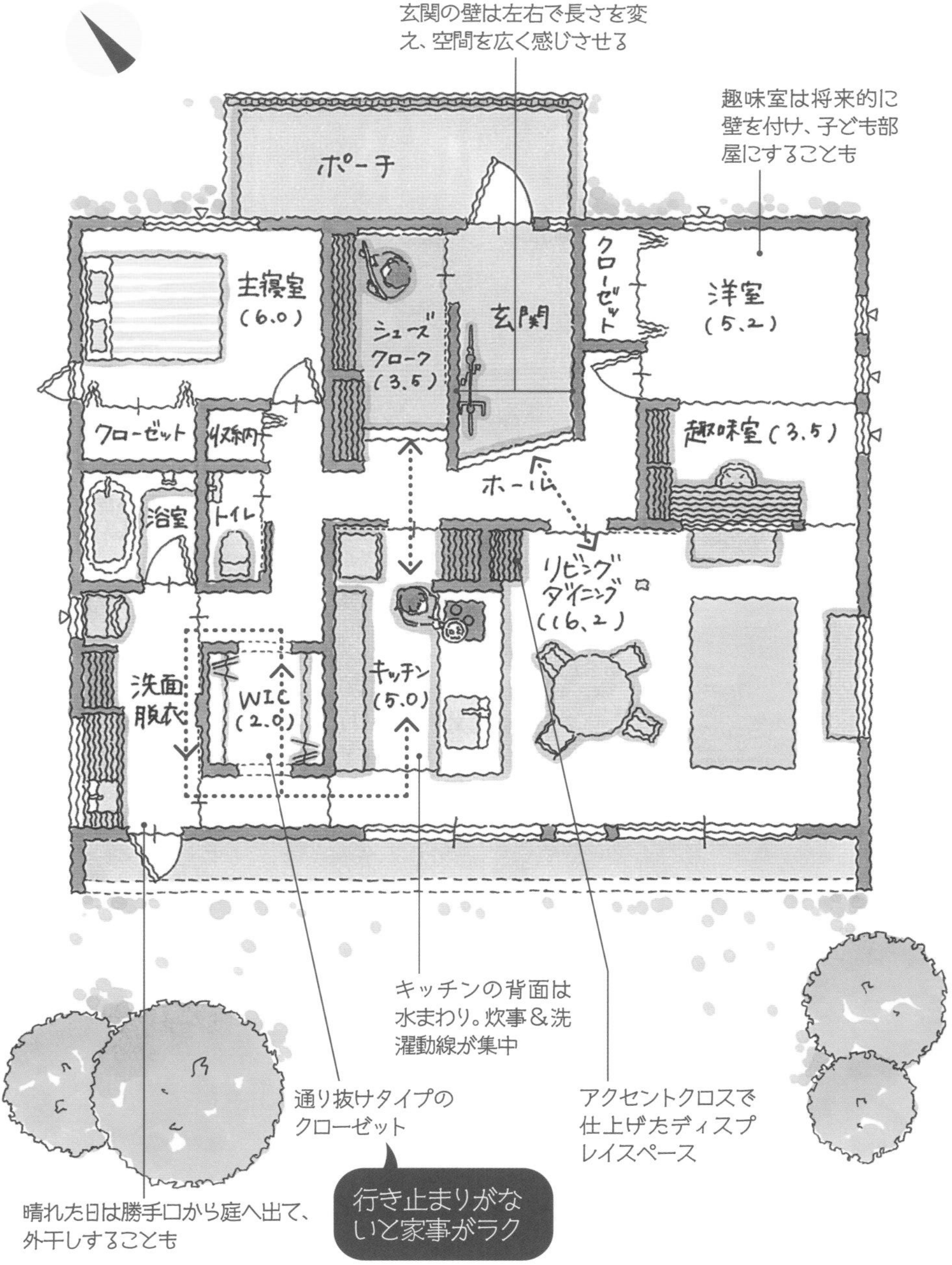

玄関の壁は左右で長さを変え、空間を広く感じさせる
趣味室は将来的に壁を付け、子ども部屋にすることも
ポーチ
主寝室 (6.0)
シューズクローク (3.5)
玄関
クローゼット
洋室 (5.2)
クローゼット
収納
趣味室 (3.5)
ホール
浴室
トイレ
リビングダイニング (16.2)
洗面脱衣
WIC (2.0)
キッチン (5.0)
キッチンの背面は水まわり。炊事＆洗濯動線が集中
通り抜けタイプのクローゼット
アクセントクロスで仕上げたディスプレイスペース
晴れた日は勝手口から庭へ出て、外干しすることも
行き止まりがないと家事がラク

Data

夫婦＋子１人（１歳）

床面積……103.5㎡

妊娠をきっかけに家づくりを始めた矢原さん。「私は基本的に在宅勤務、夫は数カ月単位の出張と約1カ月の休暇を繰り返すサイクルです。時期によって暮らし方が変わるけれど、どんなときも心地よく過ごせる家にしたいと思っていました」。夫婦共通の希望は〝明るい家〟。そのうえで、それぞれがほしい空間をつくっていこうと決めました。

まず計画したのは吹き抜けです。「ダイニングとリビングに1カ所ずつ。高い位置からほぼ一日中光が入るので、夕方まで電気をつけなくても十分です」

次に考えたのは、妻の書斎と夫の希望のお昼寝部屋。書斎はキッ

憧れだった吹き抜けを
2カ所つくって楽しく、明るく

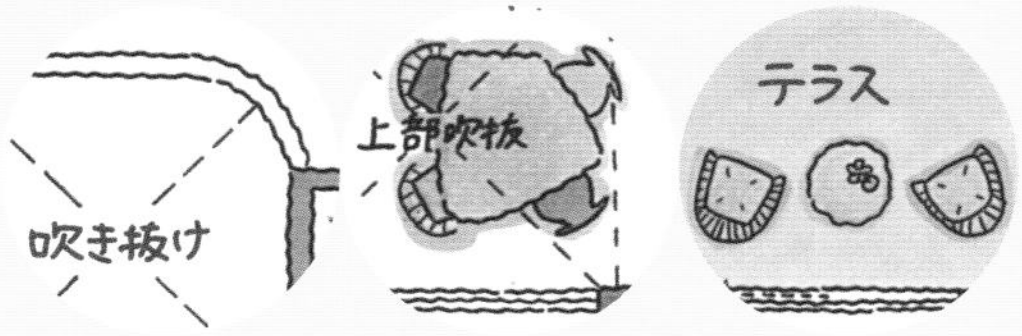

チンのそばに配置しました。「台所との行き来がラクなのは、在宅ワーク中とても助かります」

一方、お昼寝部屋はリビングの奥。床が一段上がることでおこもり感があります。「前の家では、私が仕事で忙しいときにゴロゴロしている夫が視界に入りイラッとしたことも（笑）。でも今はこの部屋があるので、お互い気兼ねなく過ごせています」

2階は寝室と水まわり。ホールからは1階の様子もわかります。「部屋は小分けな間取りですが、家全体で一体感がある設計。〝家族で暮らしている〟感覚が強くなったような気がします」

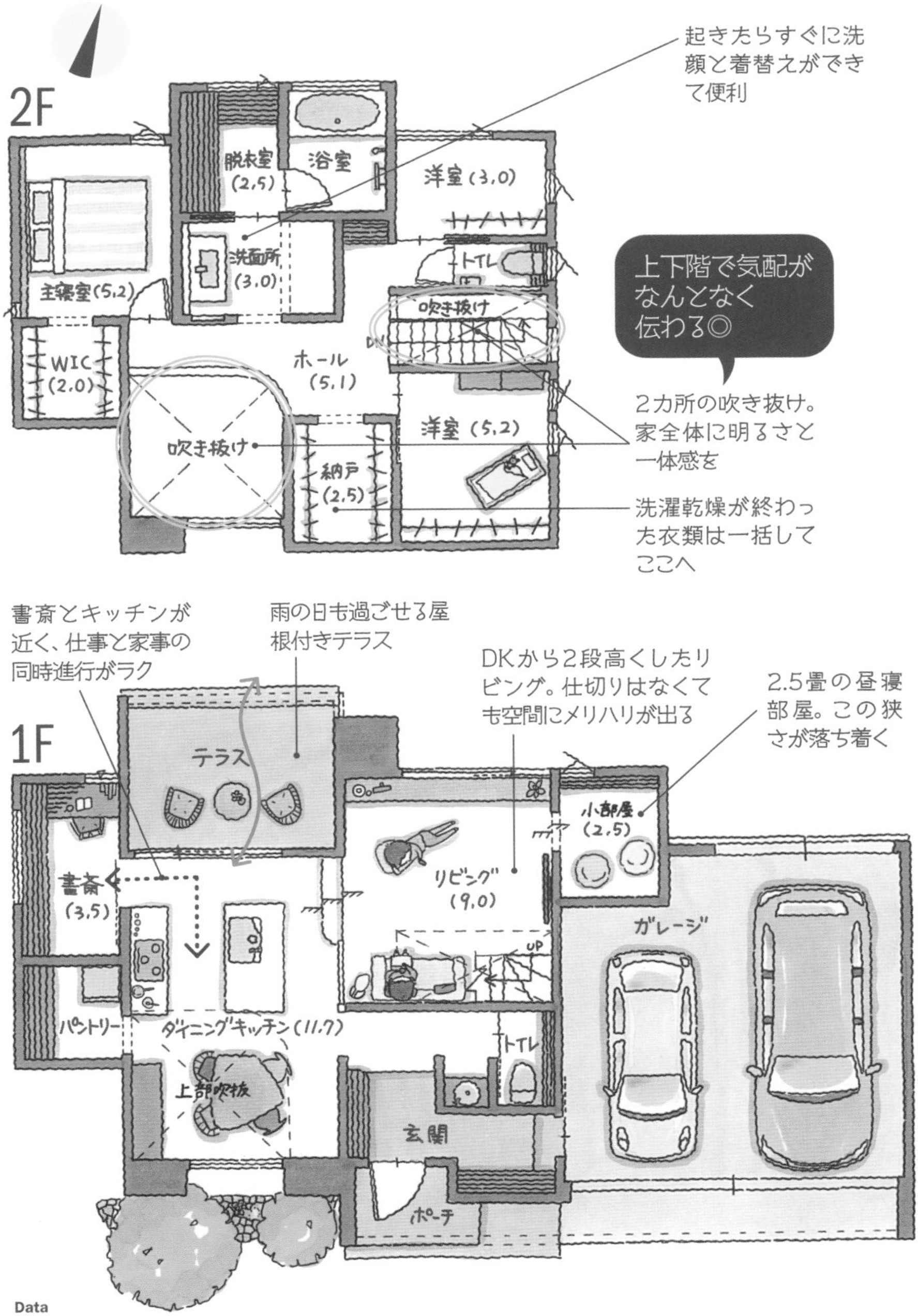
2F
起きたらすぐに洗顔と着替えができて便利
脱衣室(2.5)
浴室
洋室(3.0)
洗面所(3.0)
トイレ
主寝室(5.2)
吹き抜け
上下階で気配がなんとなく伝わる◎
WIC(2.0)
ホール(5.1)
DN
2カ所の吹き抜け。家全体に明るさと一体感を
洋室(5.2)
吹き抜け
納戸(2.5)
洗濯乾燥が終わった衣類は一括してここへ
書斎とキッチンが近く、仕事と家事の同時進行がラク
雨の日も過ごせる屋根付きテラス
DKから2段高くしたリビング。仕切りはなくても空間にメリハリが出る
2.5畳の昼寝部屋。この狭さが落ち着く
1F
テラス
小部屋(2.5)
書斎(3.5)
リビング(9.0)
ガレージ
UP
パントリー
ダイニングキッチン(11.7)
トイレ
上部吹抜
玄関
ポーチ

Data
夫婦
床面積……1F：95.2㎡｜2F：60.0㎡

長男の小学校入学に合わせ、手狭になったマンションを売ることにした中村さん。これからの子育て＆家事をラクにする戸建てが希望でした。「とくにわが家は洗濯物が多い。洗って乾かしてたたんで運ぶ大変さと、家じゅうにポイポイ脱がれるストレスをなんとかしたいと思っていました」

　購入した土地は約25坪。間取り計画は、この限られた広さとの戦いでもありました。「でもそのおかげで、希望に優先順位がつけられました。①子ども部屋②家事ラク③できれば畳スペース。フローリングのリビングや独立した和室は諦めたけれど、代わりに〝畳リビング〟というアイデアをいただ

のびのびごろんと居やすくて
家事もはかどる畳の小上がり

けました」
　畳リビングはキッチンの目の前、階段を上る手前に位置します。「家事でバタバタしていても、これなら子どもに目が届く。窓の外へも視線が抜け、空間が広く感じられます」。悩みだった洗濯の負担も、畳リビングがここにあることで軽くなったと話します。「乾燥が終わったら、私はドサッとここへ運ぶだけ。人別に分けて2階へ持って上がるのは、夫と子どもの担当にしました。畳だから居心地がいいみたいで、しゃべりながら遊びながら……任せています（笑）」。畳の下を収納にしたのも大助かり。期待以上に快適な暮らしができています。

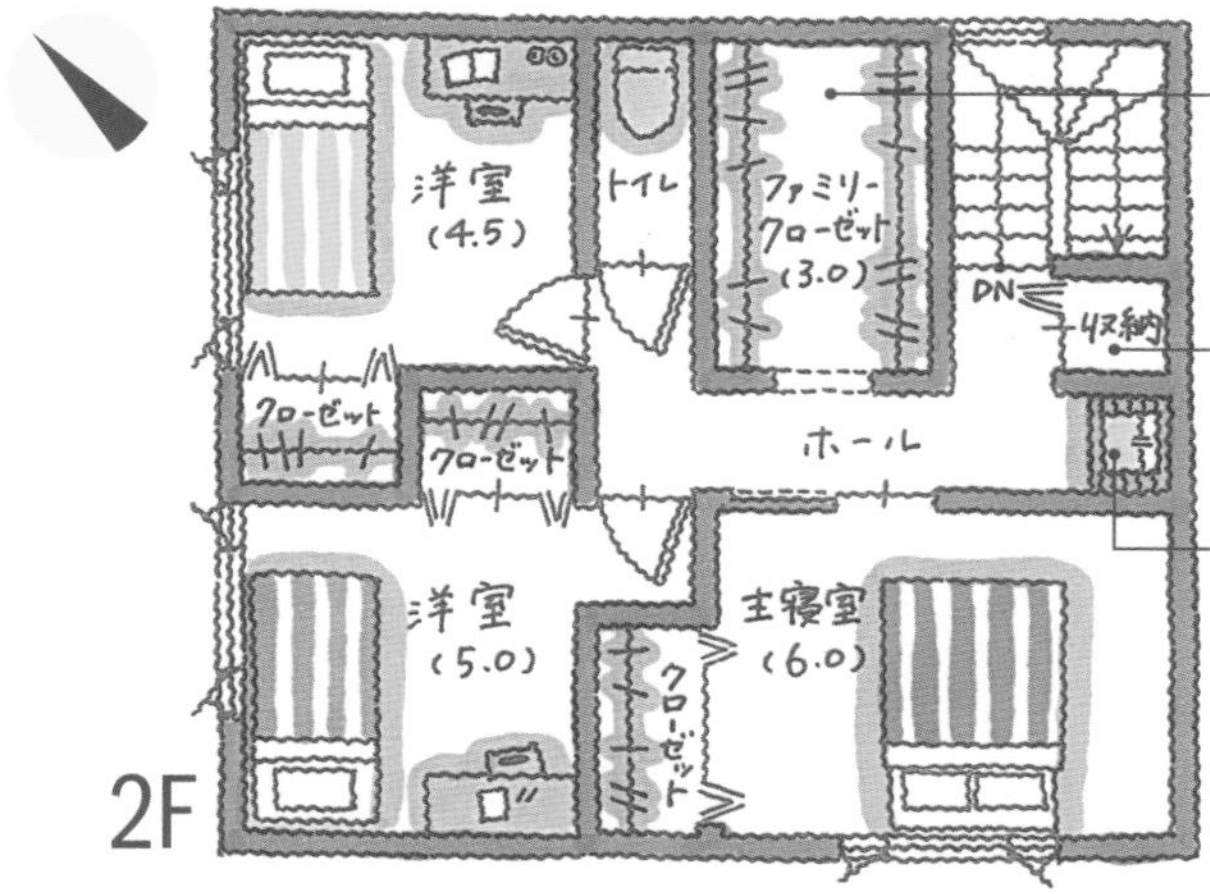

シーズンオフやお下がり待ちの衣類、礼服などを収納

掃除道具など小物用。クローゼットが雑多にならない

加湿器の水の入れ替えなど、あると便利な2階の洗面台

階段はフロアのいちばん奥。家族が顔を合わせやすい

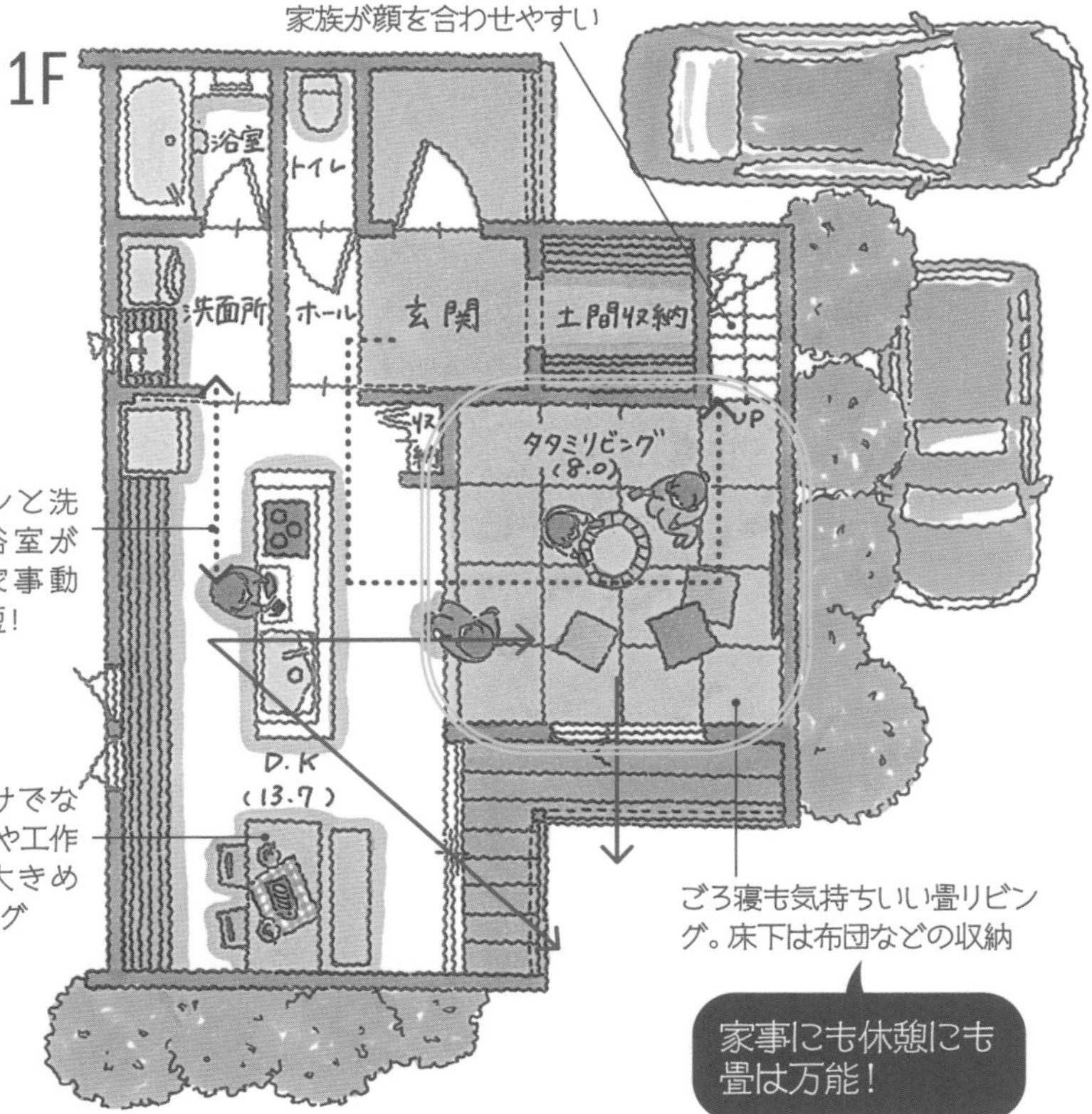

キッチンと洗面所、浴室が隣で、家事動線が最短！

食事だけでなく、宿題や工作もする大きめダイニング

ごろ寝も気持ちいい畳リビング。床下は布団などの収納

家事にも休憩にも畳は万能！

Data
夫婦＋子２人（3歳・7歳）
床面積……1F：54.7㎡｜2F：46.4㎡

「平日は仕事が忙しいので、せめて週末は家でゆっくりしたい。庭をのんびり眺めたり、ハンモックで昼寝もいいなあと憧れていました」

コンサルタント会社勤務の松村さん夫婦。限られた敷地ながら、リビングの脇にデッキ、吹き抜けの上にネット張りのごろ寝スペースのある個性的な間取りです。「ネット張りスペースを提案されたときは驚きましたが、しっかりしたロープ製なので慣れればまったく怖くないし、ほどよく囲われた場所なので、隠れ家的でとてもリラックスできます」

天気のいい日はデッキで昼寝も気持ちよく、子どもとの時間が今、何より幸せだそうです。

見晴らしのいいキッチンとデッキ、吹き抜けが疲れを癒す

限られた土地でも、外を感じられると気持ちがいい

① デッキまでがひとつの部屋のように感じられるリビング
② 天井の一部を吹き抜けにし、ネットを張った。個性的で、浮遊感あるリラックススペース
③ デッキにはフェンスをつけ、プライバシーを確保
④ キッチンからはフロア全体が見渡せる

在宅ワーカーである妻のスペース。書棚とデスクは造り付け

服が多い夫婦の兼用クローゼット。入口正面はカバン専用棚

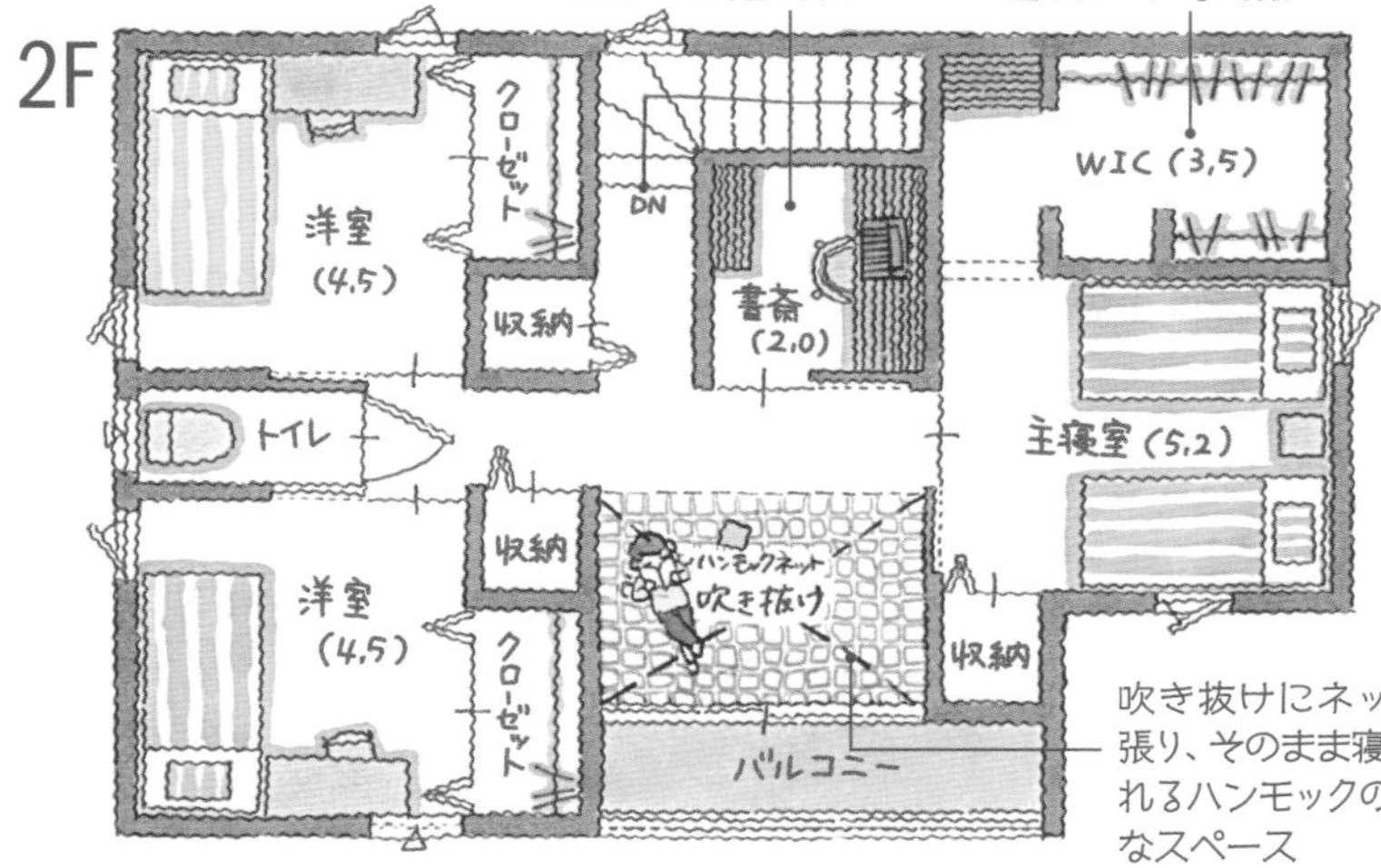
2F
洋室
(4.5)
クローゼット
収納
トイレ
DN
書斎
(2.0)
WIC (3.5)
主寝室 (5.2)
ハンモックネット
吹き抜け
バルコニー

吹き抜けにネットを張り、そのまま寝転がれるハンモックのようなスペース

たたんだり仕分けたりもここで。腰高収納の一部は下を開けて、カウンターに

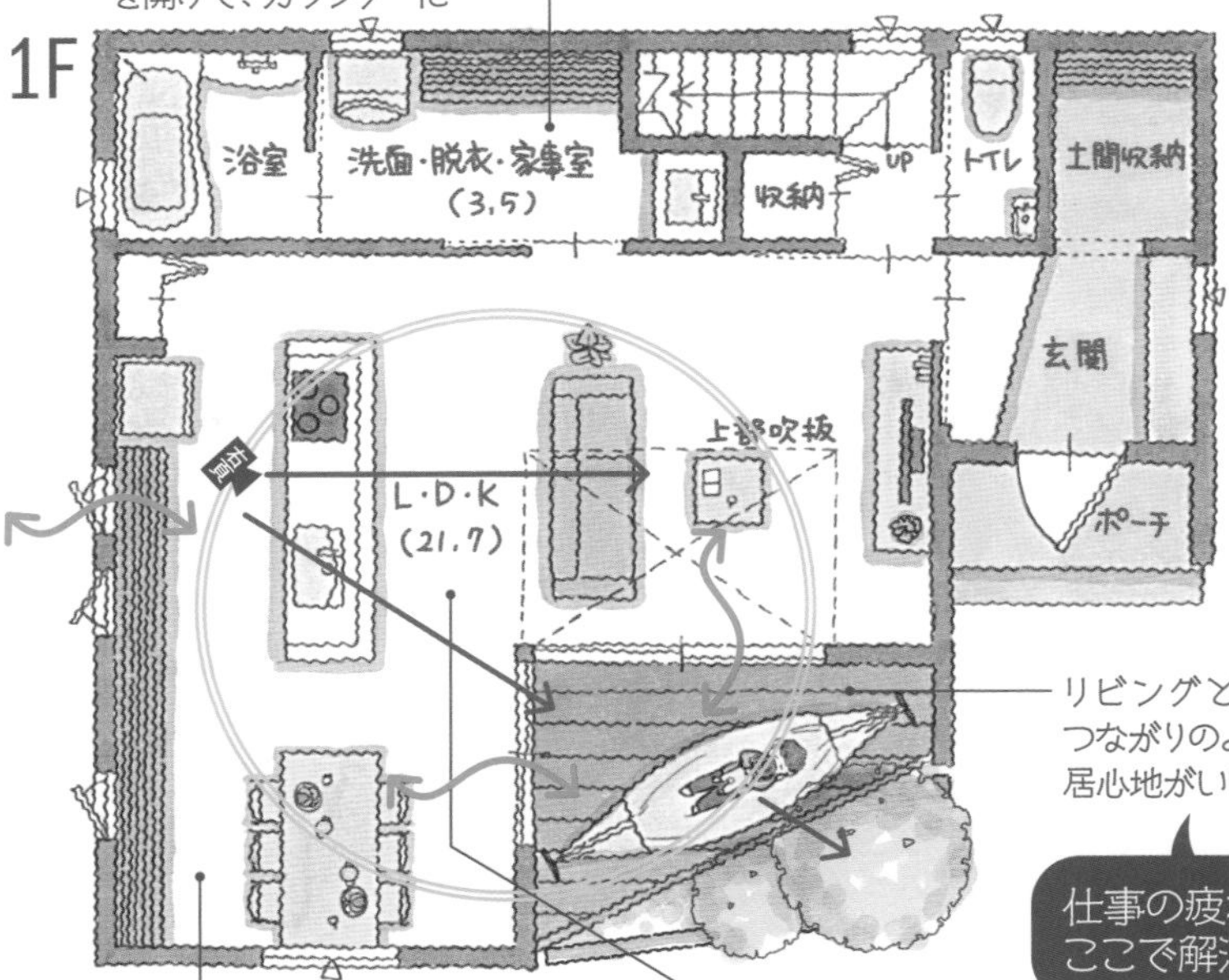
1F
浴室
洗面・脱衣・家事室
(3.5)
収納
UP
トイレ
土間収納
玄関
ポーチ
上部吹抜
L・D・K
(21.7)

リビングとひとつながりのようで居心地がいい

仕事の疲れはここで解消!

くつろぎのリビングと、食のダイニングはきっちり分けた

キッチンに立つと、リビングからデッキ、庭まで見渡せる

Data
夫婦・子1人(0歳)
床面積……1F:58.0㎡ | 2F:48.4㎡

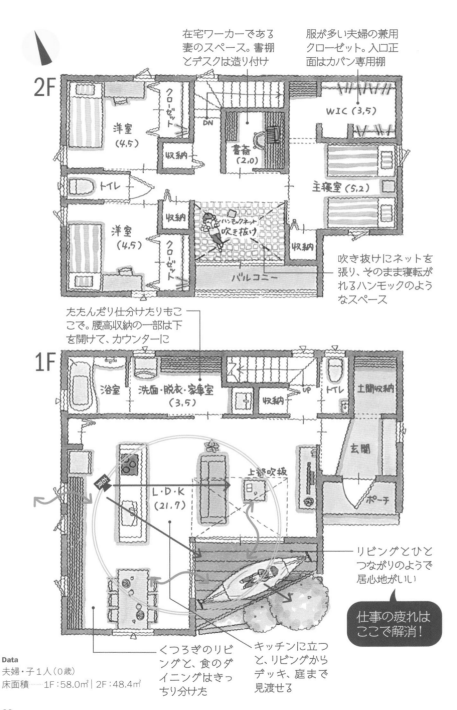

「必須なのは3人分の子ども部屋。そしてできれば、親も子も使える、ちょっとこもれる部屋を」というのが越智さん夫婦の希望でした。プランを見て、とくに気に入ったのがリビング脇の小上がりだったそう。「子どもが勉強するのにちょうどよさそう。これでLDが散らかることもなさそうだなって（笑）」

住み始めてから夫のお気に入りとなったのが、階段途中の小部屋です。「1階でも2階でもない隠れ家感がいいですね。子どもとゲームしたり本を読んだりしています」

階段下や2階クローゼットに設けたデスクは、主にリモートワーク用。「小さくてもちゃんとした〝居場所〟。無駄のない設計に満足です」

小さな秘密基地のような居場所をあちこちに点在させて

リビングの中にも小さな居場所を

① リビングの壁をくりぬくようにしてつくった2.5畳の小部屋。カウンターを造作
② 木製のフレームをつけ、部屋に入る時の手触りを心地よく
③ リビングから約60㎝上げ、リビングとは〝違う〟部屋感を演出
④ 階段下のスペースを活用。リモートワークや、長女の勉強で使っている

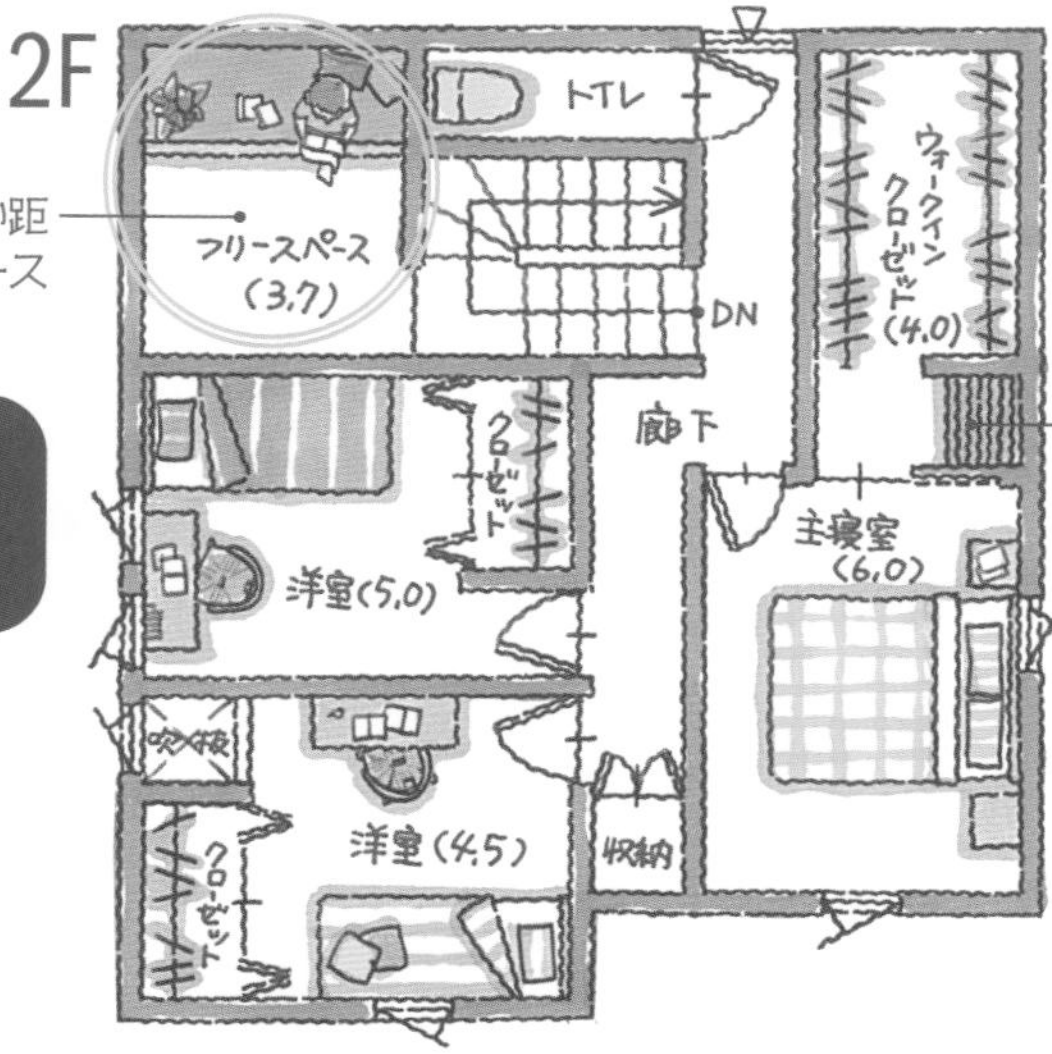
日常からほどよい距離感のあるフリースペース
パパのお気に入り部屋はここ
ノートパソコンが置ける幅のカウンターを設置。ウェブ会議時に重宝

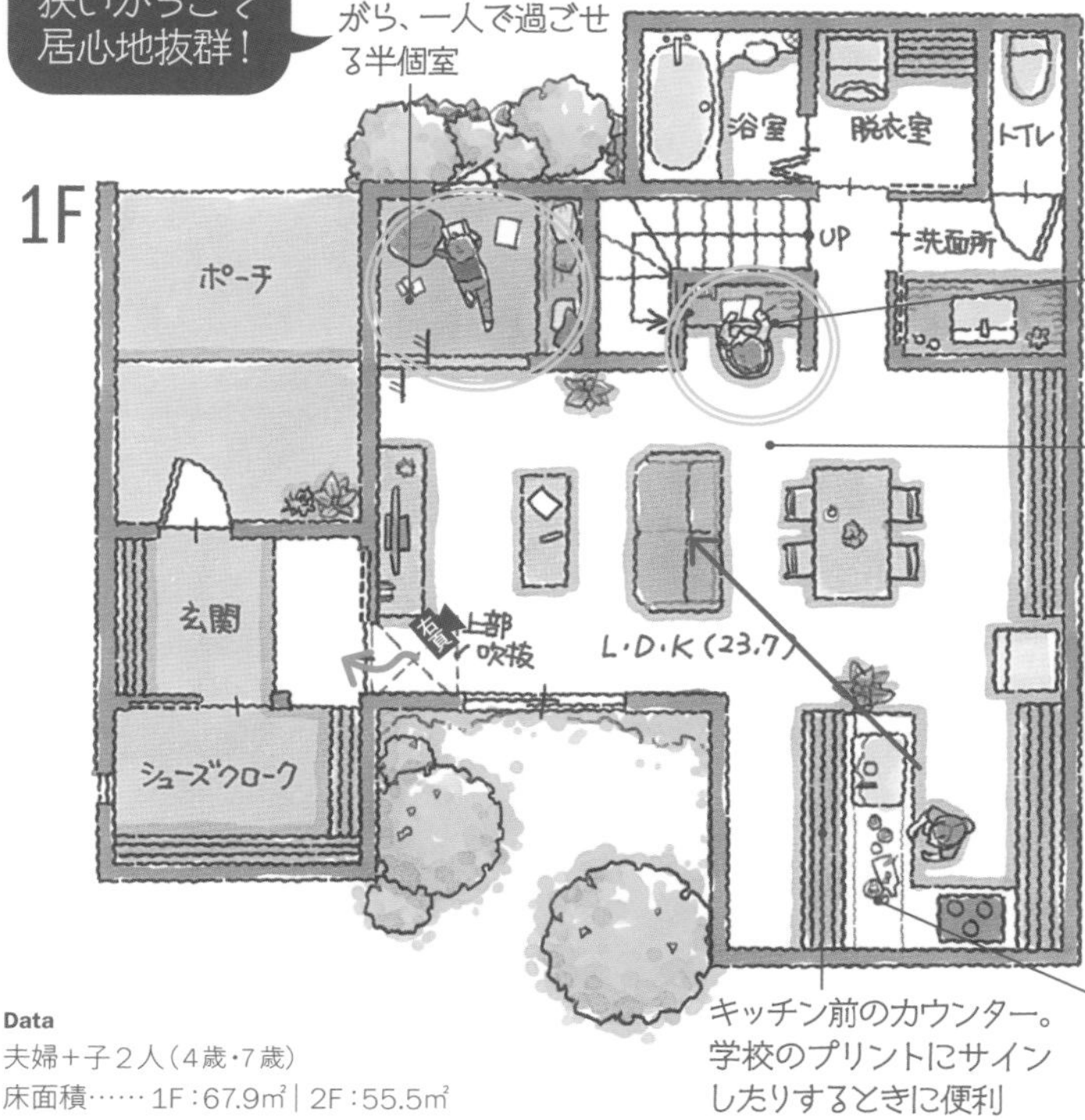
狭いからこそ居心地抜群！
家族の声を聞きながら、一人で過ごせる半個室
デッドスペースになりがちな階段下を活用
大きなLDと、ちょっと凹ませてつくった2空間
リビングにいながら、自分の作業にも集中できる◎
キッチン前のカウンター。学校のプリントにサインしたりするときに便利
キッチンはLDからやや離したが、目は届く

Data

夫婦＋子２人（4歳・7歳）

床面積……1F：67.9㎡｜2F：55.5㎡

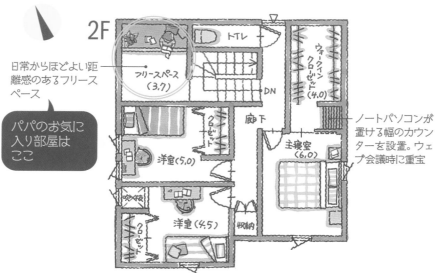

第二子妊娠中に家づくりを始めた山中さん。「いちばんの希望は、自分だけでなく、夫も子どもも使いやすいキッチン。自然とここに集まって、手を動かしながらたわいない話ができるような場所になればと思っていました」

完成したのは、オープンなキッチンが家の真ん中にある間取り。通路も作業台も広さたっぷりで、キッチンの前と横を大きなカウンターが囲みます。「買ってきた食材を整理しながら今日の出来事を話したり、子どもに野菜をちぎらせながら私はコンロで調理したり。いつかママ友を招いて、ホームパーティーもしたいです」

大きなL字カウンターで「作る」も「食べる」も一緒に楽しく

大きくて使いやすいキッチンがわが家の中心です

① 正面は大きな掃き出し窓。庭を眺めながらの料理は気持ちがいい
② キッチンとLDはぐるりと回れる便利な動線。複数人で作業しても出入りしやすい
③ L字カウンターの、コンロやシンクの向かいは奥行き60cm
④ カウンターの端は大きな正方形。パン作りをしたり子どもと粘土遊びをしたり、様々に使える
⑤ キッチンの床は水に強く掃除がしやすい大判タイルを採用

キッチンを中心に
家事ラク♪

子ども部屋は最低限の広さ。クローゼットは戸ではなくカーテンで仕切っている

背面収納の一部に小窓をつけ、玄関の様子が見えるように

キッチン⇔リビング⇔ウォークインクローゼットの回遊動線

キッチンの床は一段低く、目の前の椅子やリビングの人と目線が合う

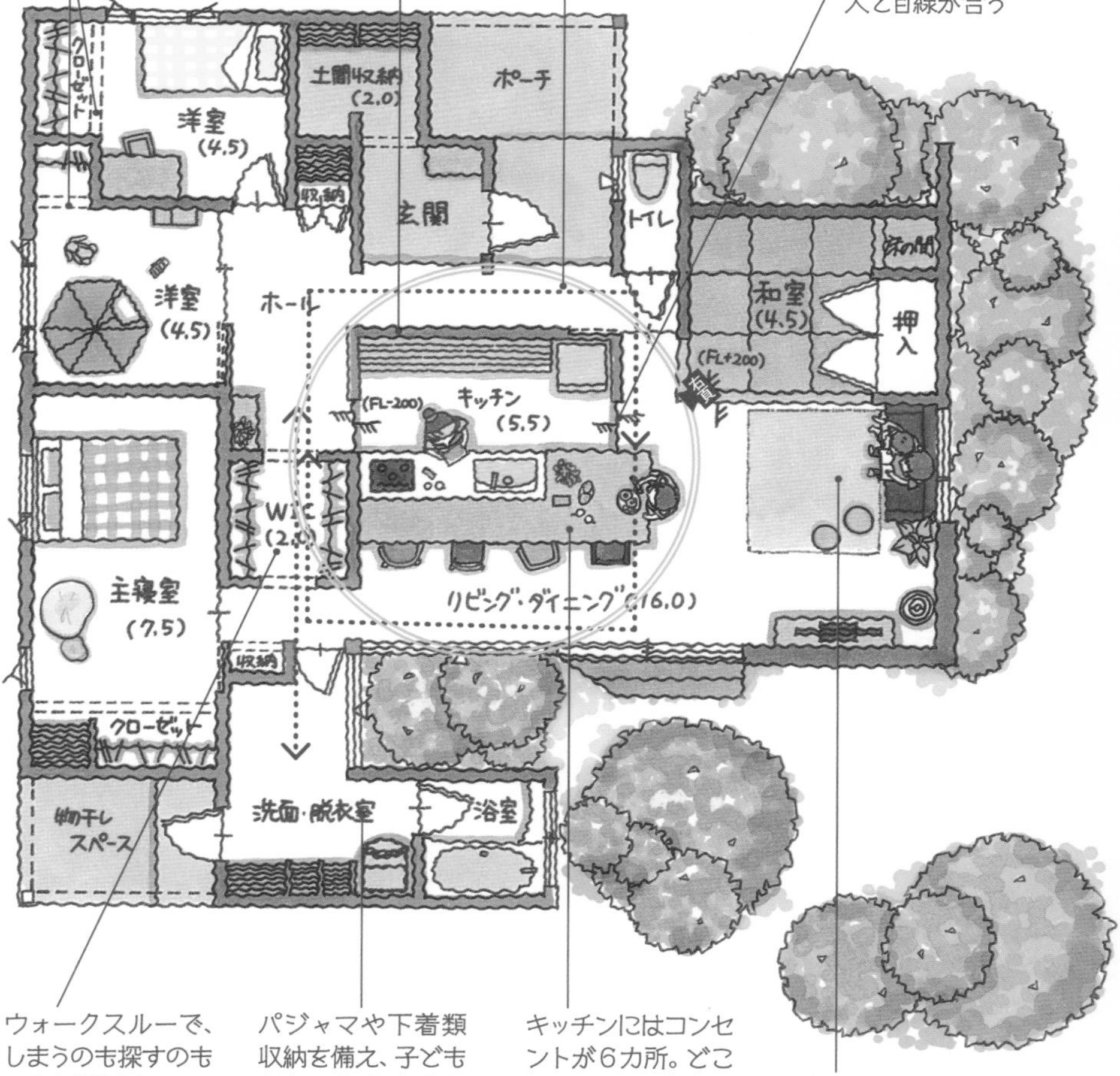

ウォークスルーで、しまうのも探すのもラクな服収納

パジャマや下着類収納を備え、子ども2人の身支度もしやすく

キッチンにはコンセントが6カ所。どこにいても調理家電等を使いやすい

ダイニングセットがない分、フロアが広々

Data
夫婦＋子２人（0歳・2歳）
床面積……120.9㎡

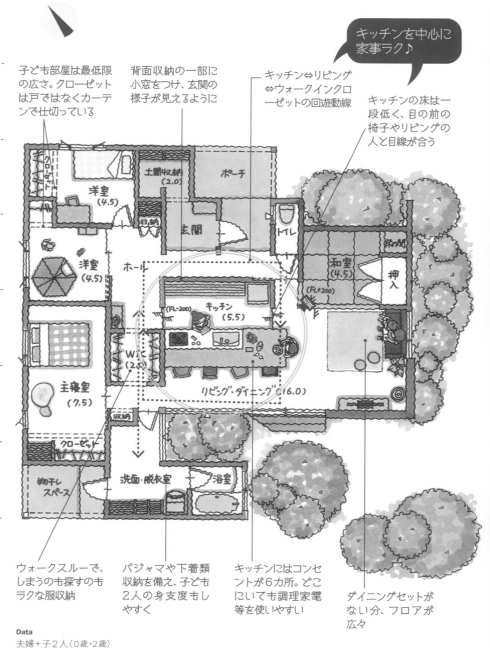

20坪以下でもできた！
母娘共用の大容量クローゼット

社宅の建て替えに伴い、新築を決めた伴さん。通勤通学の事情から、利便性重視で駅近くに土地を探しました。「双子の娘たちは高校生で、服や靴、メイク道具が急増中。狭小住宅になりそうだけど、服収納と洗面まわりは思い通りの広さが欲しくて、注文住宅を選びました」

その気持ちを汲んだ新居、５畳のウォークインクローゼットとダブルボウルの洗面台が特徴です。「窓に面した洗面台もお気に入り。自然光のなかでメイクできる気持ちよさを感じています」。脱衣室には、服の仕分けやアイロンがけに便利なカウンターを設置。「乾燥が終わったらここでパパッと整えクローゼットへ。ふたりでコーディネートを見せ合ったり服を探したり、もちろん片づけもとってもラクになりました」

２階の南側はＬＤＫ。バルコニーまで一体に感じられる開放的な空間です。「大きめのグリーンをいちばん奥に置くことで、食卓からはいつも緑が眺められます」

一方、１階はコンパクトな各人の個室のみ。暮らしに何を求めるかで、空間にメリハリをつけています。「家全体の広さに対し、各所のスペースは教科書通りではないかもしれません。でもそれこそが、自分たちだけの家をつくれた注文住宅の楽しさだったと思います」

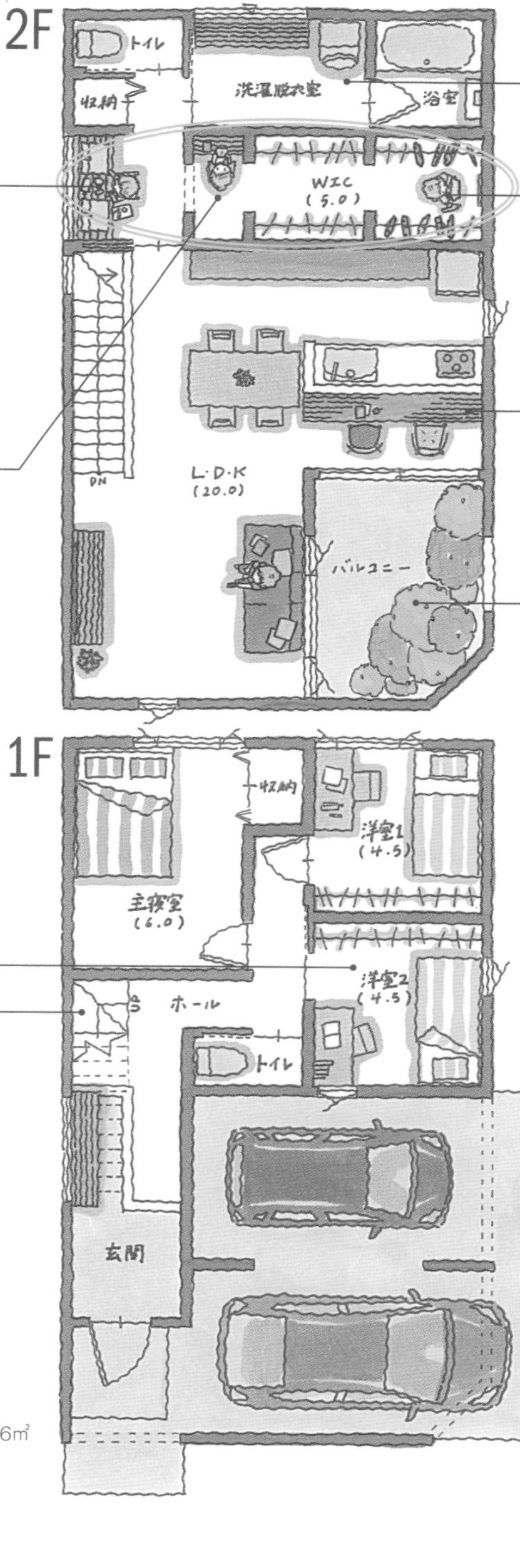
2F
トイレ
収納
洗濯脱衣室
浴室
WIC
(5.0)
DN
L・D・K
(20.0)
バルコニー
1F
収納
洋室1
(4.5)
主寝室
(6.0)
洋室2
(4.5)
ホール
トイレ
玄関

ダブルボウルで、身支度タイムの混雑を解消

メイクも着替えも快適♪

かさばるバッグ類もすっきり入る専用棚

3畳あり、洗濯物をたたんだりアイロン掛けしたりも快適

家族4人分の衣類収納。コーデチェック用の全身鏡もつけた

朝食はこのカウンターでパパッととることも

大振りのグリーンで室内からの眺めをよく＆外からの視線をカット

奥行は浅いが壁一面で充実のクローゼット

玄関を入るとすぐ階段でLDKへ。1階は個室のみ

Data

夫婦＋子2人（16歳・16歳）

床面積……1F：65.8㎡｜2F：59.6㎡

細長く限られた敷地でも明るくて落ち着きある家に

三方を住宅に囲まれた、20坪弱の細長い土地。駅や商店街、小学校も至近で便利な一方、「落ち着きや日当たりの良さが望みでしたが、ここじゃ難しいかなと諦めてもいました」と大西さん。でもだからこそ、と建売ではなくオーダーメイド住宅に。優先順位を明確につけ、設計士と相談していきました。

もっとも譲れなかったのは「ゆっくりくつろげるリビング」です。そのため水まわりは極力コンパクトに抑え、ＬＤＫに19畳を確保。広々、開放感を出しました。窓際に配したのは畳スペース。「子どもと一緒にごろごろしたりテレビを見たり。和室として区切るのではなく、リビングの一角にあるのがいいですね」。実は、ソファ＋ラグより畳が好きという夫の敏夫さん、嬉しそうです。

もうひとつ、気になっていたのが日当たりです。「隣家が近いため、窓をつけても暗いのではと心配でした」。そこで採用したのが吹き抜けと中庭。床面積が減ることに当初迷いもしましたが、１階ではＬＤＫが明るくなり、２階では廊下としか考えていなかった場所をデスクスペースにできたりと、その結果に大満足しています。「とくに、自然光の下で食事ができるのは、とても気持ちがいいですね。子どもも配膳やテーブルの飾りつけをすすんでしたがるようになりました」

ごろ寝に最高。カウンターと収納、小さな床の間をつけた

キッチンは壁付けにし、仕切りのない大きなLDK

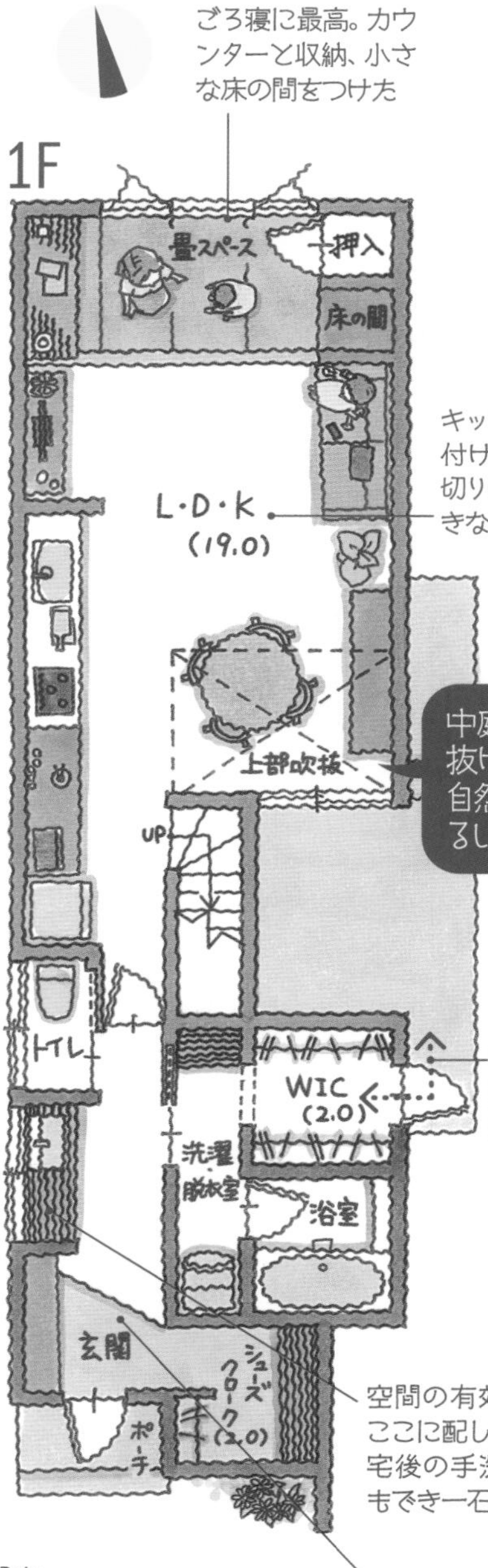
1F
畳スペース
押入
床の間
L・D・K
(19.0)
上部吹抜
UP
トイレ
WIC
(2.0)
洗濯
脱衣室
浴室
玄関
シューズクローク
(2.0)
ポーチ

中庭と吹き抜けからの自然光で明るい♪

中庭で干した洗濯物の取り込みがラク

空間の有効利用でここに配したが、帰宅後の手洗い習慣もでき一石二鳥◎

上がり框を斜めにつけ、玄関を広見せ

Data
夫婦＋子２人（1歳・3歳）
床面積……
1F：62.1㎡｜2F：60.5㎡

机に向かうときはここ。遊ぶ部屋とは分けた

今は遊び場。将来はふたつに分け、子ども部屋を３つに

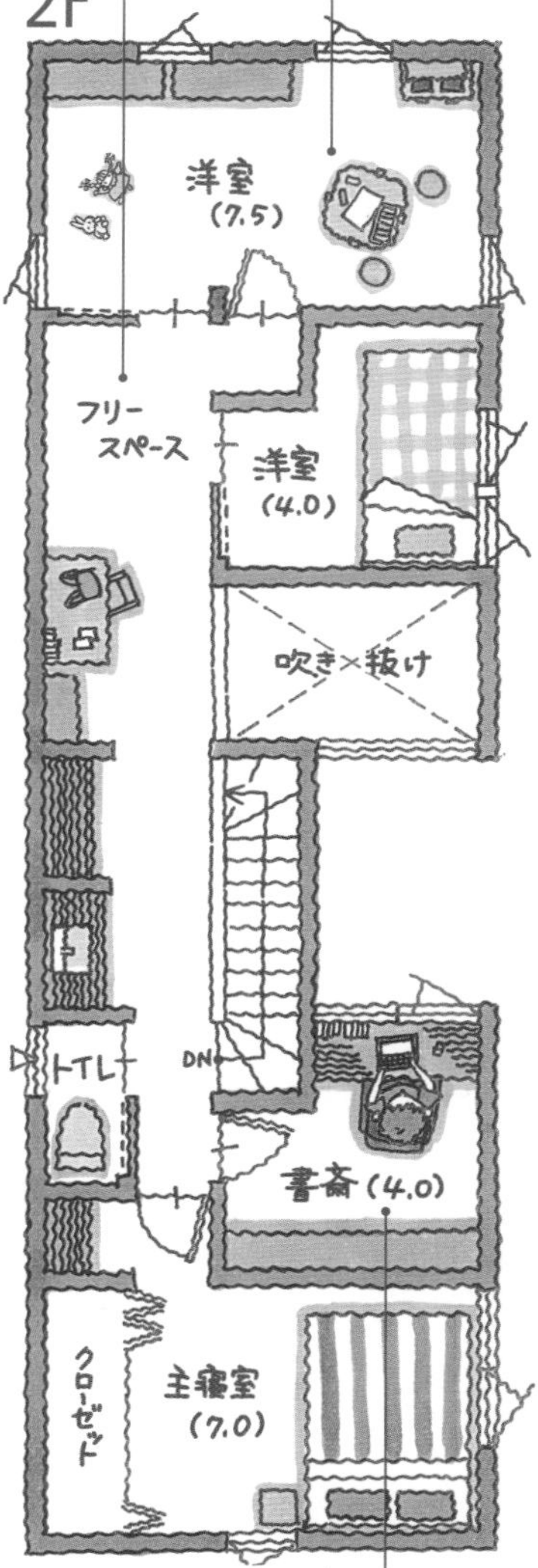
2F
洋室
(7.5)
フリースペース
洋室
(4.0)
吹き抜け
トイレ
DN
書斎 (4.0)
クローゼット
主寝室
(7.0)

夫の仕事部屋。本人曰く「ちょうどいい広さ」

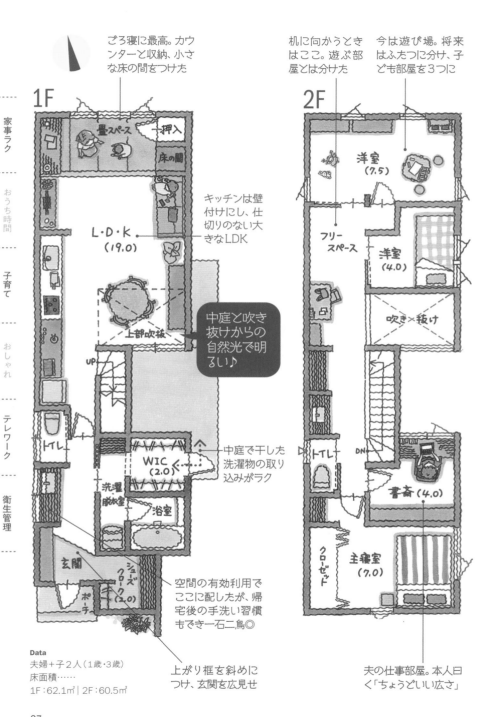

妻は建築家、夫は貨物船の乗員という池田さん。長期間の留守も多い夫とオンラインでも話し合いながら、「なんとか子どもが生まれる前に」と新居を完成させました。設計はもちろん、妻の指揮。「常に頭にあったのは、やわらかく、優しいイメージ。家をホッとする場所にしたくて」

特徴は、曲線的なデザインをあちこちに用いていることです。キッチンとリビングの境の壁、階段、2階の廊下。長い航海から帰ってきた夫が最初に目にするのも、丸みのある玄関ホールです。「忙殺されそうな日常でも、やわらかい線が目に入った瞬間、ふと穏やかな気持ちになれるものです」

カーブを用いて優しく、楽しく 子育て世代の女性建築家自邸

料理中も仕事中も、リビングにいる子どもを見守れます

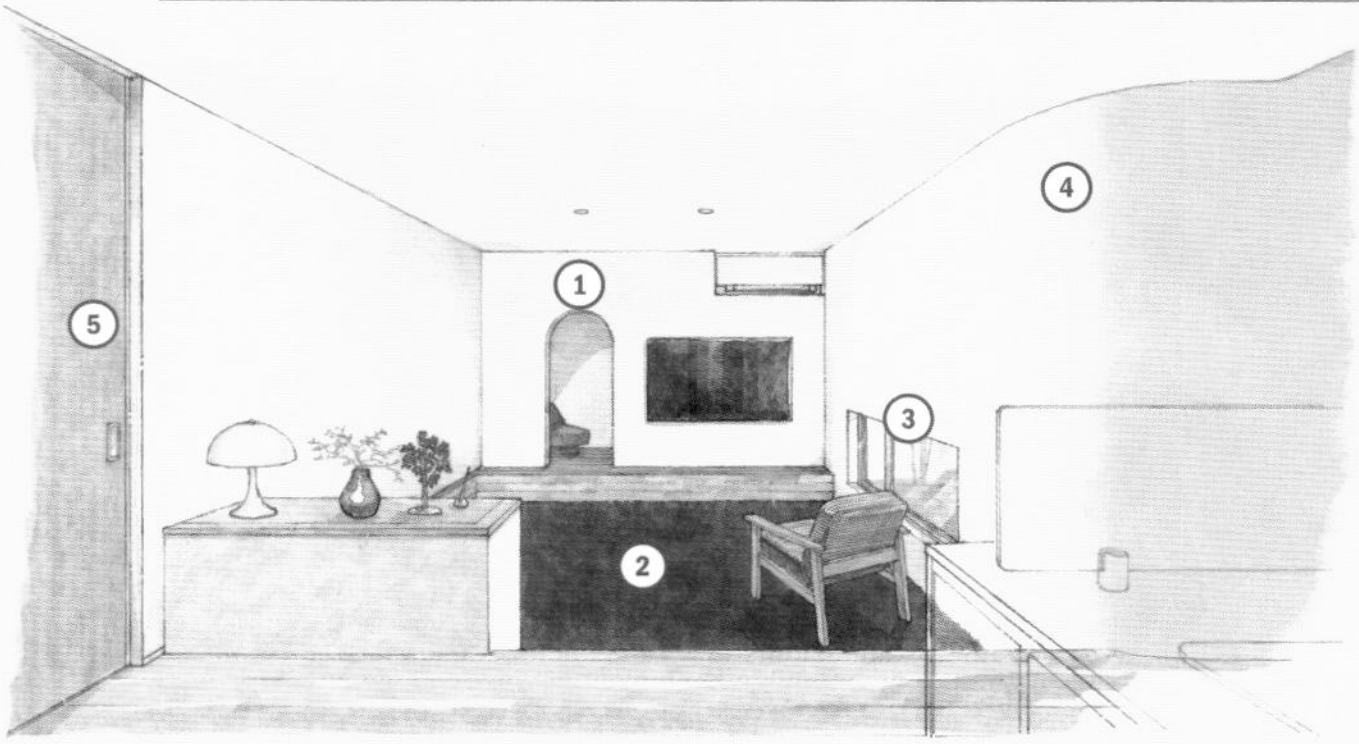

① アーチの奥は妻の書斎。ドアなどの仕切りはあえてナシ
② リビングは防汚・防炎機能のある毛足の短い絨毯敷き
③ 庭の雰囲気をほどよく取り入れる地窓
④ キッチン方向へ曲がる壁は曲線に。安全かつ部屋全体を優しい雰囲気に
⑤ 玄関ホールとは引き戸で仕切る

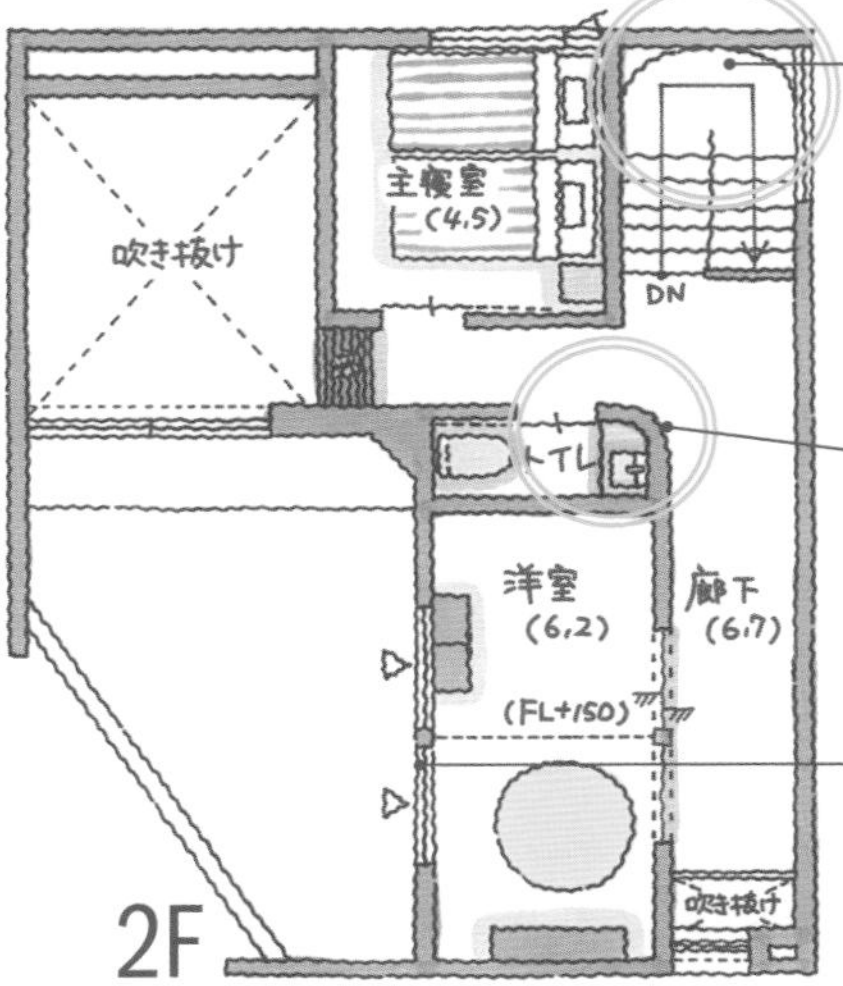
主寝室
(4.5)
吹き抜け
DN
トイレ
洋室
(6.2)
廊下
(6.7)
(FL+150)
吹き抜け
2F

階段の折り返し部分は半円型

あちこちに
曲線を散りばめて

階段を上ってすぐの壁も角を丸く

子ども部屋は将来分けられるよう窓をふたつ

吹き抜けと庭から光が入り、外で食事をしているよう

床がリビングより一段高く、リビングの様子がよく見える

水まわりと衣類収納は回遊できて家事効率抜群

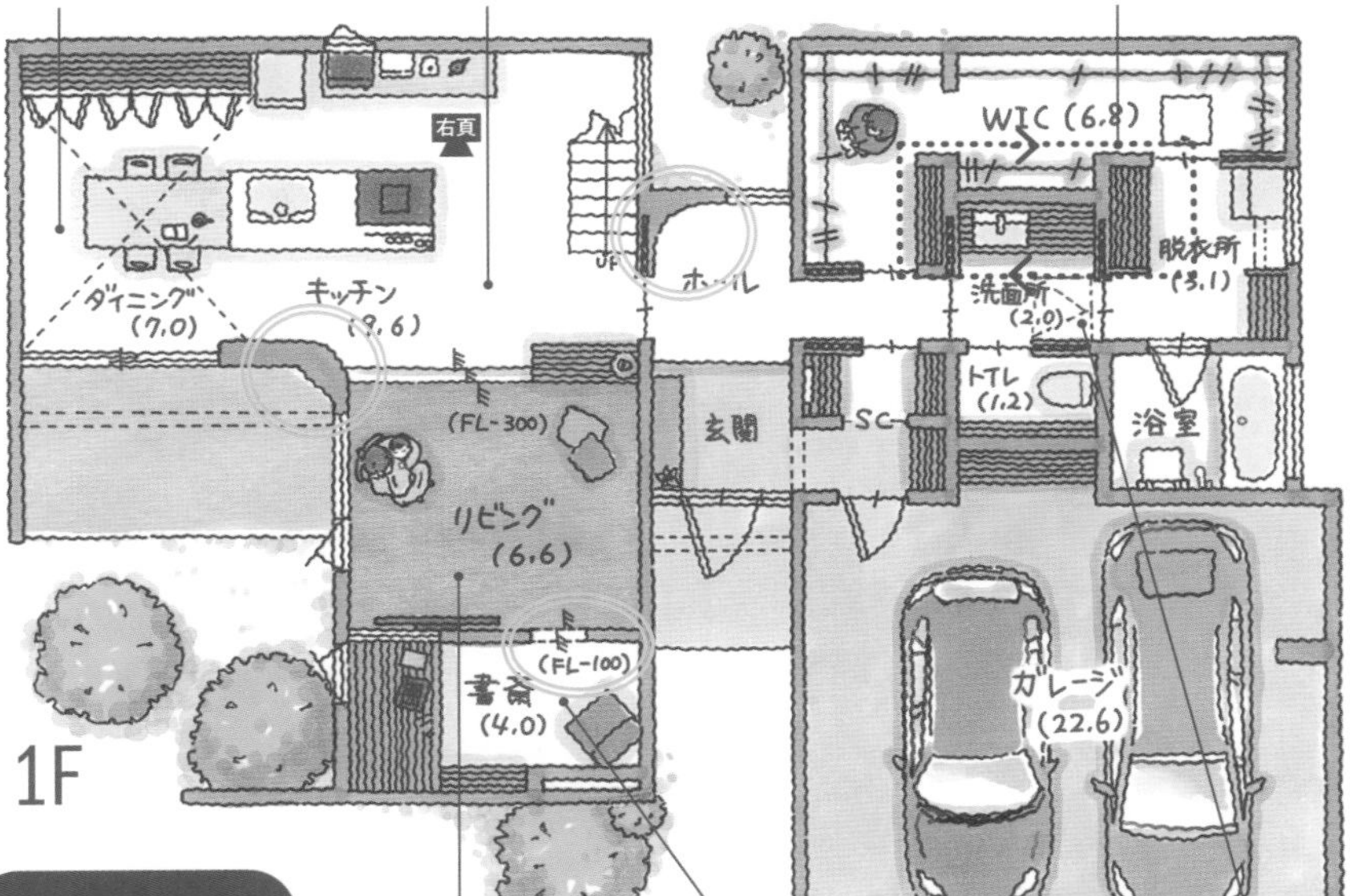
右頁
WIC (6.8)
ダイニング
(7.0)
キッチン
(9.6)
UP
ホール
脱衣所
(3.1)
洗面所
(2.0)
トイレ
(1.2)
SC
玄関
浴室
(FL-300)
リビング
(6.6)
(FL-100)
書斎
(4.0)
ガレージ
(22.6)
1F

キッチンからも
書斎からも
様子がわかる

日中はここにベビー布団を敷き、子と過ごすことが多い

リビングより床を高くし、空間に区切りをつけた

トップライトをつけ、この位置でも明るさを確保

Data
夫婦+子１人(０歳)
床面積……1F：123.1㎡｜2F：36.9㎡

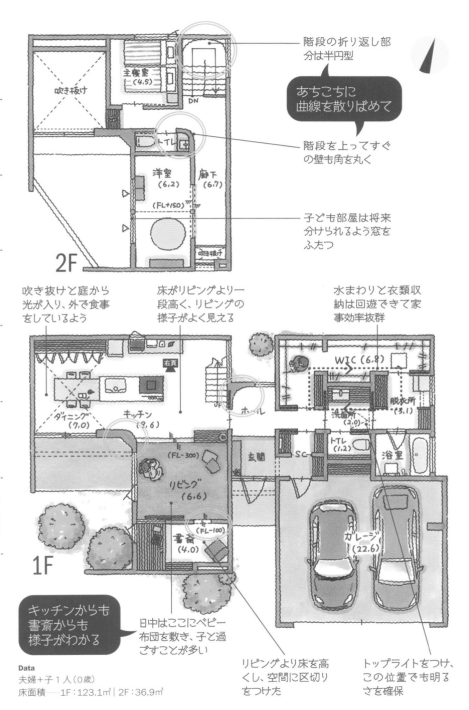

妊娠中に建築計画を始めた谷中さん。家事や育児についても建築士に相談しながら、打ち合わせを重ねました。「真っ先に考えたのは、やっぱり子どもにとっての快適性。日当たり、湿度や温度、アレルゲンについてなど教えてもらっていると、『断熱』ってすごく大事なんだとわかってきました」

最終的に決めたのは、HEAT20という住宅の断熱性能基準の、G2グレードをクリアするプランです。「冬でも室温がおおむね13度を下回らない設計です。しかも余分にコストがかかるわけではなく、間取りや窓の工夫だけでできる。光熱費の節約にもなるし、とても魅力的でした」

断熱性にこだわって HEAT20 G2を取得

窓はすべてトリプルガラス、北側は最小限の数に。リビングに強すぎる日差しは必要ないと考え、窓から離れた中央に。唯一の大窓は、吹き抜けのあるダイニング。しかしそのサイズと位置を的確に計算することで、夏は涼しく、冬は裸足でも寒くない室内に。「おかげで0歳の娘も心地よさそうです」

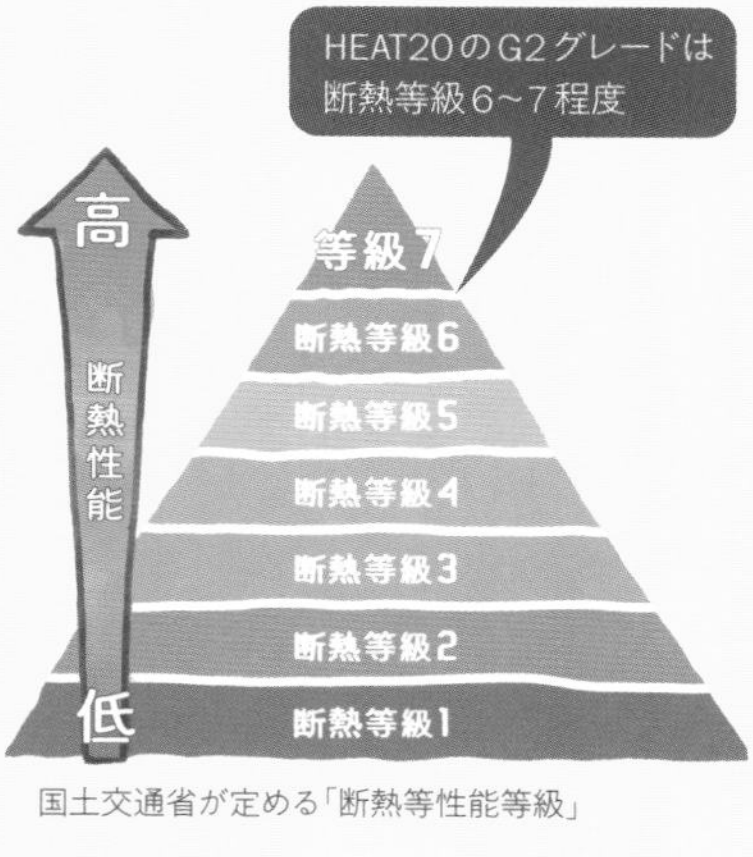
HEAT20のG2グレードは
断熱等級6～7程度
高
断熱性能
低
等級7
断熱等級6
断熱等級5
断熱等級4
断熱等級3
断熱等級2
断熱等級1
国土交通省が定める「断熱等性能等級」

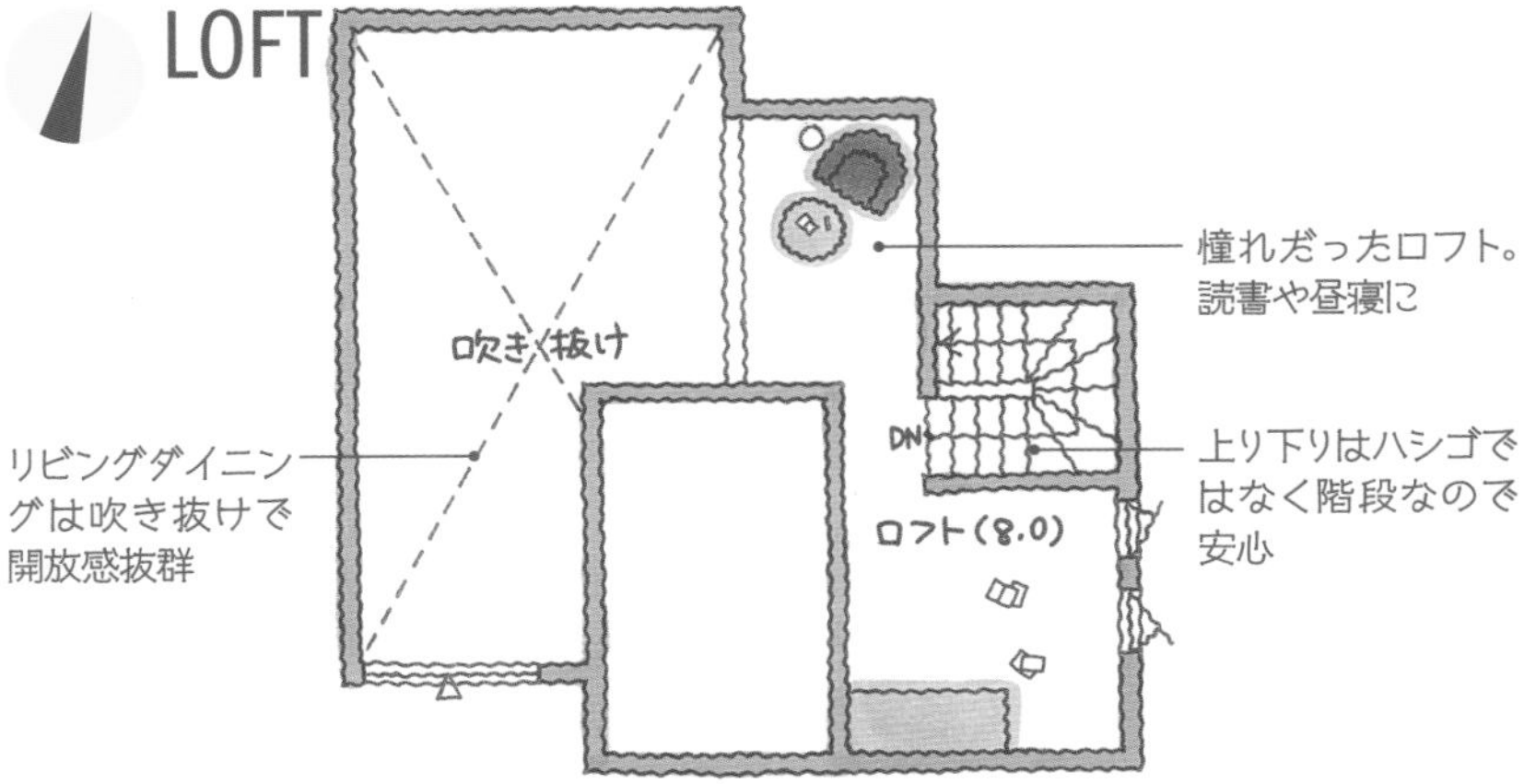
LOFT
吹き抜け
ロフト(8.0)
DN
憧れだったロフト。読書や昼寝に
上り下りはハシゴではなく階段なので安心
リビングダイニングは吹き抜けで開放感抜群

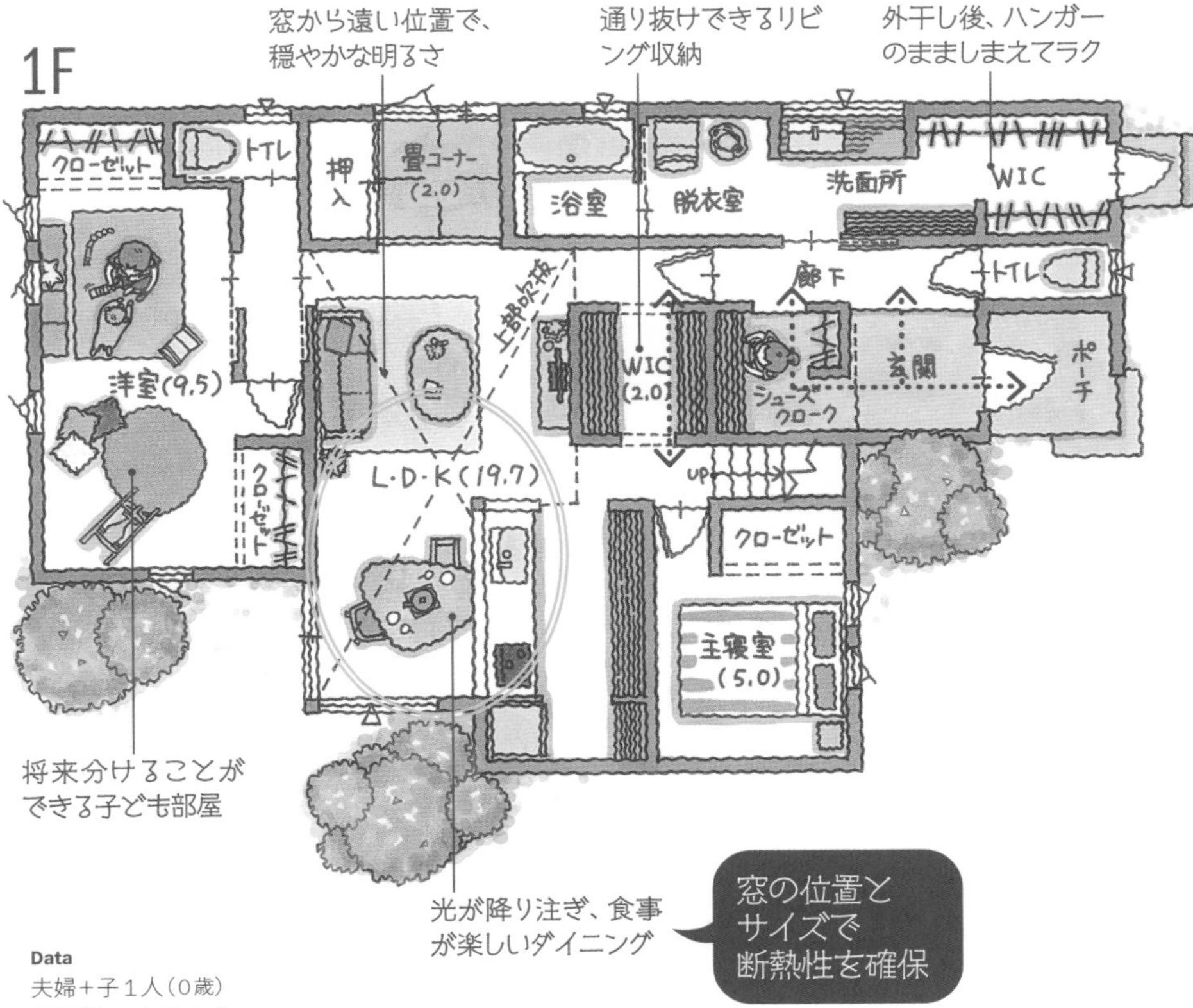
1F
窓から遠い位置で、穏やかな明るさ
通り抜けできるリビング収納
外干し後、ハンガーのまましまえてラク
クローゼット
トイレ
押入
畳コーナー(2.0)
浴室
脱衣室
洗面所
WIC
廊下
トイレ
上部吹抜
洋室(9.5)
クローゼット
WIC(2.0)
シューズクローク
玄関
ポーチ
L・D・K(19.7)
UP
クローゼット
主寝室(5.0)
将来分けることができる子ども部屋
光が降り注ぎ、食事が楽しいダイニング

窓の位置とサイズで断熱性を確保

Data
夫婦＋子１人（０歳）
床面積……100.6㎡

階段の途中にワンスペース
居心地のいい中2階

「広～い階段がいちばんの特徴。日当たりのいい中2階は4・5畳で、家族みんな、大好きです」。そう話す神木家は、スキップフロアが自慢です。「いわゆるＬＤＫとは違う、第二のリビングのような場所。居心地がいいけど個性的、そんなスペースがほしかったんです」

掃き出し窓を開ければ外のデッキとつながります。「晴れの日はもちろん、雨の音を聞きながらここでごろごろするのも心地いい。誰もがいつでも自由に使える、憩いの場所になりました」

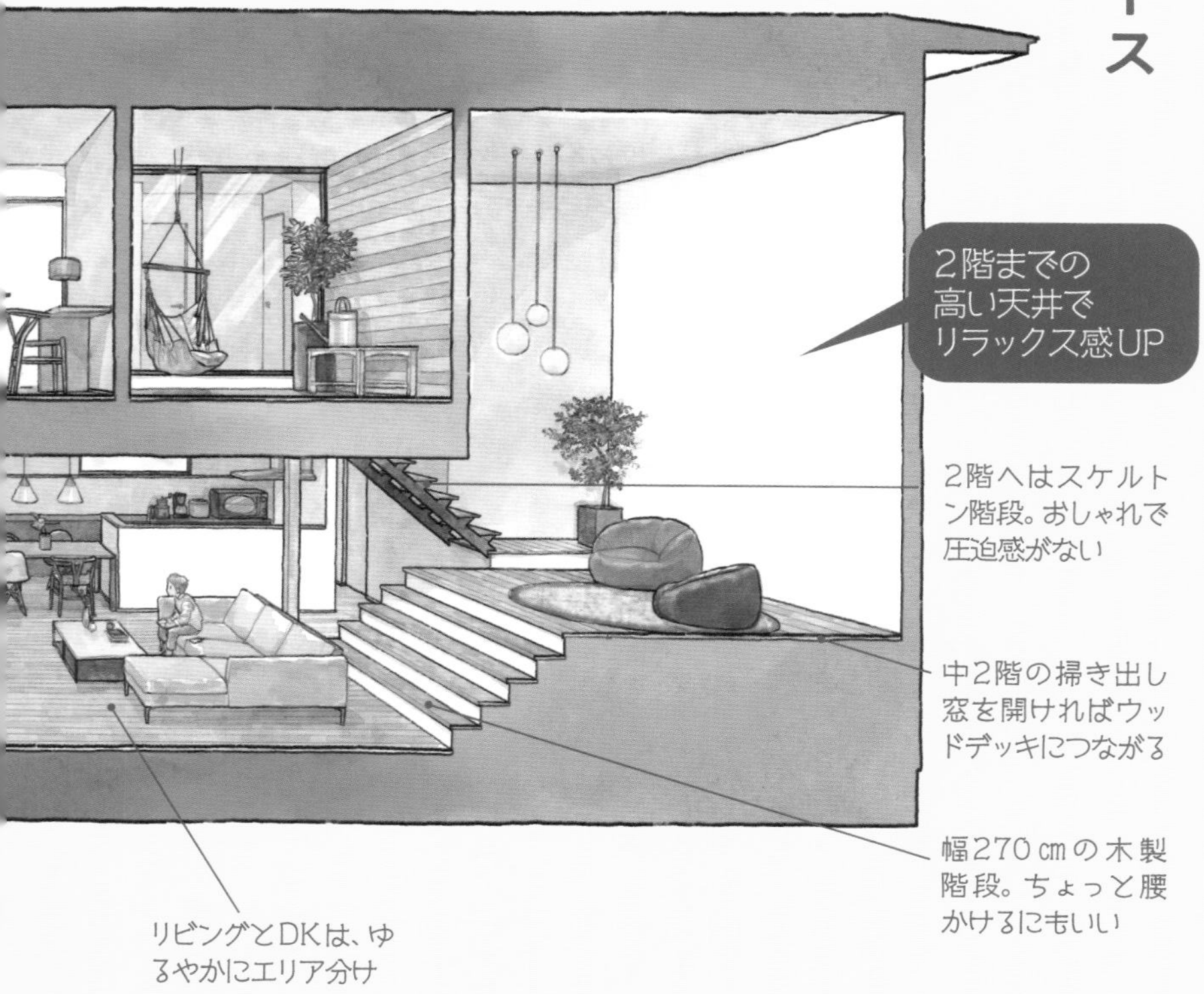
2階までの
高い天井で
リラックス感UP
2階へはスケルトン階段。おしゃれで圧迫感がない
中2階の掃き出し窓を開ければウッドデッキにつながる
幅270㎝の木製階段。ちょっと腰かけるにもいい
リビングとDKは、ゆるやかにエリア分け

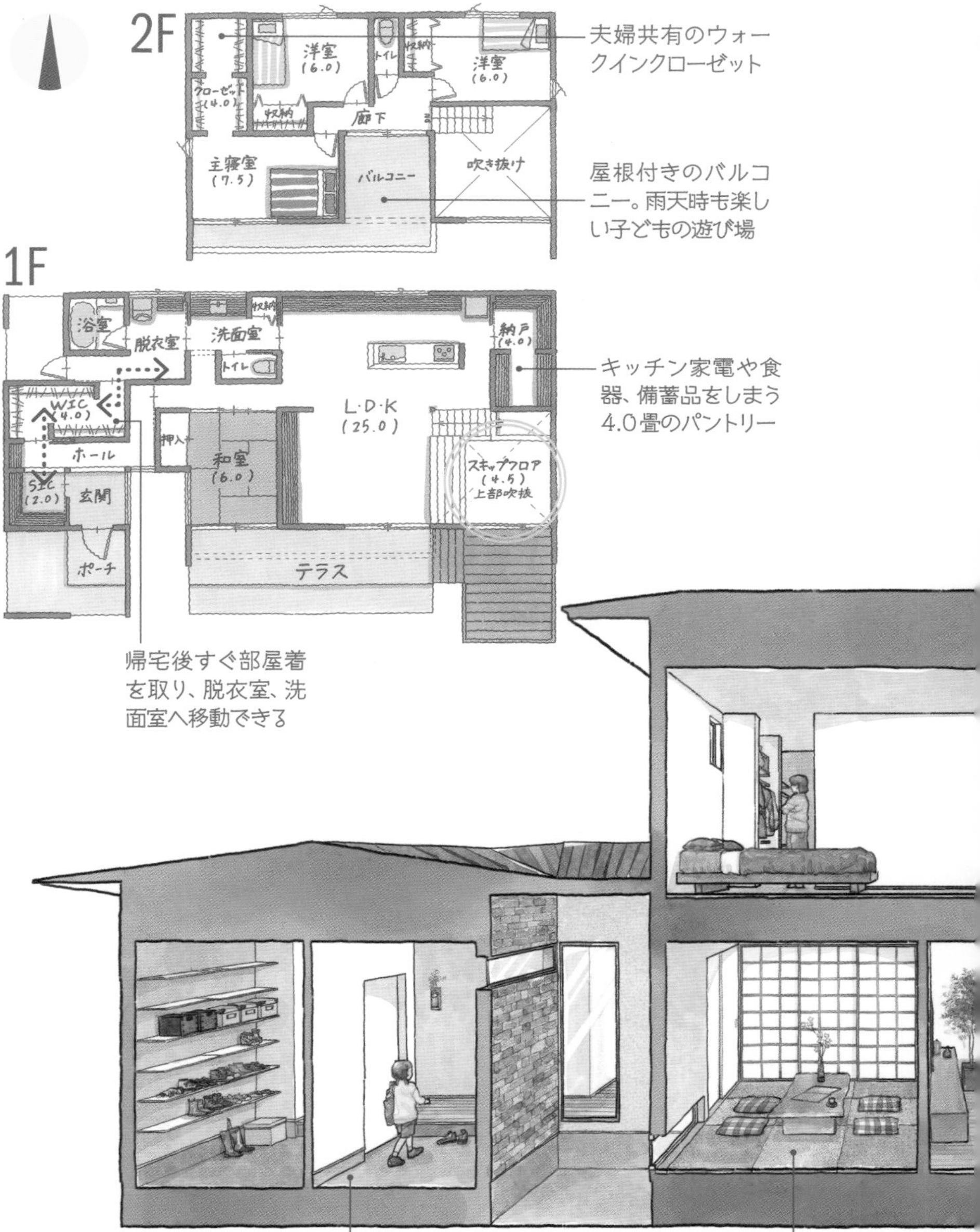
キッチン家電や食器、備蓄品をしまう4.0畳のパントリー
帰宅後すぐ部屋着を取り、脱衣室、洗面室へ移動できる
家族は普段、玄関→シューズクローク→ホールの動線。来客は廊下から洗面室へ
来客時に便利な和室

Data
夫婦＋子２人（4歳・8歳）
床面積……
1F：111.0㎡｜2F：50.5㎡

屋根付きのバルコニー。雨天時も楽しい子どもの遊び場

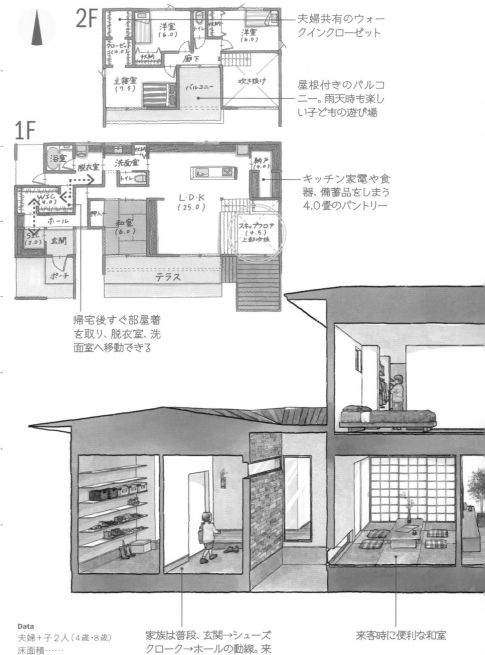

居心地のいい

リビングSNAP

家族みんなの

わが家のシンボル 階段脇の大本棚

1階と2階が吹き抜けでつながる開放的なリビング。オープンな階段の脇は壁一面が本棚です。インテリアとしても映える「わが家のシンボル」になりました。

畳を敷いても スッキリかっこよく

モダンな色の琉球畳を、フローリングに埋め込むように配した和のリビング。板間のダイニングとフラットにつながり、空間がより広々感じられます。

しました

薪ストーブのある土間エリア

LDから一段下げた土間をつくり、憧れの薪ストーブを設置。フローリングエリアとは別にソファを置き、ゆったりくつろげる第二のリビングに。

白い箱のような収納部屋

学校の道具やおもちゃ、掃除用品。何かと出しっぱなしになるのが嫌で、リビングに収納部屋を設計。どんどん増えるボードゲームやプラレールもすべてここ！

アーチの出入り口がかわいい

壁は腰高。ダイニングの様子が見える

リビングはリビングとして独立

リビングとダイニングを、あえてしっかり区切った間取り。「くつろぐ・遊ぶ」と「食べる」を明確に分けることで、スッキリとした食卓とリラックスできるリビングに。

吹き抜けの上下は気配でつながる

白とライトブラウンで統一した明るいリビング。階段を上がってすぐのホールは、廊下以上書斎未満のプライベート空間。家事の合間、本と紅茶が相棒です。

テレワークが増え家づくり
ソファダイニングで会話も弾む

柴崎家は、母と娘ふたりの3人家族。プログラマーとして働く母・雅子さんは以前から在宅ワークが多く、マンション住まいの頃はリビングの一角にデスクを構えていました。しかし最近は子どもが家で授業を受ける日も増えて、「部屋数が足りず、そろそろ限界。私も全力で仕事ができる環境がほしくて、注文住宅を決めました」

新居の条件は各人の個室。なかでも雅子さんの書斎はこだわりです。「ちょっと変型の5・5畳。複数のPCが使いやすいよう、L字型のデスクを造作しました」。1・5畳の収納も隣接させ、資料やOA機器はこれでスッキリ。デスク周りが煩雑になることもありません。「繁忙期は深夜までかかることもあるので、寝室近くのこの位置は最高」と話します。子どもたちにも念願の個室が実現。オンライン授業が同時にあっても、これで干渉されません。

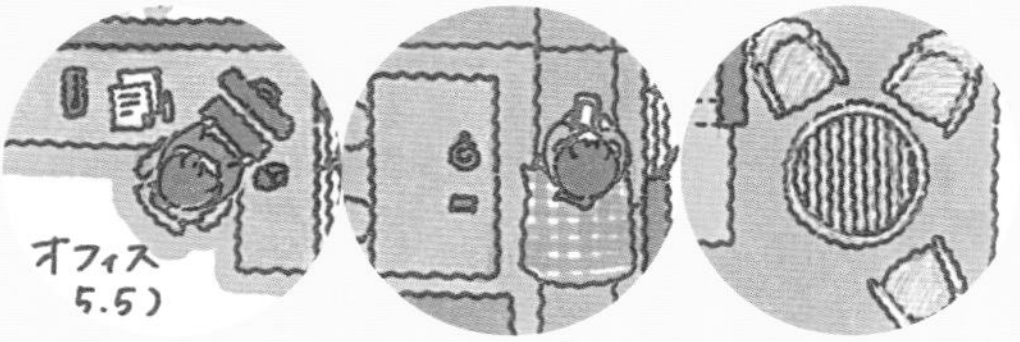

もうひとつ、マンション暮らしの頃と劇的に変わったのはキッチンです。3人立っても十分ゆとりある広さが取れたため、一緒に作りながら話すことが増えました。「娘たちももう大人なので、何か〝しながら〟話すって、自然でいいですよ」。ソファベンチで囲むダイニングも、くつろげると全員のお気に入り。子育て真っただ中のフェーズを終え、これからの暮らしが楽しくなる家になりました。

家事ラク

おうち時間

子育て

おしゃれ

テレワーク

衛生管理

Data
母＋子2人（16歳・18歳）
床面積……1F：58.8㎡｜2F：49.7㎡

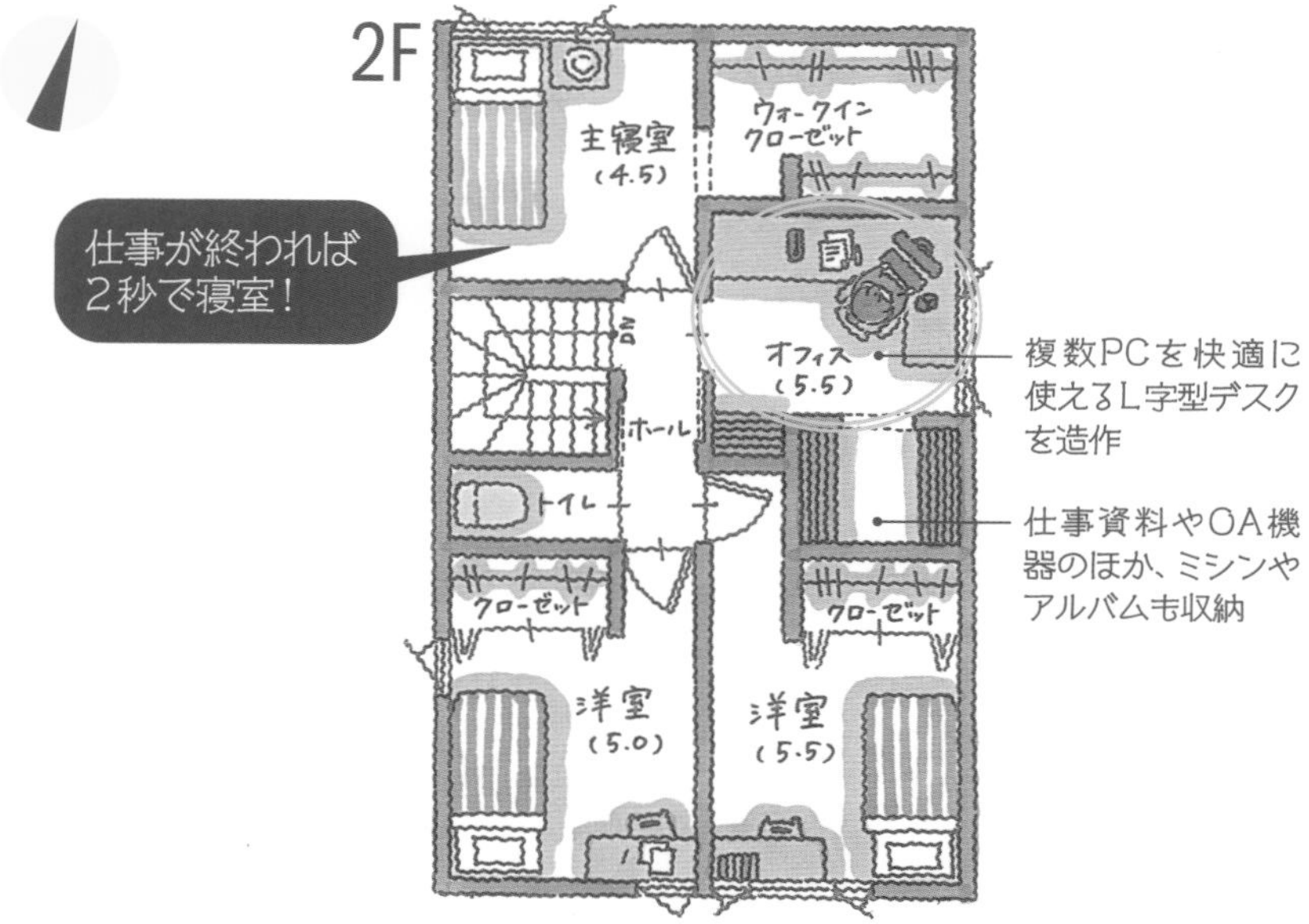

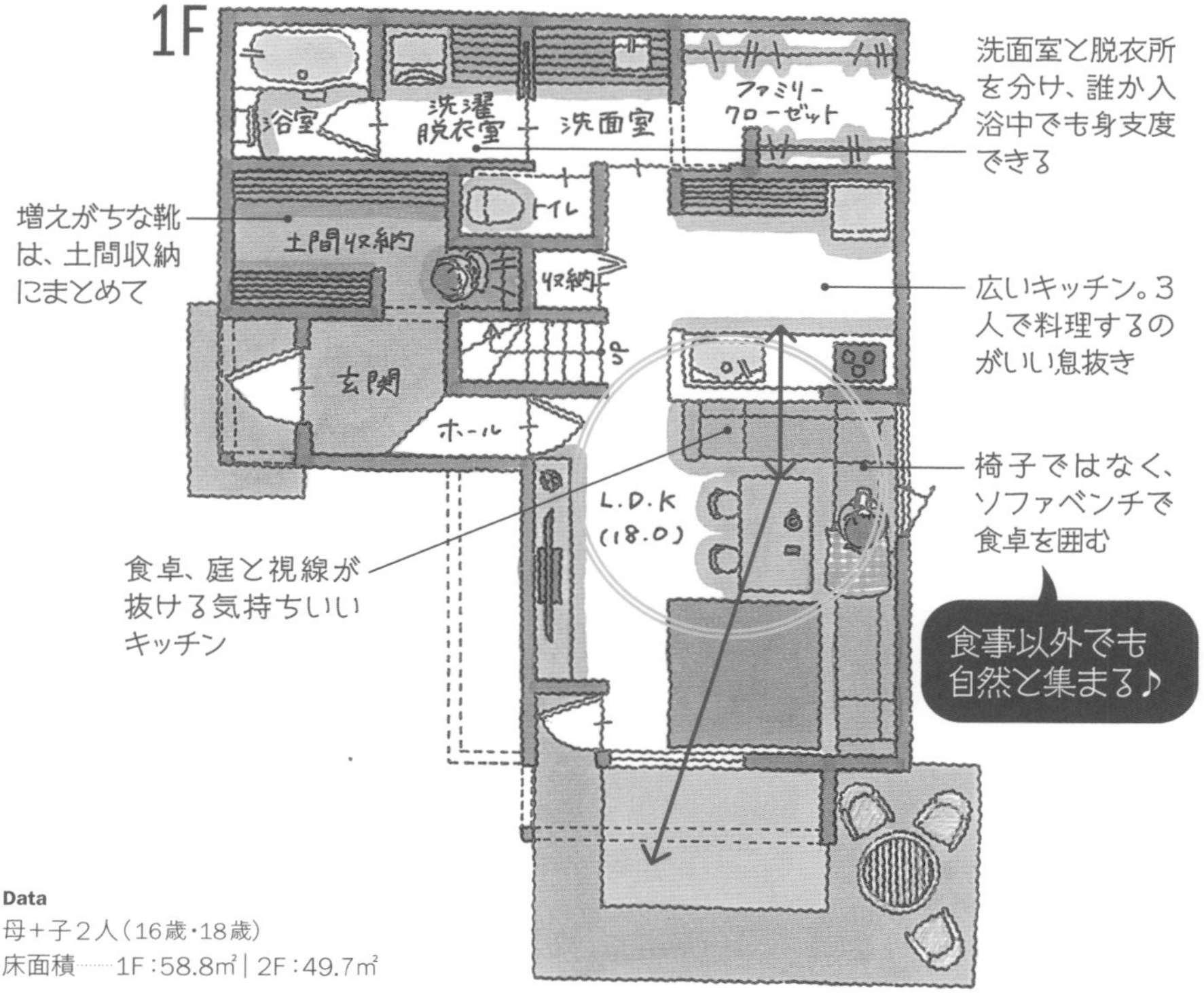

コロナ渦の影響で夫婦共ほぼ在宅勤務になった玉森さん。「家に求めるものががらりと変わって」と、仕事も休息も十分できる〝別荘のような住まい〟を建てることに。

第一条件は、疲れず仕事ができること。ふたりともラップトップさえあればできる業務なので、テラスやリビング、ダイニングなどに電源を配置。ほどよく距離を取り、ウェブ会議にも対応しやすい設計です。「好きな場所で働けるのは最高です。とくに『テラスで仕事』は憧れだったので（夫）」

見晴らしのいいキッチンも、家ごはんが増えた今は救世主だと話します。「家族みんなが使いたい台所になり、助かっています」

せっかくの在宅ワークだから その日の気分で仕事場を決める

カフェのような居心地で、家にいながらワーケーション

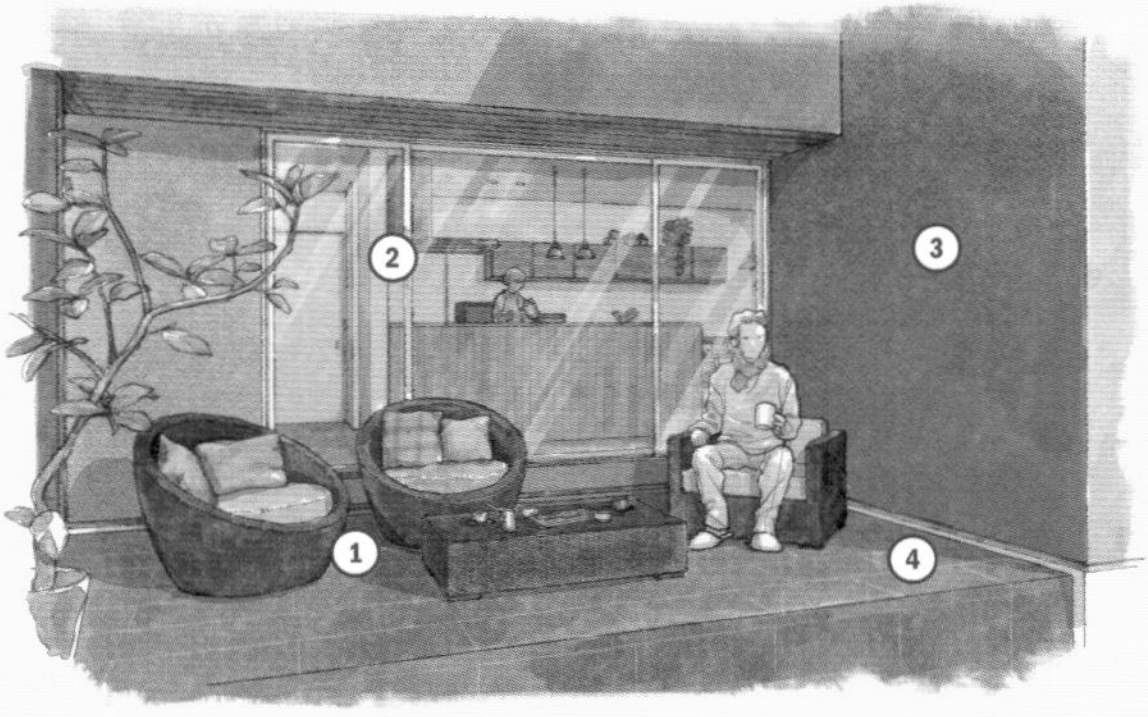

① テラスは仕事にもリラックスにも最高の場所。屋外用のリビングセットを置いて

② 幅3.5mの大きな掃き出し窓で、キッチンからも眺めも確保

③ モルタルの壁面。ウェブ会議の際はここを背景に

④ 庭からは一段上げて。土足エリアだが、泥はねや虫の侵入対策としている

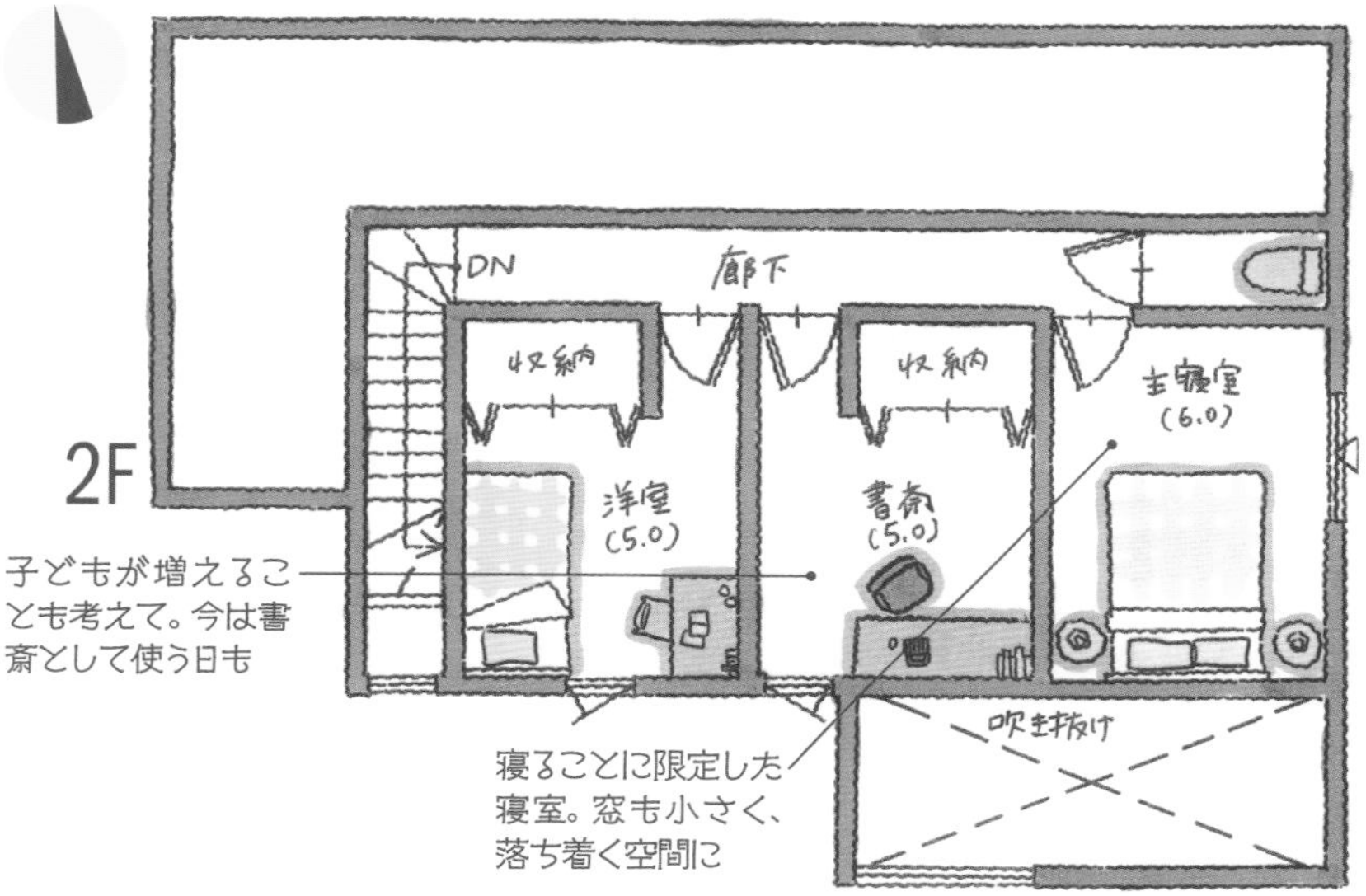
2F
DN
廊下
収納
収納
主寝室
(6.0)
洋室
(5.0)
書斎
(5.0)
吹き抜け

子どもが増えることも考えて。今は書斎として使う日も

寝ることに限定した寝室。窓も小さく、落ち着く空間に

引き出し式のポールとカウンターをつけた脱衣所室

4畳のファミリークローゼット。乾いたら全員分ここへ

小さな洗面とトイレは玄関すぐそばに

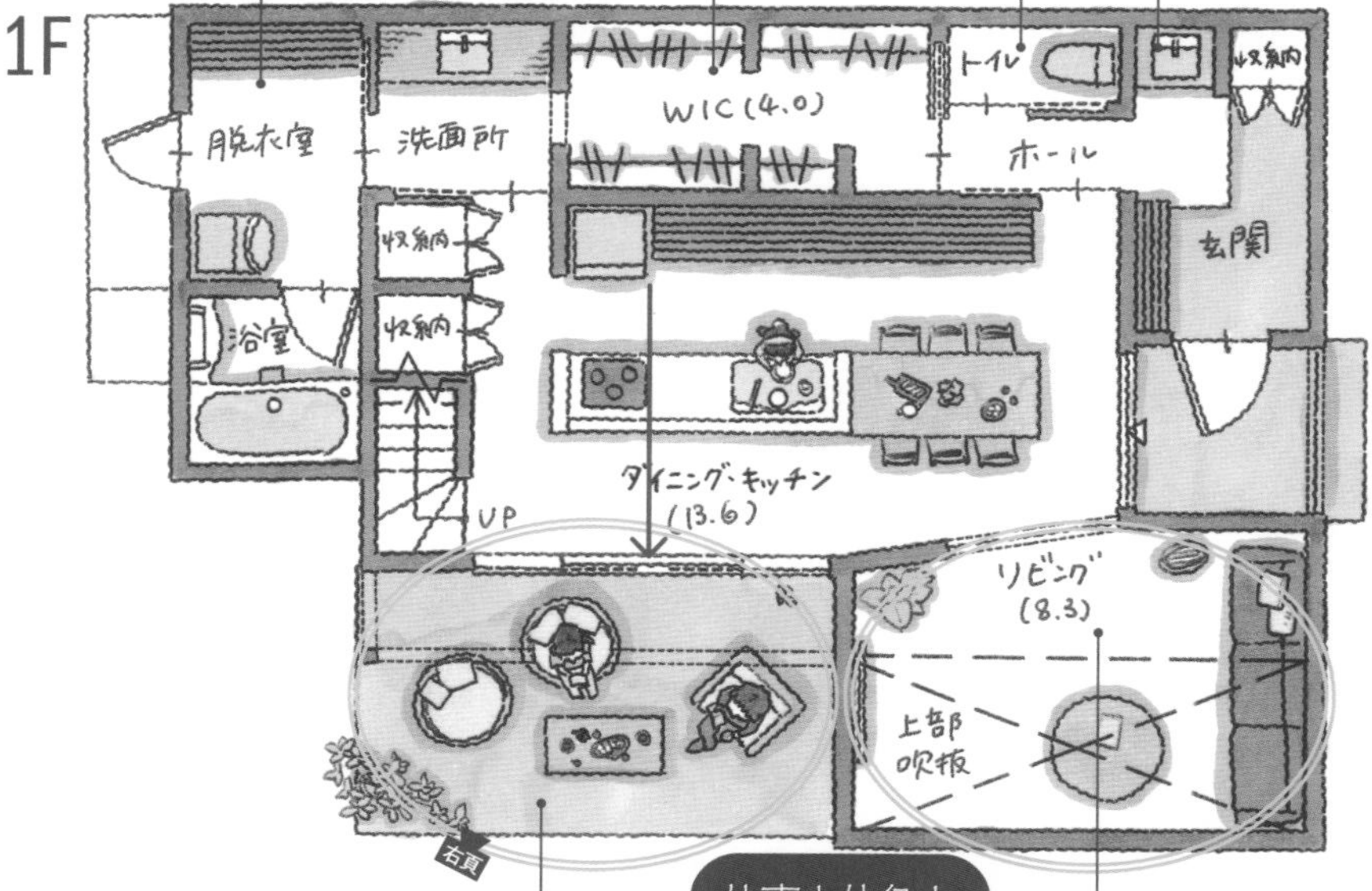
1F
脱衣室
洗面所
WIC(4.0)
トイレ
収納
ホール
玄関
収納
収納
浴室
ダイニング・キッチン
(13.6)
UP
リビング
(8.3)
上部吹抜
右頁

Data
夫婦＋子１人（５歳）
床面積……
1F：67.1㎡｜2F：41.4㎡

「テラスで仕事」の夢を叶えた。BBQをすることも

仕事も休息も
気分に
合わせて♪

あえて窓をつけなかったリビング。静かで、こもり感がある

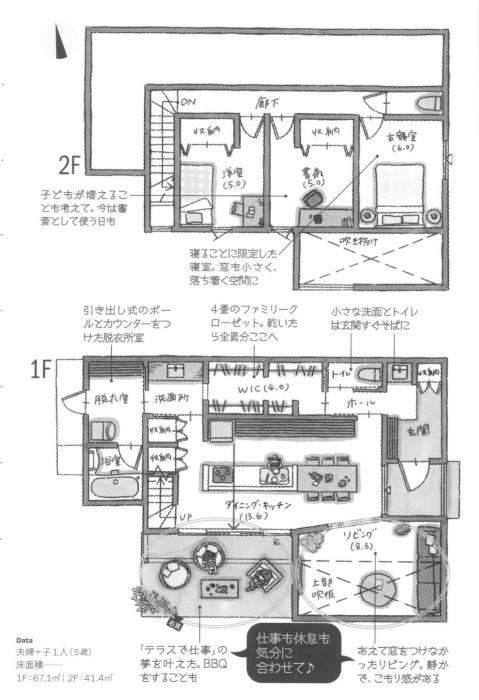

夫婦共にリモートワークが増えた田村さん。「仕事部屋がほしい」という理由に加え、戸建てを検討し始めたのには、大きなきっかけがありました。「新型コロナウイルス感染症が拡がった年、子どもから立て続けに家庭内感染しまして。１ＬＤＫのマンション暮らしでは防ぎようがなかったです。今後また何があるかわかりませんし、個室や別動線を確保することって非常に大事だと痛感しました」

そこで設けたのが、４・５畳のワークルームです。平時は夫の仕事部屋として使用。キッチンや水まわりに近いから、飲みものを取りに行ったり合間に家事をしたり

いざという時は隔離部屋
別動線のあるワークルーム

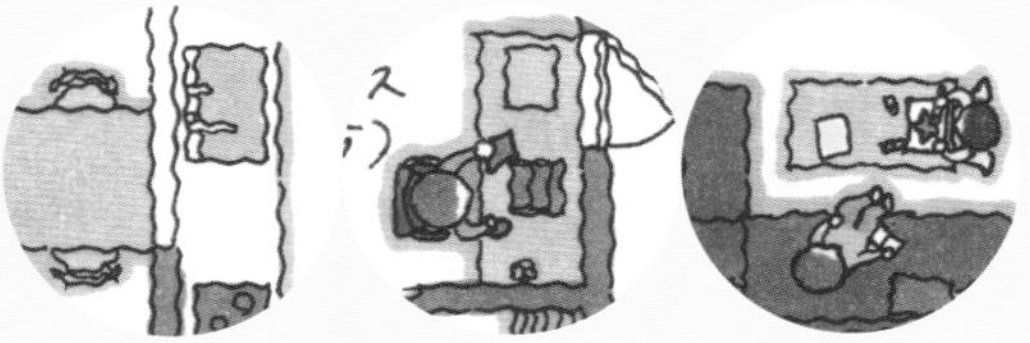

するにも便利。資料やパソコン周りの物を整理する収納も十分です。

そして誰かが体調を崩した際は、一時的な隔離部屋として使います。「隣のウォークインクローゼットには、部屋着類以外に非常時の寝具も置いています。必要なときはそこから出して、ワークルームで寝食できるように考えました」

トイレも各階に設置。１階のトイレには手洗い器もつけました。「万が一のとき、お互いの負担をできるだけ減らせるのは安心。娘は『受験前はここにこもらせてね！』と、新たな使い方を主張しております」

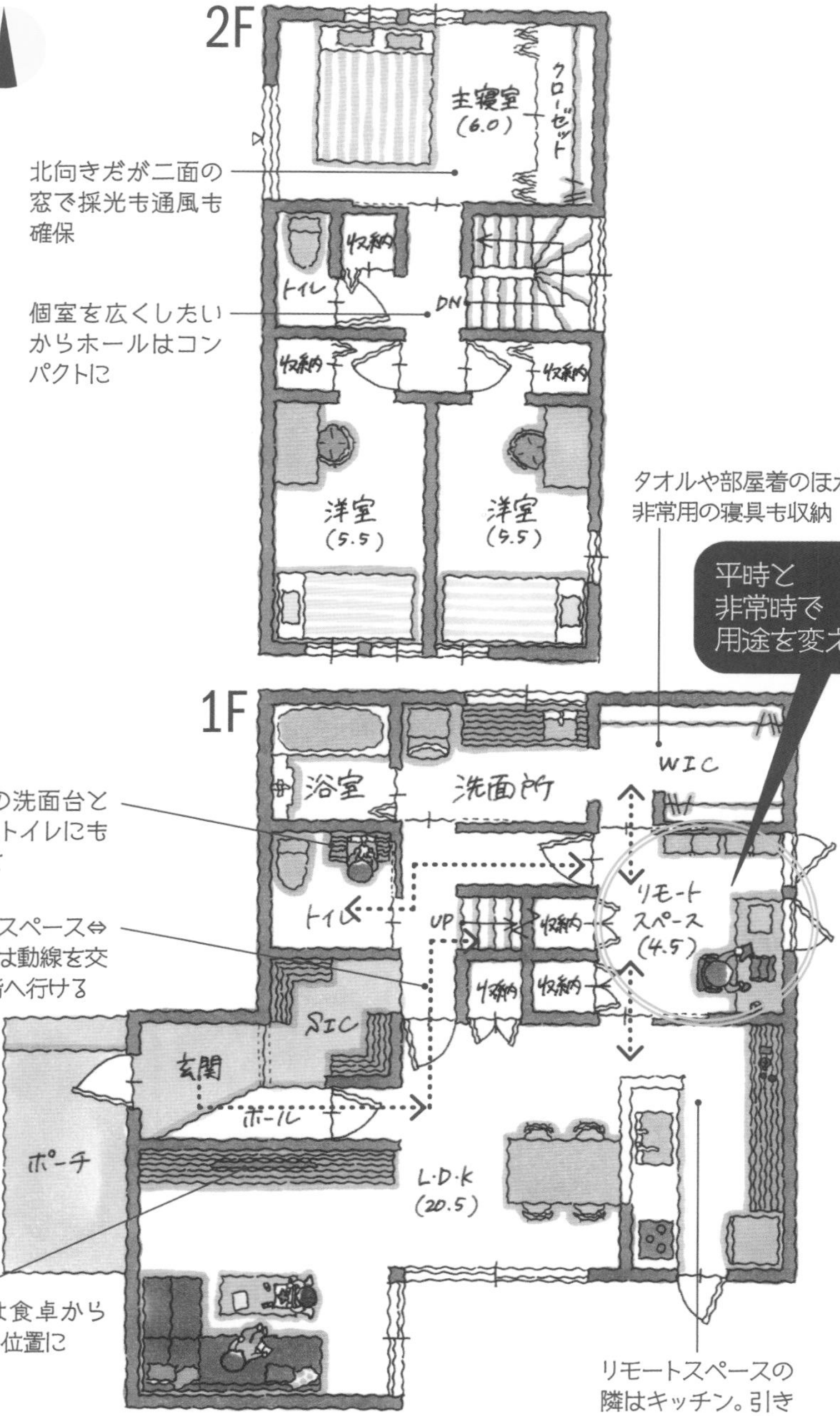
2F
主寝室
(6.0)
クローゼット
収納
トイレ
DN
収納
収納
洋室
(5.5)
洋室
(5.5)
1F
浴室
洗面所
WIC
トイレ
UP
収納
収納
収納
収納
リモートスペース
(4.5)
SIC
玄関
ホール
ポーチ
L・D・K
(20.5)

北向きだが二面の窓で採光も通風も確保

個室を広くしたいからホールはコンパクトに

タオルや部屋着のほか、非常用の寝具も収納

平時と非常時で用途を変える

浴室横の洗面台とは別に、トイレにも手洗いを

リモートスペース⇔トイレとは動線を交えず2階へ行ける

テレビは食卓から見えない位置に

リモートスペースの隣はキッチン。引き戸で仕切れる

Data
夫婦＋子２人（5歳・15歳）
床面積……1F：72.9㎡｜2F：41.4㎡

中庭を挟んで離れのよう 家事も仕事もそれぞれのペースで

土地を購入してから数年間、雑誌や本を見たり、モデルハウスを巡ったりしながらアイデアを集めていた多田さん。「私は家事をしながら庭を眺められること、夫は在宅ワーク用の快適な個室がほしいというのが譲れない条件。いくつか建築会社を訪ねたのですが、なんとなくピンと来なくて……」。最後に出会った設計事務所で提案されたのが、中庭を囲むようにリビングや玄関が配された間取り。「これだ！」と感じ、念願の家づくりがスタートしました。

「中庭のいいところはたくさんあるけれど、子どもができてからは『外から視線が入らない』というのが何よりの安心感」と話すのは妻。庭がほしい反面、防犯やプライバシーに心配もあったそうですが、この間取りなら大きな窓から視線が合うのは家族だけ。隣家や外の道から見られることはありません。「部屋と部屋との緩衝役になっているのが、想像以上にいいですね」と言うのは夫。在宅ワークで使う書庫は独立感が高く、ＬＤＫの音や様子が気になることがまったくないそう。手前の主寝室も同様で、夜間に洗濯機を動かしていてもノンストレスで眠れます。

施工期間中に生まれたお子さんはもうすぐ2歳。どこにいても緑が見える穏やかな平屋で、すくすくと育っています。

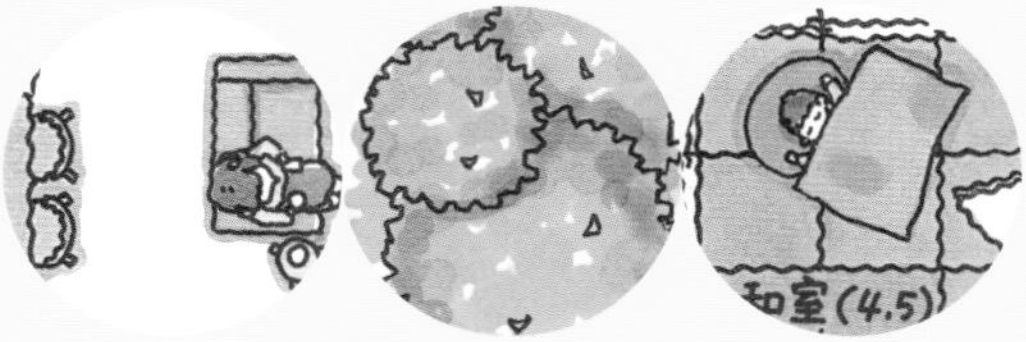

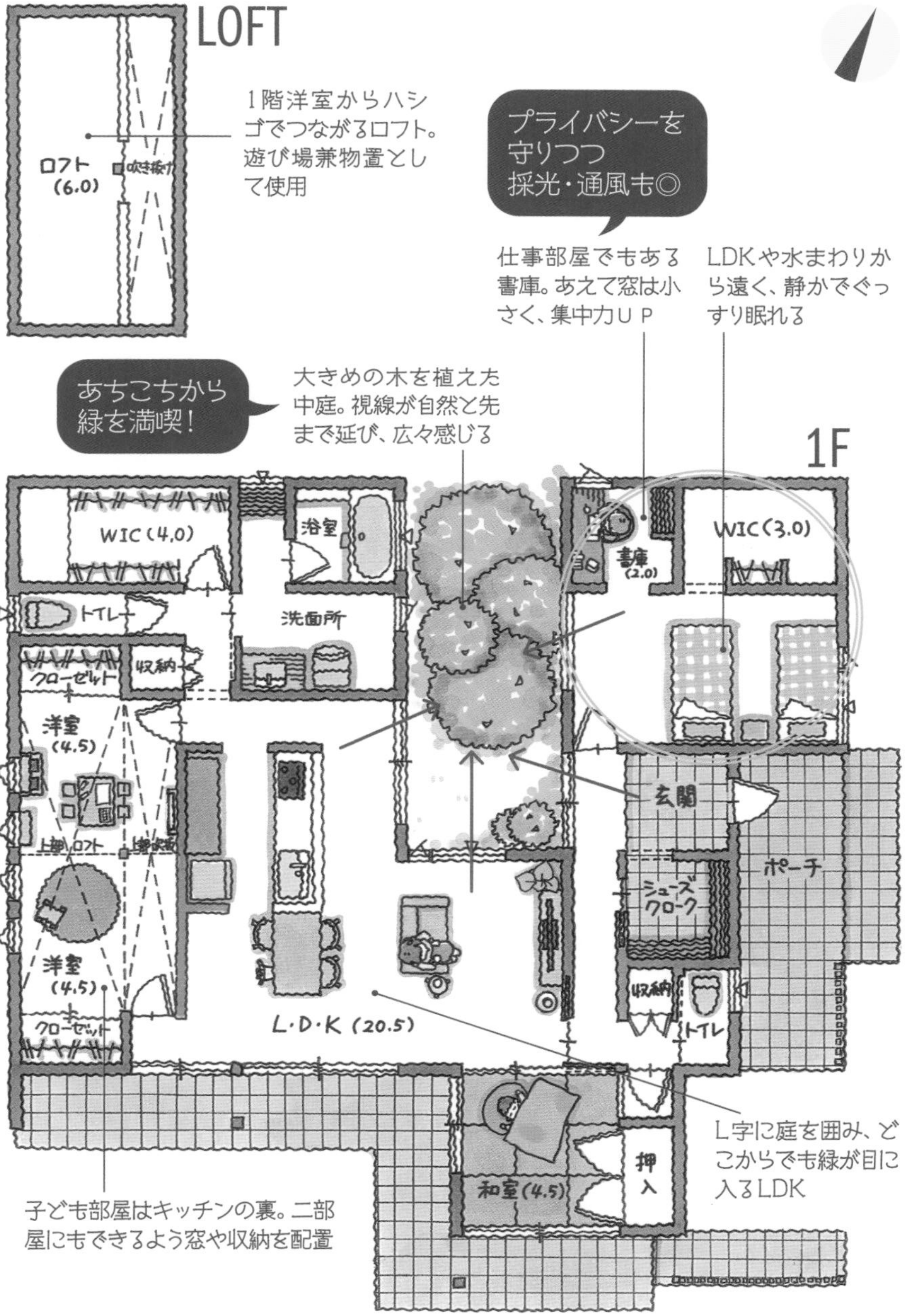
LOFT
ロフト (6.0)
吹き抜け
1階洋室からハシゴでつながるロフト。遊び場兼物置として使用
プライバシーを守りつつ採光・通風も◎
仕事部屋でもある書庫。あえて窓は小さく、集中力UP
LDKや水まわりから遠く、静かでぐっすり眠れる
あちこちから緑を満喫!
大きめの木を植えた中庭。視線が自然と先まで延び、広々感じる
1F
WIC (4.0)
浴室
トイレ
洗面所
クローゼット
収納
洋室 (4.5)
上部ロフト
上部収納
洋室 (4.5)
クローゼット
L・D・K (20.5)
書庫 (2.0)
WIC (3.0)
玄関
ポーチ
シューズクローク
収納
トイレ
押入
和室 (4.5)
L字に庭を囲み、どこからでも緑が目に入るLDK
子ども部屋はキッチンの裏。二部屋にもできるよう窓や収納を配置

Data
夫婦+子1人(1歳)
床面積…… 119.2㎡

夫婦それぞれの書斎と憧れだった吹き抜けリビング

愛野さん夫婦は、共に在宅勤務が中心。「お互い仕事部屋がほしくて引っ越しから考えましたが、いい賃貸物件がなくて。それならいっそ、と注文住宅を決めました」

できた書斎は、理想を叶えた二カ所です。妻はキッチン脇の約2畳。独立しつつも、合間に家事がしやすく、一方、夫は「開放的な場所で音楽を聴きながら仕事したい」と、2階の窓際。吹き抜けにも面し、リビングの様子も感じられます。「家族全員の希望だった吹き抜けも実現。間取りをイチから考えられて、とても満足しています」

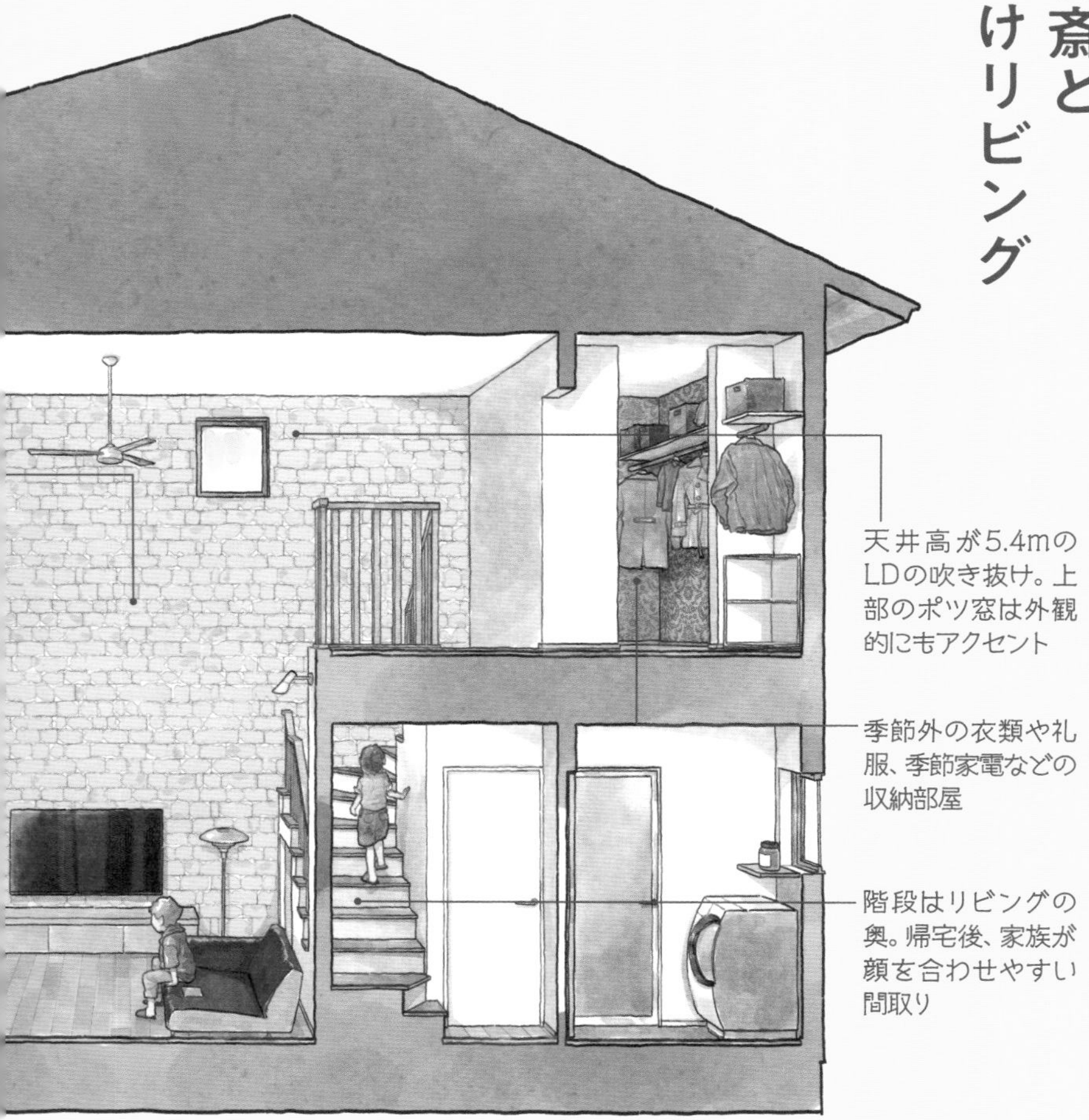

天井高が5.4mのLDの吹き抜け。上部のポツ窓は外観的にもアクセント
季節外の衣類や礼服、季節家電などの収納部屋
階段はリビングの奥。帰宅後、家族が顔を合わせやすい間取り

妻の書斎。水まわりに近く、家事と両立しやすい

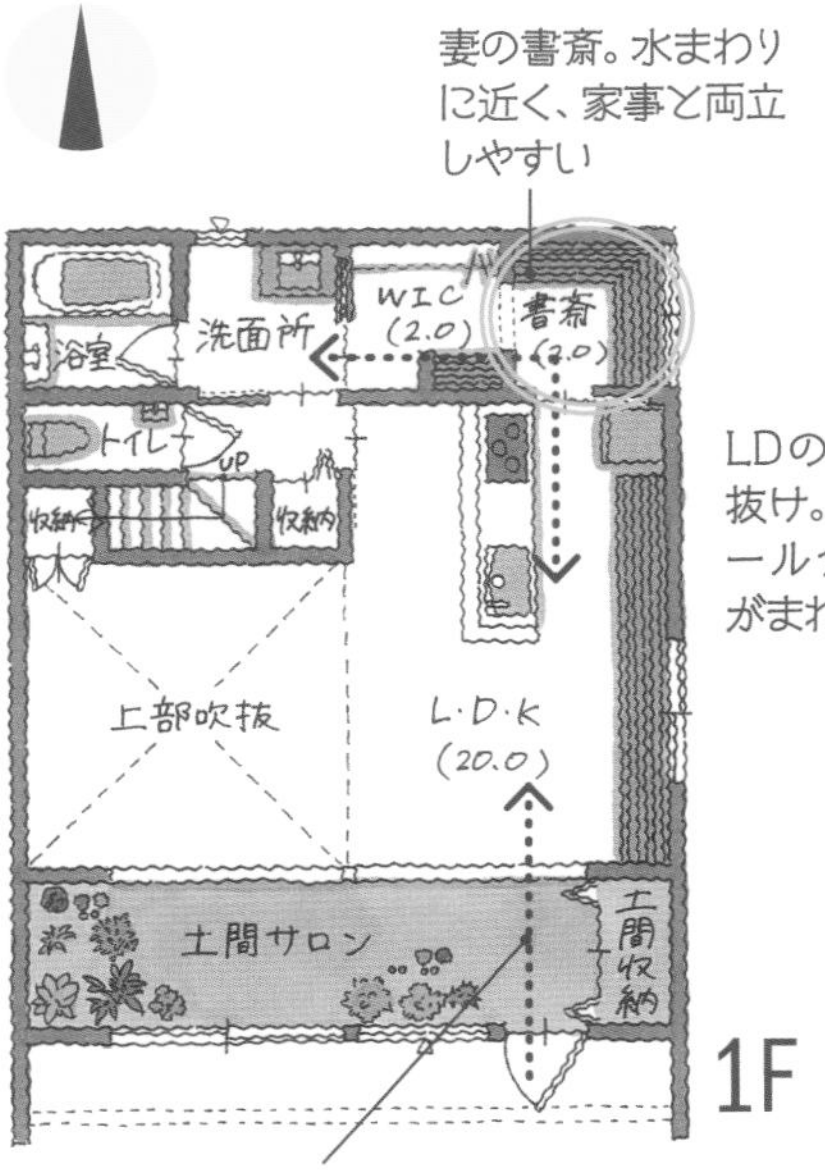
浴室
洗面所
WIC
(2.0)
書斎
(2.0)
トイレ
UP
収納
収納
上部吹抜
L・D・K
(20.0)
土間サロン
土間収納
1F

玄関から、土間を渡ってLDに上がる

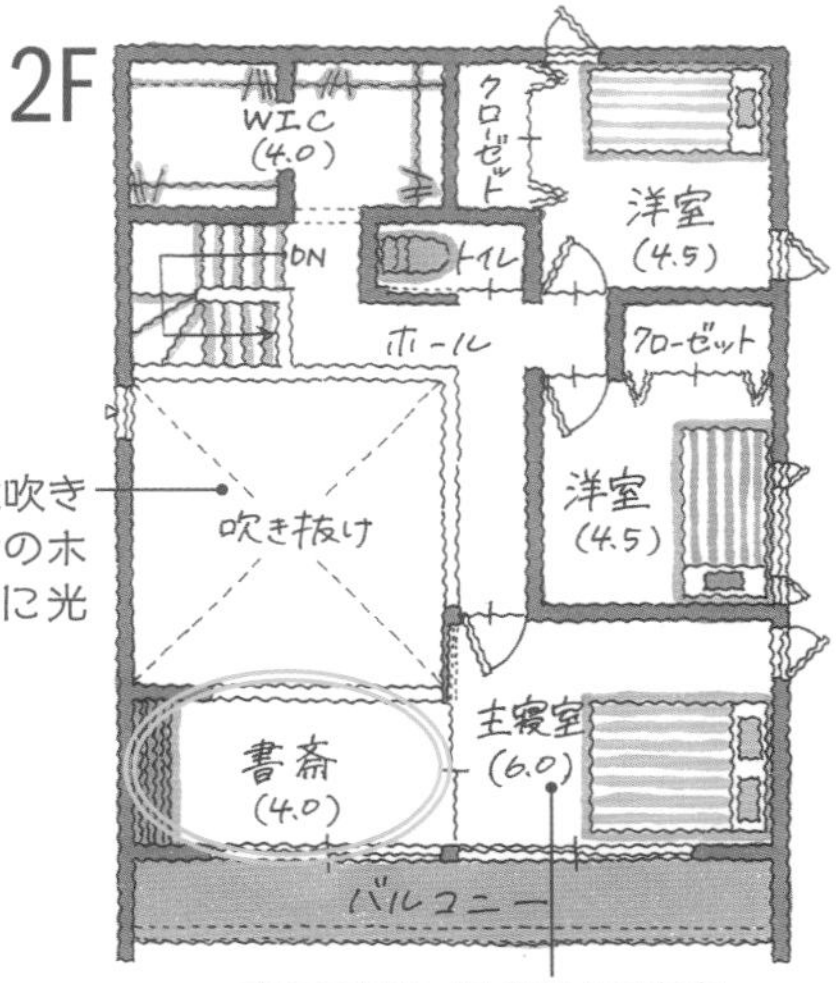
2F
WIC
(4.0)
クローゼット
洋室
(4.5)
トイレ
ホール
クローゼット
吹き抜け
洋室
(4.5)
主寝室
(6.0)
書斎
(4.0)
バルコニー

LDの上は吹き抜け。2階のホール全体に光がまわる

夫の書斎へ行くには主寝室から。プライバシーを確保

西側は窓を少なくして熱効率UP。大きな壁、窓からの光が日時計のように映る

夫の書斎。庭と吹き抜けに面し、風も光も入る

家全体がいつも明るく
風通しもいい♪

玄関すぐの広い土間。日当たりがよく、サボテンをたくさん置いている

Data
夫婦＋子２人（14歳・17歳）
床面積……1F：66.2㎡｜2F：53.0㎡

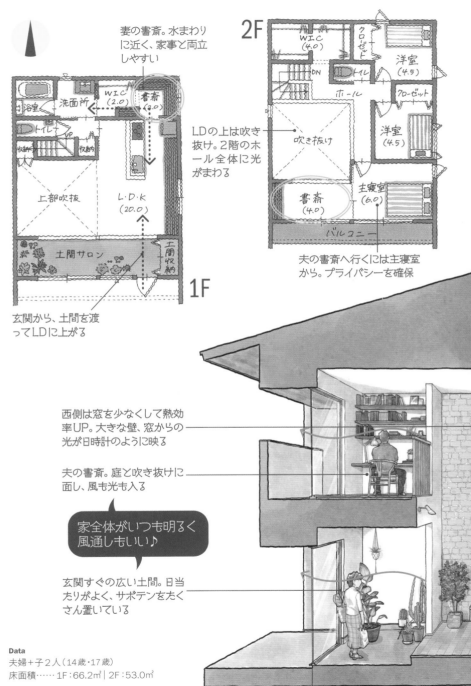

佐々木さんが購入を決めた土地は海の見える丘の上。インテリアや古着、楽器、本など多趣味な一方、家事・育児を積極的に行う三児のパパです。「この景色なら、子どもも早く帰ってきたくなるでしょう？　専業主婦の妻も、家時間が楽しくなるかなって」

完成した家は、４ＬＤＫの１階と、鈴木さんの趣味室兼書斎がある２階に分かれた構成です。「２階はリラックスするのがメイン。大好きな古着が眺められるようクローゼットに扉を付けなかったり、階段壁面の本棚を眺められるよう吹き抜けに面してデスクを造り付けたりと、どこを見ても好きな物が目に入る設計です」

海を眺める家族時間＋
好きなものに囲まれる自分時間

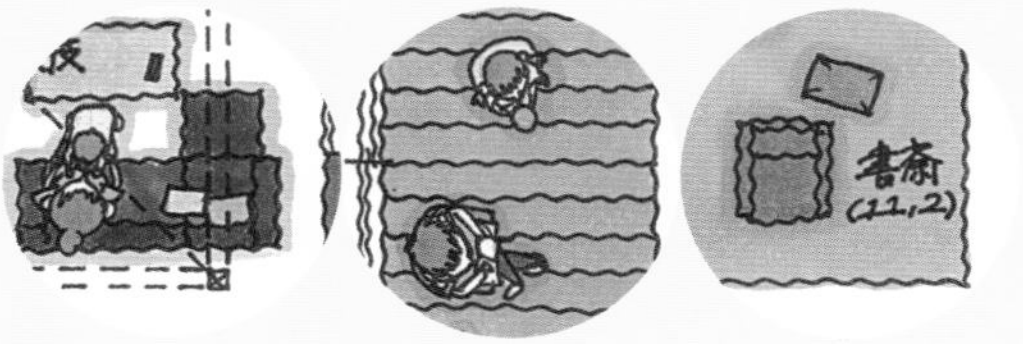

１階の広々としたＬＤＫは、海を望む大きなデッキと、吹き抜け、中庭からの光と風にいつも恵まれています。「子どもたちもこの明るいＬＤＫが気に入っているよう。ダイニングで宿題をしたり階段途中のスキップフロアで本を読んだり、思い思いに過ごしています。夏はデッキでバーベキュー。一年を通して、家族の時間が増えました」

ランドリールームをつくったり、収納を各所にたっぷり確保したりと家事ラクの工夫もたくさん。家族みんなが、楽しく、暮らしやすい間取りです。

眺めのいいホールを渡った先が書斎

階段横の壁は一面本棚。スキップフロアで選んだり読んだり

大きな吹き抜けでリビングとつながる

楽器や本もある父の部屋へ子どもたちが遊びに来ることも

壁紙やパイプの色にもこだわったオープンクローゼット

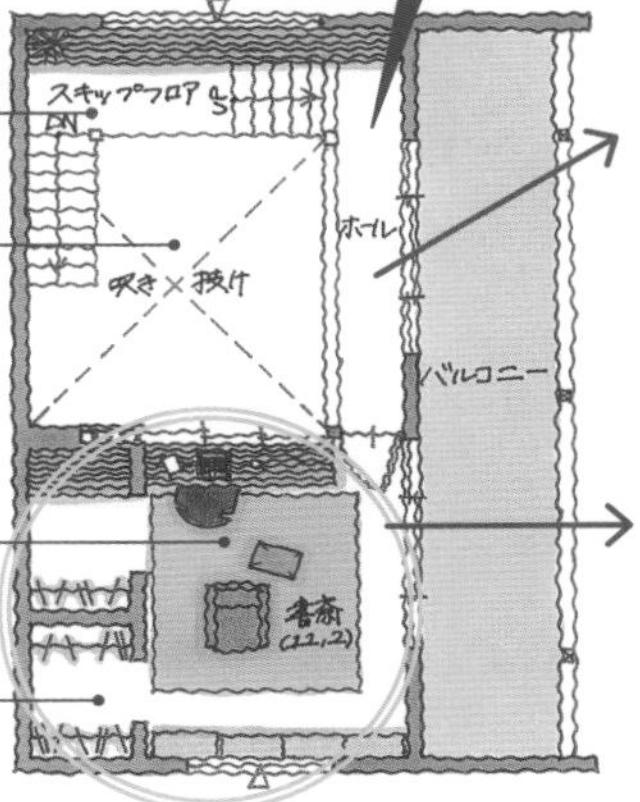
2F
スキップフロア
DN
吹き抜け
ホール
バルコニー
書斎

来客時は引き戸を閉めてプライベート空間を分離

汚れた靴や服はスロップシンクでジャブジャブ洗う

採光、通風、見晴らしも抜群のLDK

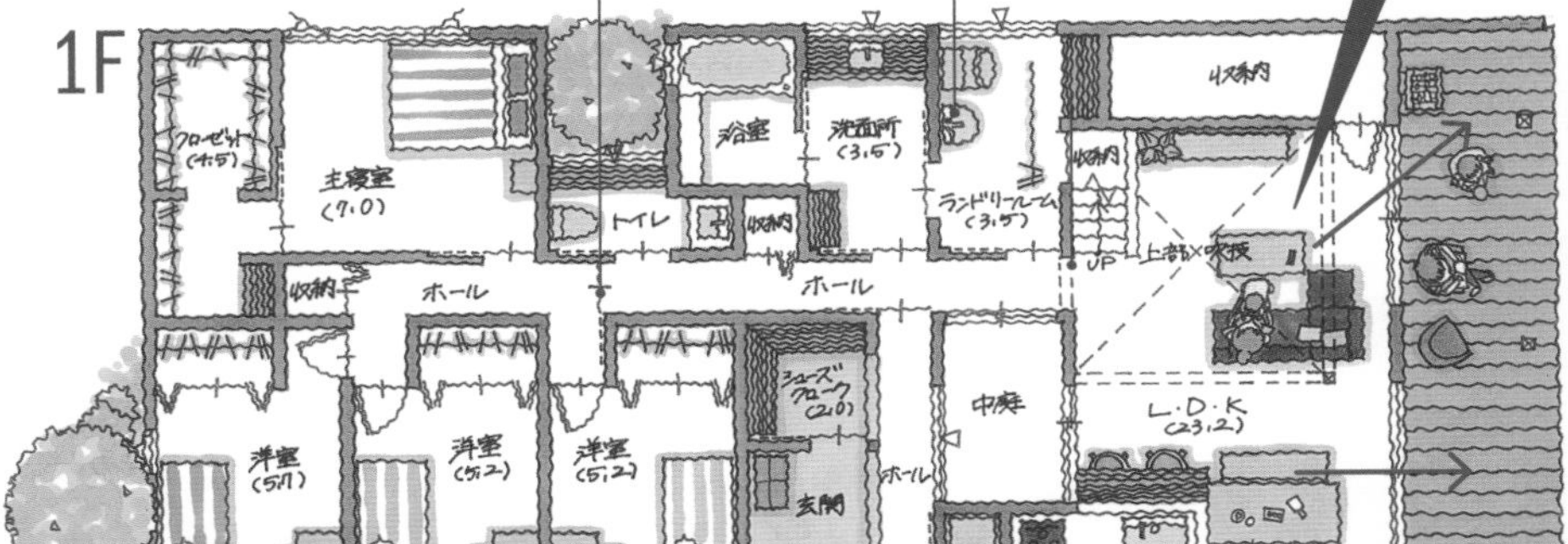
1F
クローゼット(4.5)
主寝室(7.0)
浴室
洗面所(3.5)
ランドリールーム(3.5)
収納
トイレ
ホール
UP
上部吹抜
L·D·K(23.2)
中庭
シューズクローク(2.0)
玄関
洋室(5.7)
洋室(5.2)
洋室(5.2)

各子ども部屋にはそれぞれ収納もしっかり設けた

換気扇や冷蔵庫はリビングから見えない位置に

ちょっとした書き物などに便利なデスクコーナー

Data
夫婦+子3人(1歳·6歳·8歳)
床面積……1F：155.7㎡ | 2F：29.8㎡

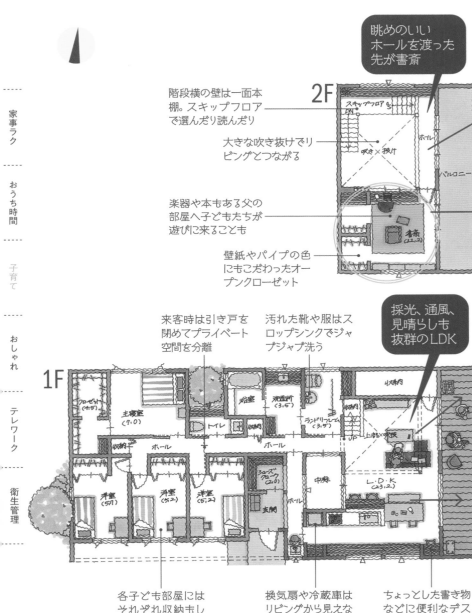

料理や植物の本が好きで、洋書や古本、数百冊を保有する里村さん。倉庫を借りていましたが、「子どもが生まれ、新居を計画。せっかくなら蔵書を全部収めたくて」と、本が暮らしに自然と溶け込むような家を希望しました。

訪れた人が誰しも感嘆するのは、玄関入ってすぐの廊下です。約5・4m、リビングへの入口を挟んで続き、さながら海外の書店のよう。リビングの脇には約3畳の小部屋。ここには子ども用の本も並べて、書庫兼読書室として使っています。

「常に本が視界にあるのが嬉しい。子どもも本好きになってくれるといいなあと願っています」

廊下、リビング、寝室にも膨大な本と一緒に暮らす

「一生ここに住みたい」と思える家になりました

① 天井ぎりぎりまで設けた書棚。ところどころ雑貨やCDなども置き、ディスプレイを楽しんでいる

② 書棚含め、廊下の壁はペールグリーンに塗装。蔵書の世界観と相まって、海外のような空間に

③ リビング脇のヌック。入口は角を取った垂れ壁で、中に入るのもなんだかワクワク

④ アンティーク調の収納付きソファ。座面の下には筆記用具や子どものおもちゃなどを入れて

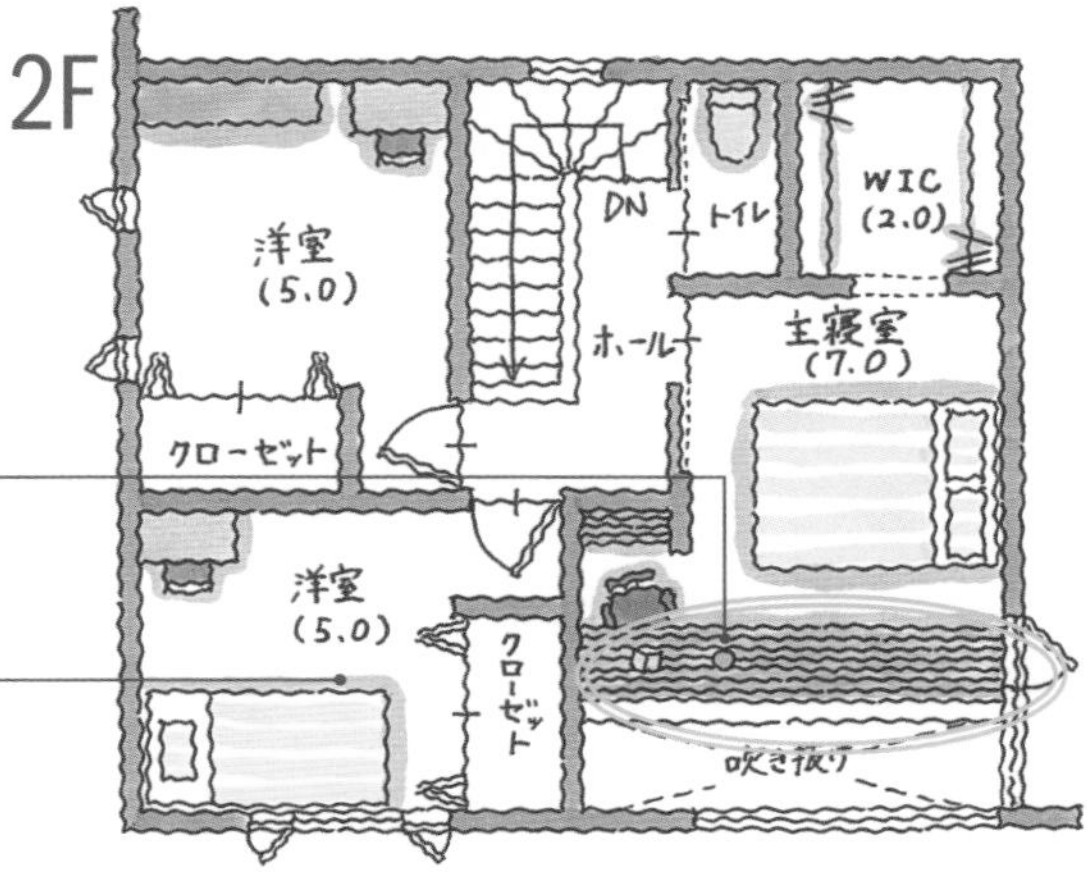
2F
洋室
(5.0)
DN
トイレ
WIC
(2.0)
ホール
主寝室
(7.0)
クローゼット
洋室
(5.0)
クローゼット
吹き抜け

吹き抜けに向けてカウンターを設置。寝る前の読書用

子ども部屋。今は物置兼遊び場に

大好きな本が家じゅうにある♪

廊下の壁面棚は圧巻。日焼けしない位置なのも◎

天井高の本棚が三方に。子どもも飽きない読書空間

帰宅→パントリー（しまう）→キッチン（料理）の家事ラク動線

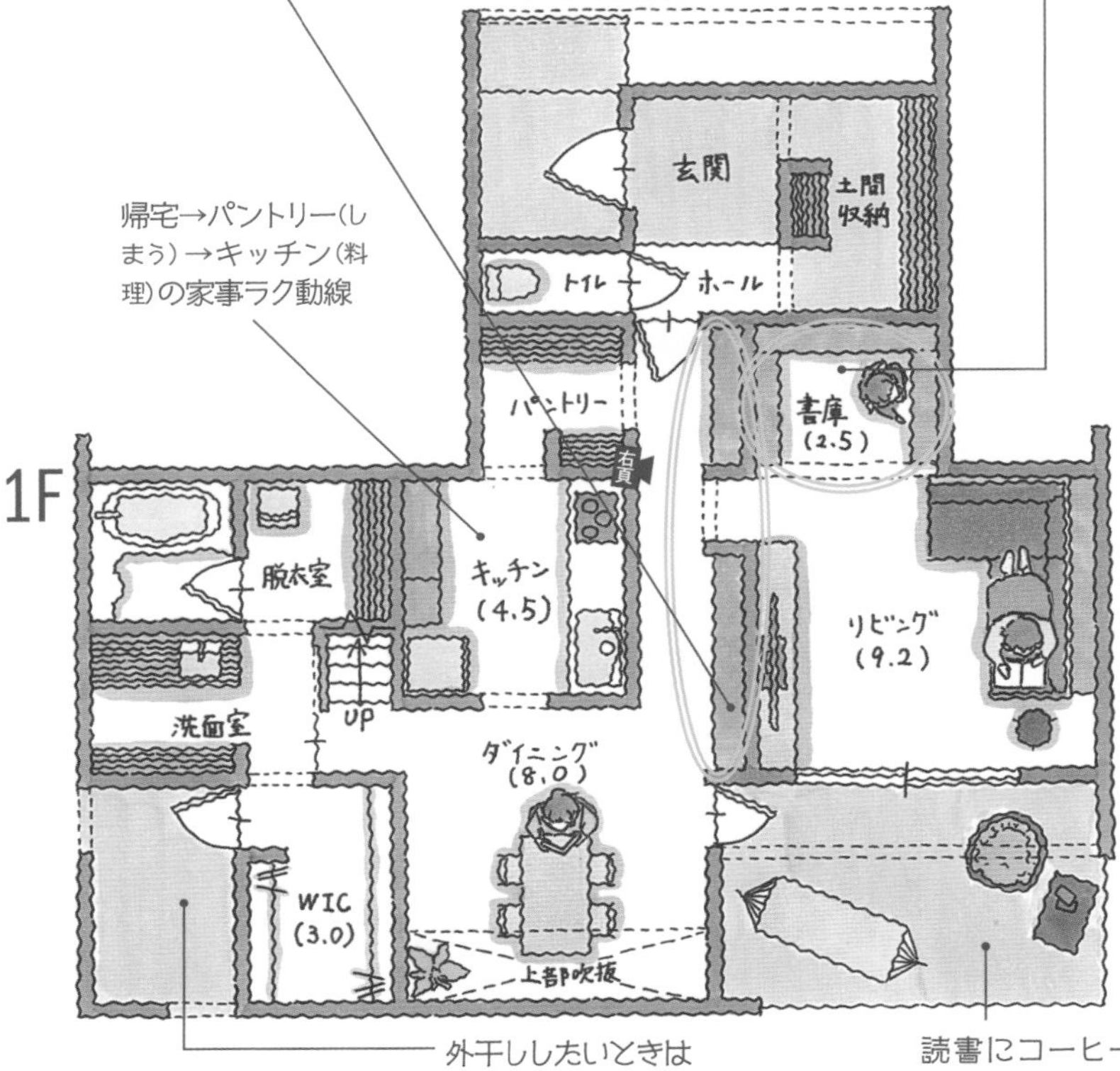
1F
玄関
土間
収納
トイレ
ホール
パントリー
書庫
(2.5)
右頁
キッチン
(4.5)
脱衣室
リビング
(9.2)
UP
洗面室
ダイニング
(8.0)
WIC
(3.0)
上部吹抜

外干ししたいときはここで。クローゼット直結で便利

読書にコーヒーにBBQにと癒しのテラス

Data

夫婦＋子１人（3歳）

床面積……1F：79.5㎡｜2F：43.1㎡

遊び盛りの子どもが家でも退屈しないようにと、クライミングウォールを希望した和田さん。「当時は想像もしていなかったけれど、コロナ渦で在宅時間が増えたここ数年は親子でずいぶん遊んでいます」。勾配天井には妻の憧れだった天窓を設置。雨の日も光を採り込みます。「2階全体に自然光が入って気持ちいい。家族全員が長時間家にいる日って、部屋が明るく開放的なだけでも救われます」

　もうひとつの遊び場はロフトです。大きなおもちゃはここで使うルールにして、リビングが散らからないように。「今後はボルダリングホールドを増やし、ロフトまで登れるようにしようか計画中です」

在宅続きでも運動できる！ 親子で楽しいボルダリング

子どもと一緒に遊べる家になりました

① 吹き抜けの天井につけた天窓。光を採り込むだけでなく、空の様子が見える面白さもある
② ボルダリングウォールの左はロフト
③ 照明は埋め込み式のダウンライトのみでスッキリと
④ クライミングウォールを増やしたり移動させたりもできるよう、壁全面に下地をつくってもらった

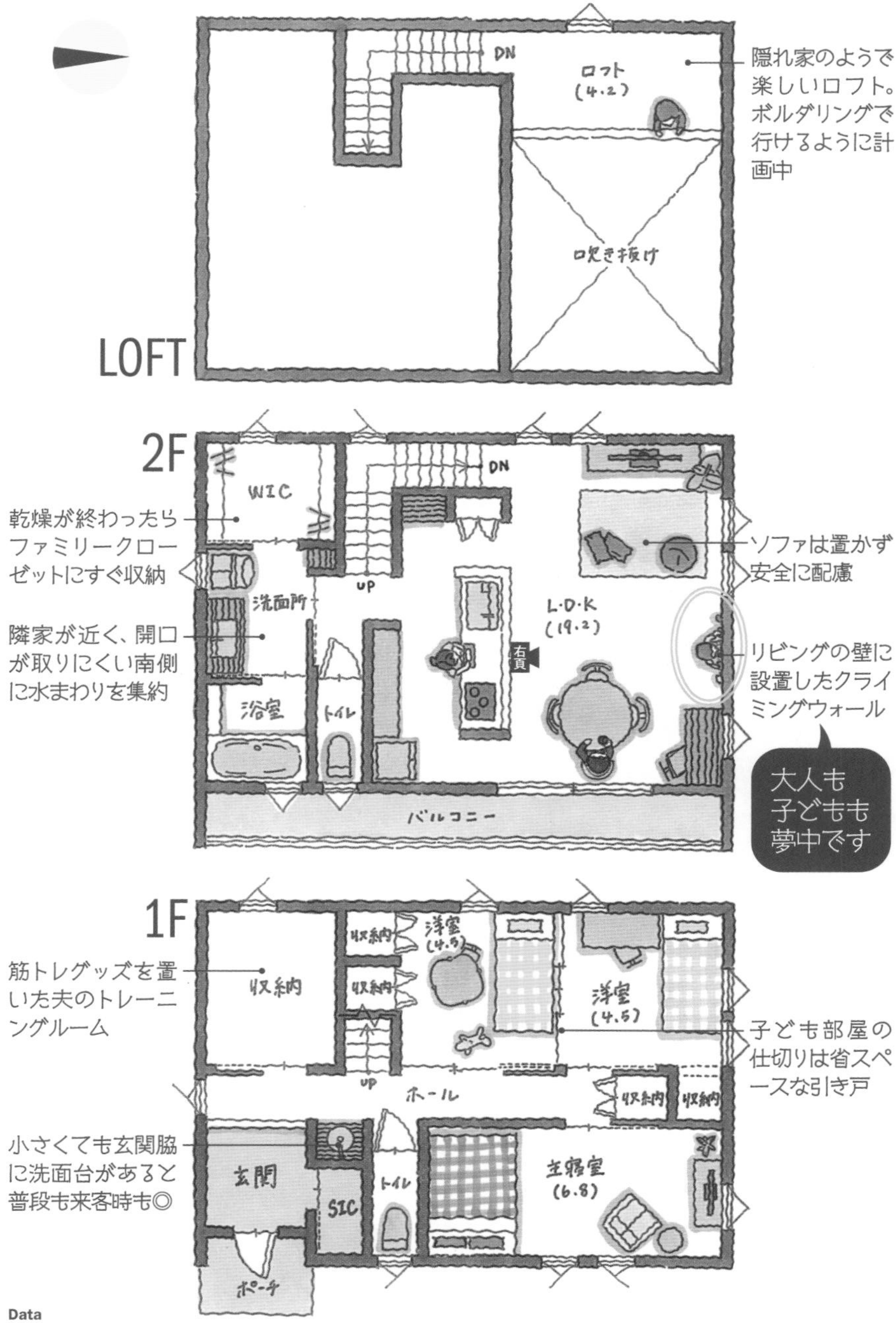
LOFT
ロフト
(4.2)
DN
吹き抜け
隠れ家のようで楽しいロフト。ボルダリングで行けるように計画中
2F
WIC
DN
UP
洗面所
浴室
トイレ
L・D・K
(19.2)
バルコニー
乾燥が終わったらファミリークローゼットにすぐ収納
隣家が近く、開口が取りにくい南側に水まわりを集約
ソファは置かず安全に配慮
リビングの壁に設置したクライミングウォール
大人も子どもも夢中です
1F
収納
収納
収納
洋室
(4.5)
洋室
(4.5)
UP
ホール
収納
収納
玄関
SIC
トイレ
主寝室
(6.8)
ポーチ
筋トレグッズを置いた夫のトレーニングルーム
子ども部屋の仕切りは省スペースな引き戸
小さくても玄関脇に洗面台があると普段も来客時も◎

Data

夫婦＋子２人（5歳・7歳）

床面積……1F：50.3㎡ | 2F：51.1㎡

居心地のいい
ワークスペースSNAP

落ち着く壁色が
こだわり！

収納にしがちな小部屋を活用

収納にしがちな廊下脇の約2畳を、書棚付きのワークスペースに。壁や天井には黒い石目調のクロスを張り、クールで落ち着く雰囲気に仕上げました。

納戸にしがちな階段下に

階段下のデッドスペースに机＆棚を造作。机は幅160cmとれたので、椅子が2客並べられ、兄弟や親子で使うことも。脇の壁にお稽古バッグを吊るす予定。

中庭に面した長〜いデスク

廊下を通常より幅広にとり、中庭に面して長いカウンターを設置。席間が十分あるので並んで座っても気が散らず、外の景色を眺めながら仕事ができます。

完全には閉じない心地よさ

キッチン奥のスペースを書斎に。背面の壁は上部を開け、こもり感がありながらもリビングと気配がつながる設計です。

デスク前は
有孔ボードに

カラー畳の和の書斎

「畳にざぶとんか座椅子のスタイルがいちばん疲れないので」と和風の書斎。カラー畳を敷き、照明やカウンターを造り付けました。

吹き抜けとベランダに面して

ほぼ在宅勤務になってからの家づくり。「日中ずっと過ごすので」と、見晴らしのいい書斎を希望。吹き抜けとベランダに面しています。

その分、
子ども部屋は
狭めにしました

ほどよくオープンな場所に

2階の階段脇にとったスタディコーナー。1階の気配は感じつつ、手元の壁がほどよく立ち上がっているので勉強にはしっかり集中できます。

学生時代は京都で暮らし、寺社仏閣をめぐるのが好きだった姫野夫妻。「家を建てるなら自分たちが落ち着く、和風の家にしようと決めていました」。そして縁があったのは、奇しくも町屋のように細長い土地でした。

玄関を入ると採光のための小さな庭。廊下を抜けてダイニング・キッチンの先、敷地のいちばん奥まった位置に床座のリビングが見えてきます。「東の窓からは朝日が差し込み、和室からは夕日が届く。光や風の動きで時の移ろいを感じられ、一日中家にいても飽きません」。自然を取り込み豊かに暮らす、日本らしい住まいになりました。

落ち着く和のリビングで時の移ろいを感じる家

家族みんながラクちんな床座の暮らし

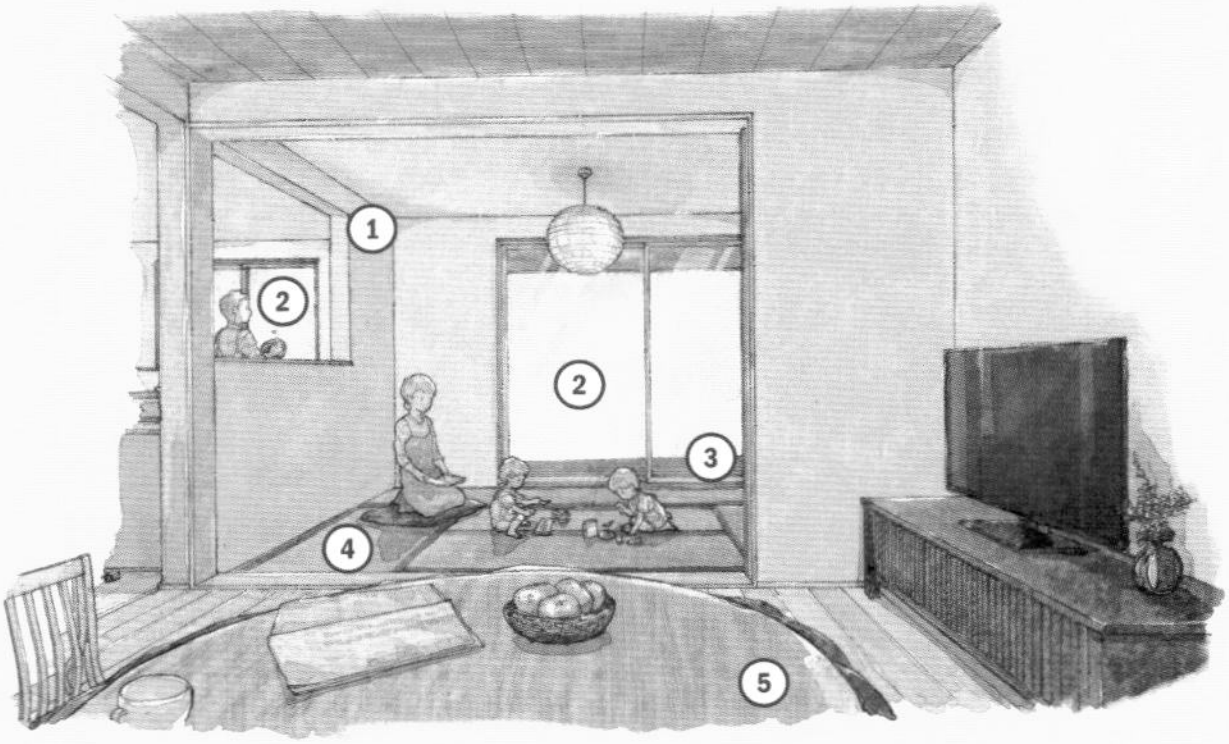

① DKと和室との間の壁は腰高まで。上部は開いていて開放的

② キッチンからも和室からも外が見える

③ 和室とフラットにつながるデッキ。視線がまっすぐ延び、家の中にいても広々感じる

④ 畳は子どもが遊ぶにも昼寝するにも便利。布団など入れる押入もつけた

⑤ リビングも床座。大きな円卓は、冬はこたつに

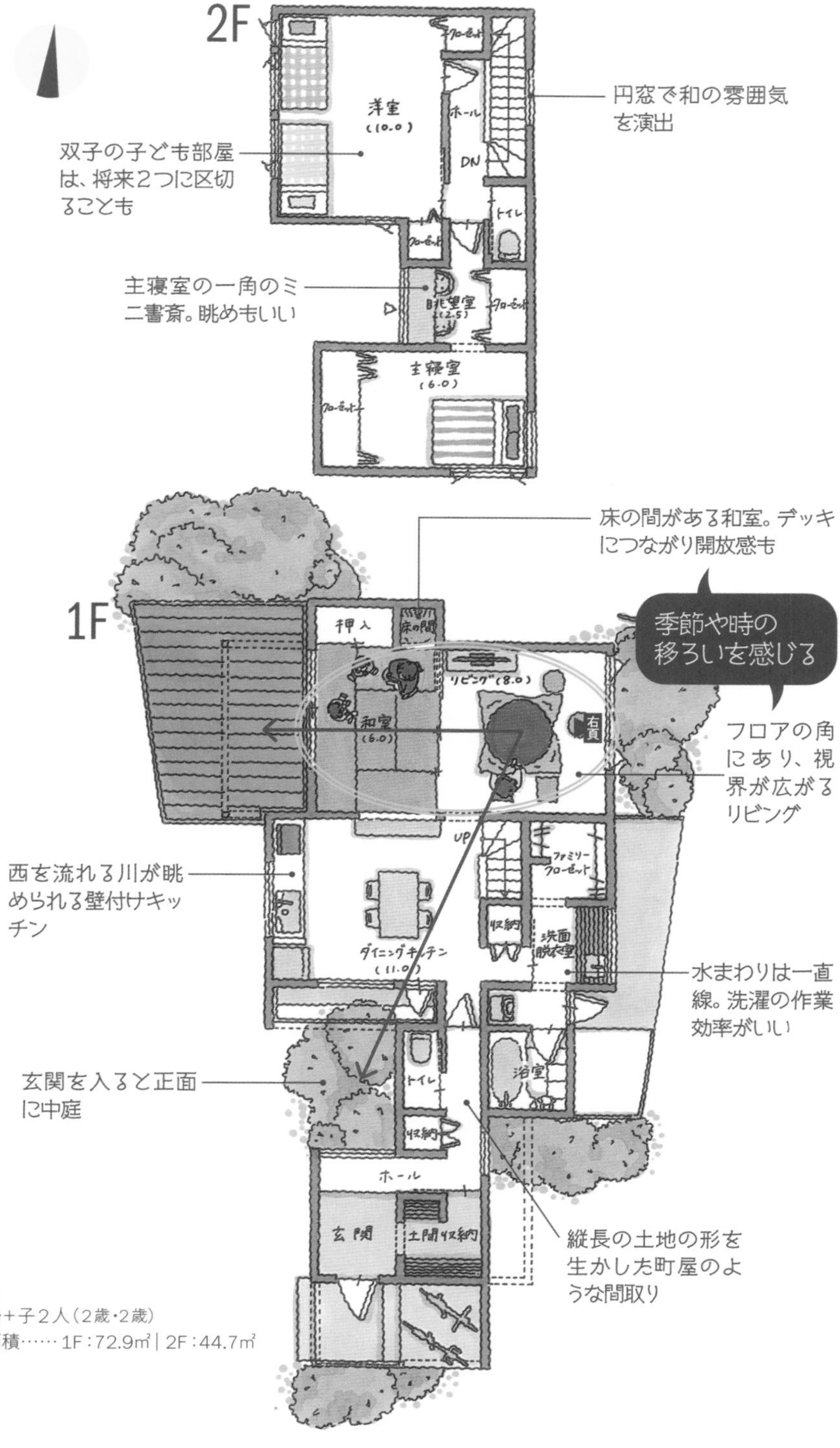
2F
洋室
(10.0)
クローゼット
ホール
DN
トイレ
クローゼット
眺望室
(2.5)
クローゼット
主寝室
(6.0)
クローゼット
円窓で和の雰囲気を演出
双子の子ども部屋は、将来2つに区切ることも
主寝室の一角のミニ書斎。眺めもいい
1F
押入
床の間
リビング(8.0)
和室
(6.0)
右頁
UP
ファミリークローゼット
収納
洗面脱衣室
ダイニングキッチン
(11.0)
トイレ
収納
浴室
ホール
玄関
土間収納
床の間がある和室。デッキにつながり開放感も
季節や時の移ろいを感じる
フロアの角にあり、視界が広がるリビング
西を流れる川が眺められる壁付けキッチン
水まわりは一直線。洗濯の作業効率がいい
玄関を入ると正面に中庭
縦長の土地の形を生かした町屋のような間取り

Data

夫婦+子2人(2歳・2歳)

床面積…… 1F:72.9㎡ | 2F:44.7㎡

長〜い土間廊下が便利
家庭菜園を楽しむ家

家庭菜園をつくるため、広めの土地を購入した月野さん。「子どもと参加した農業体験ですっかり畑にはまって」と話すのは妻・雅子さん。料理教室で講師をしています。

敷地全体は約65坪。庭と住居およそ半々の割り振りです。互いをつなぐのは長い廊下のような土間。土足で行き来できる半戸外のような空間です。「つきあたりに用具置き場をつくりました。畑道具だけでなく、収穫した野菜をひとまずここに置いておいて、使う際にキッチンから取りに行くのも便利です」

さてそのキッチンも、もちろんこだわりが詰まっています。ゆとりのある調理台、食卓を作業に使うときも会話しやすい対面型カウンター、物をスッキリしまえるパントリー……。燻製機やケーキ型を使ったプロならではの凝った料理も、子どもたちと気軽に楽しめるようになりました。「自分の家で育てて、調理して、おいしく食べる。夢に見ていた生活が実現できました」

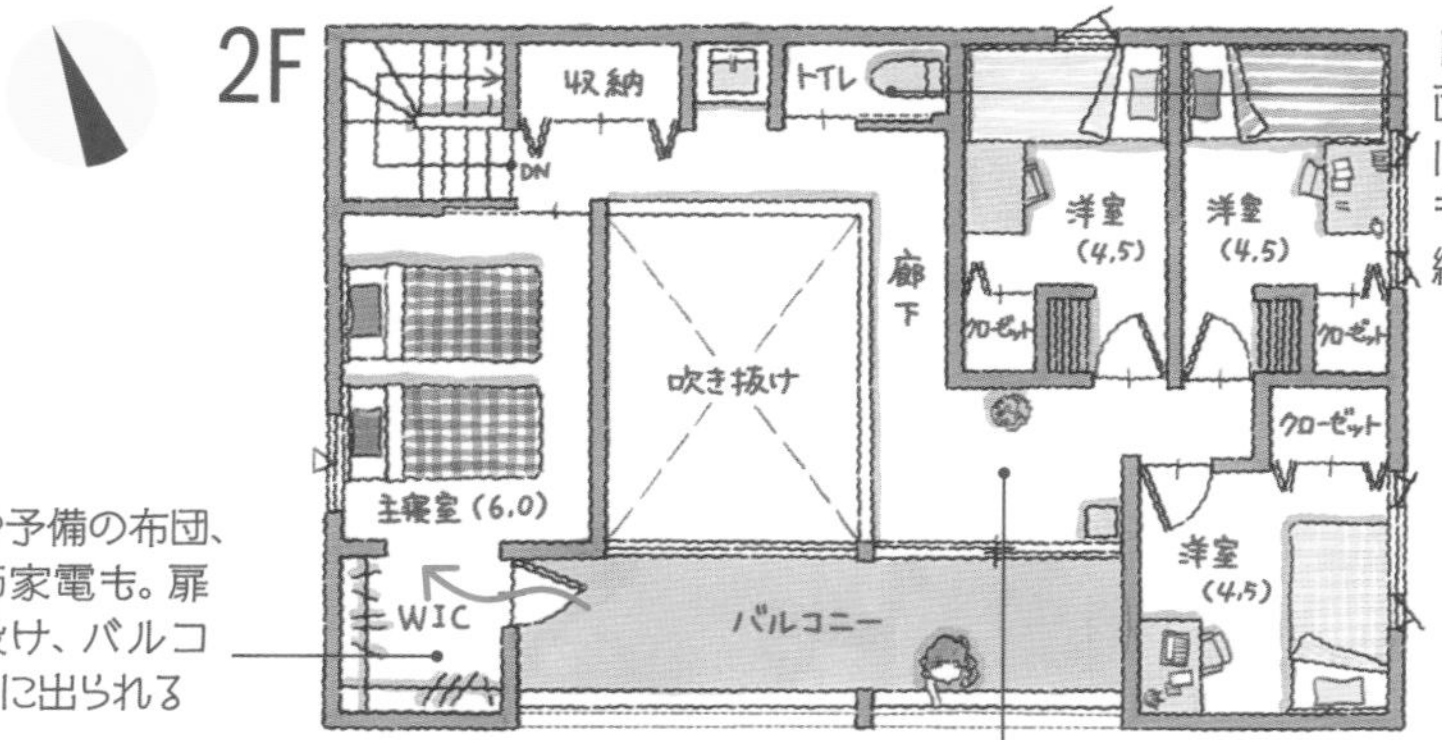

2F
収納
トイレ
DN
洋室
(4.5)
洋室
(4.5)
廊下
クローゼット
クローゼット
クローゼット
吹き抜け
主寝室(6.0)
洋室
(4.5)
WIC
バルコニー

トイレと洗面台は2階にも。朝のラッシュを緩和する

服や予備の布団、季節家電も。扉を設け、バルコニーに出られる

吹き抜けを回り込む廊下。明るくて、子どもも好き

玄関先にはブルーベリーを植えた

玄関からパントリーまで土間廊下で行き来できる

庭から靴のままで入れる！

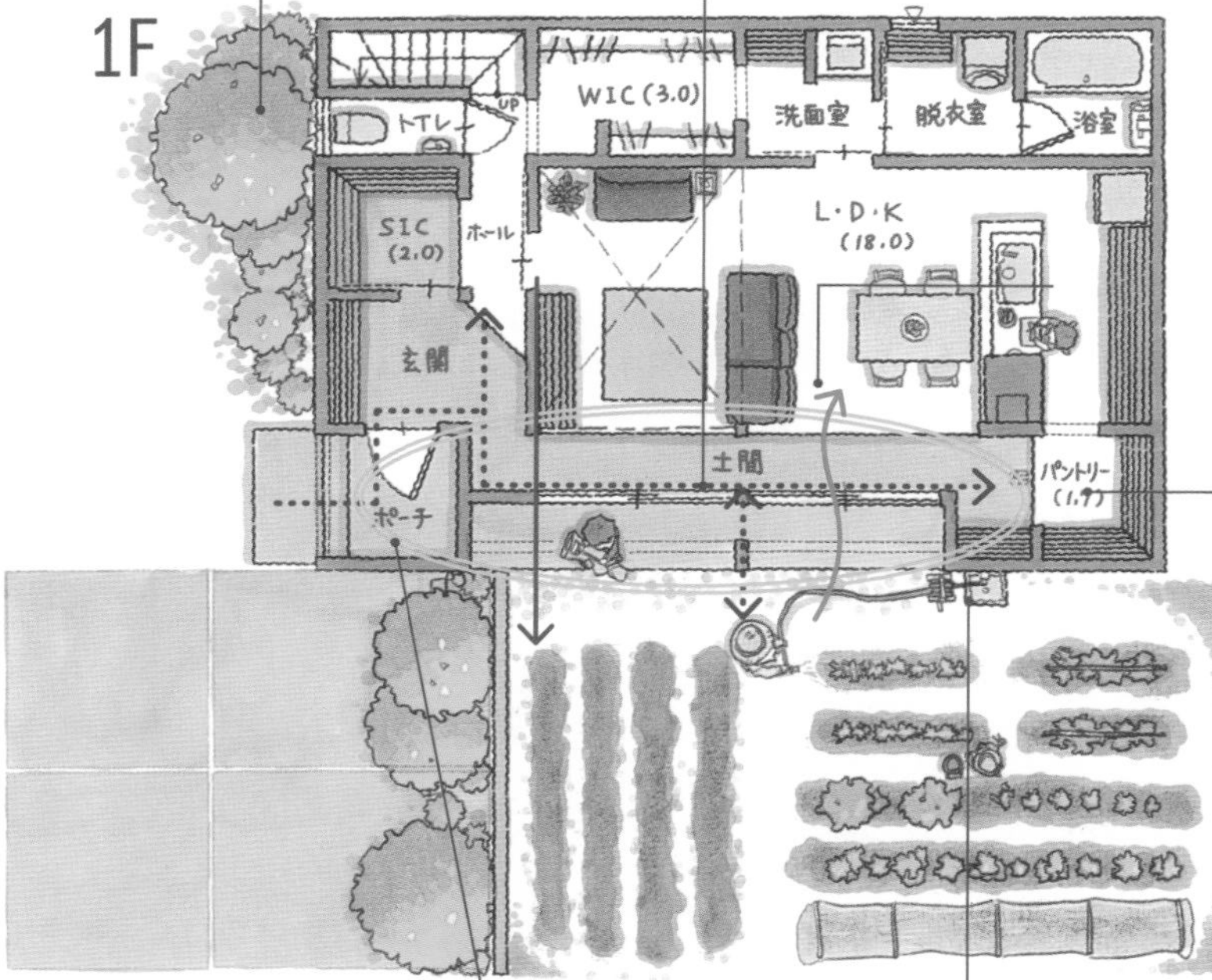

1F
WIC(3.0)
洗面室
脱衣室
浴室
トイレ
UP
SIC
(2.0)
ホール
L・D・K
(18.0)
玄関
土間
パントリー
(1.9)
ポーチ

Data

夫婦＋子３人（9歳・11歳・13歳）

床面積……

1F：70.4㎡｜2F：58.0㎡

帰宅後、着替え→手洗い→LDも、土間→キッチンも可能

畑しごとにも便利な立水栓

調理道具や家電、大きなゴミ箱もここへ

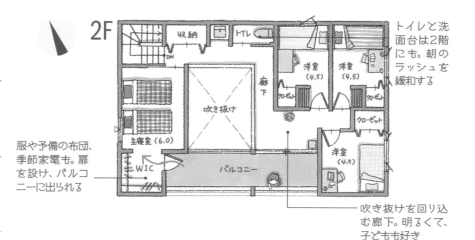

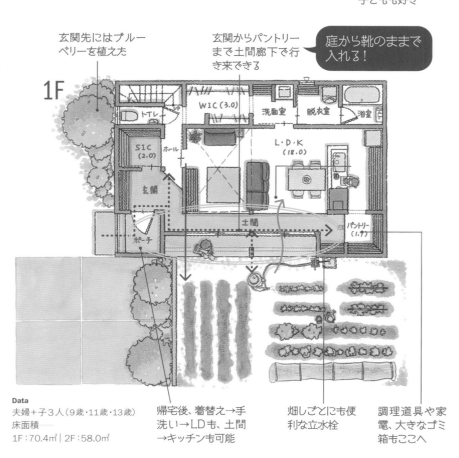

湖畔の高台に一目惚れ
別荘のようにくつろぐ住まい

美しい湖をのぞむ敷地に一目惚れし、土地を購入した古川さん。しかし美術予備校に勤める妻の真奈さんの勤務地から離れるため、当初は候補外だったそう。「ところが見学に来たら夫と意気投合してしまって。夫は出張が多く家ではゆっくり休みたい、私は湖畔を見ながら絵を描ける。こんな立地、なかなかないなと」。家づくりのテーマは、もちろん〝眺望を楽しむ住まい〟。食卓、リビング、バルコニー、階段からも、視界には湖と木々が広がります。

家の南に位置する湖と森の眺めを最大限取り入れるため、1階LDKは横長に配置しています。南側一面は大きな窓。ここから外と中とを自由に出入りしながら、BBQする楽しみも増えました。「どこにいても湖が目に入って気持ちいい。毎日暮らす家だけど、ちょっと別荘みたいな非日常感があります」

2階の趣味室は真奈さんのスペース。バルコニーにイーゼルを置いて描くことも想定し、道具を洗うにも便利なシンクも設置しました。夫はリビングとバルコニーがお気に入り。「趣味のテニスに出かけることもありますが、今は家にいる時間がいちばんリラックスできるみたい」。ソファでワインを飲みながら、夜景を眺めて過ごす時間が至福だと笑顔で教えてくれました。

吹き抜け越しに景色を楽しむ。ミニ冷蔵庫を設置

ここからの眺望は最高

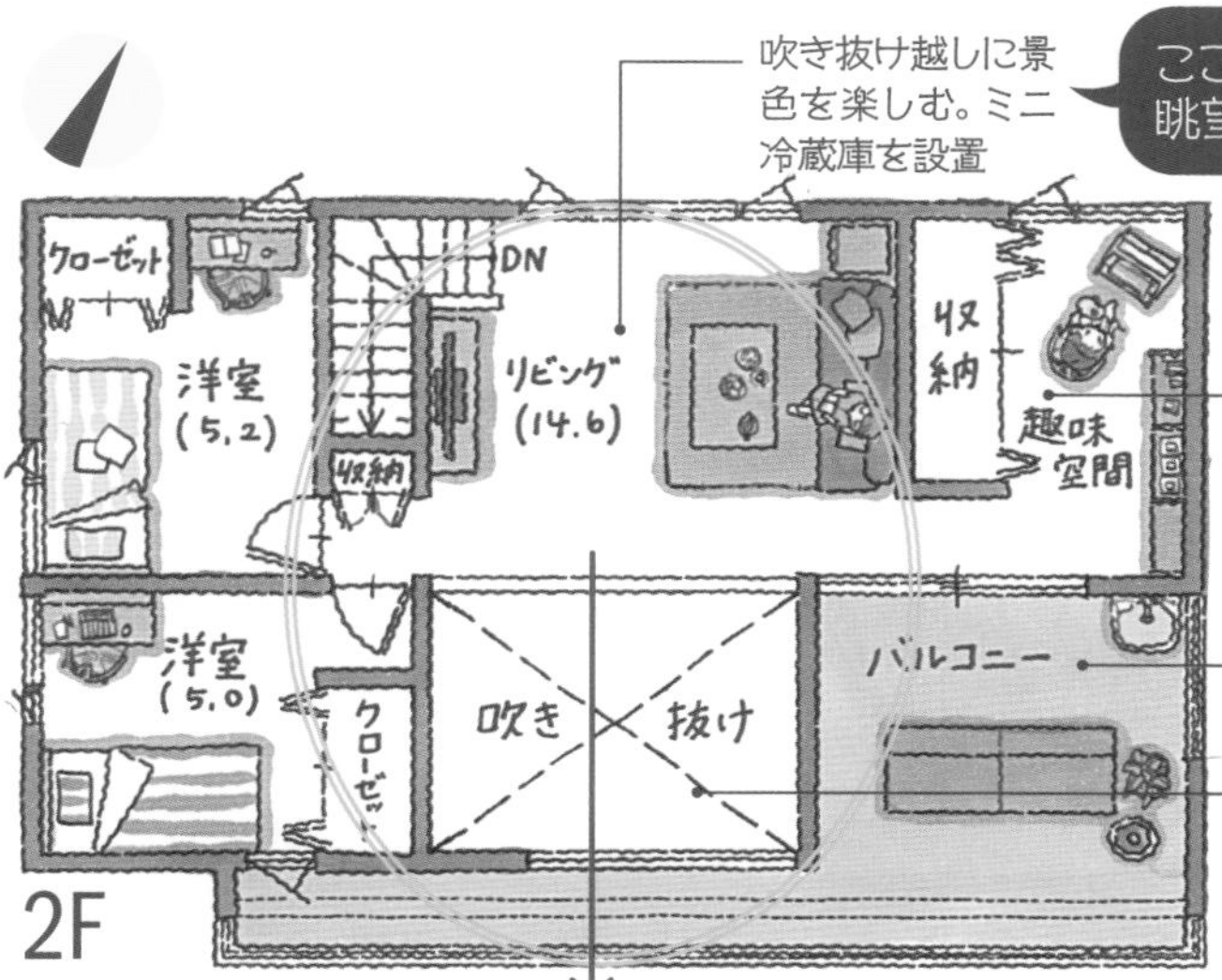

絵を描く妻の趣味室はバルコニーの隣。収納も充実

家族みんなが好きな場所。子ども部屋とつながっている

1階への採光と2階リビングの眺望を確保

廊下一角の洗面スペース。階段室にも光が入り明るい

客間にもなる和室。普段は家事や花生けに使う

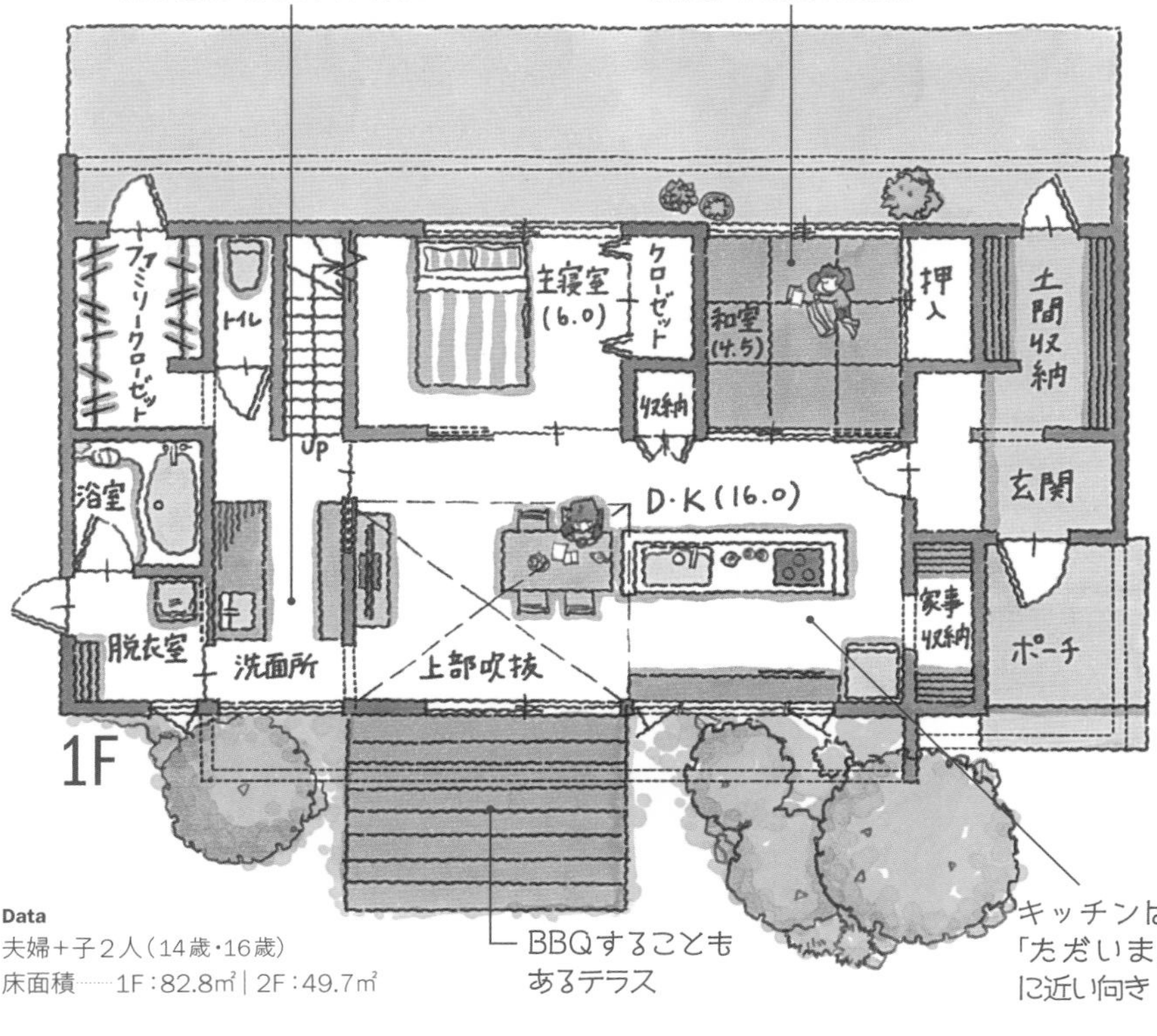

キッチンは「ただいま」に近い向き

BBQすることもあるテラス

Data

夫婦+子2人（14歳・16歳）

床面積……1F：82.8㎡｜2F：49.7㎡

DIYルームをリビングに
土間ならではの斬新な間取り

数年前からDIYに目覚めた小泉さん。でも作業するにも材料を置くにもマンション暮らしでは悩みが多く、マイホーム計画を始動。初回の打ち合わせで「のびのび作れる家にしたい」と話したそうです。それなら、と提案されたのが土間。「妻も土間には憧れがあり、『いっそ、リビングも土間でおしゃれな感じに』と話が弾んでいきました」

そうしてできた土間リビングは、玄関からすぐの場所にDIYルームをもつ大きな空間。土足のまま入れるので、材料の搬入もラクちんです。ソファやテレビのあるエリアも基本的には土足ですが、「ここだけで履くサンダルも置いてい

るので、家にいながらカフェでくつろいでいるような感じ」と、土間ならではの面白さを感じています。

現在はふたり暮らしの小泉家ですが、来春には家族が増える予定。「2階のフリースペースは、ゆくゆく子ども部屋にするつもりで壁の石膏ボード裏に下地を入れてもらいました。棚をつけたり壁をつくったりも可能なので、これからDIYしていくのが楽しみです」

コロナ渦が落ち着いたら友人を招き、家具作りや食事もしたいそう。「玄関から洗面所まで直接行けるようにしたのもそのため。もともとにぎやかなのが好きなので、早くそんな日が来るといいなと思っています」

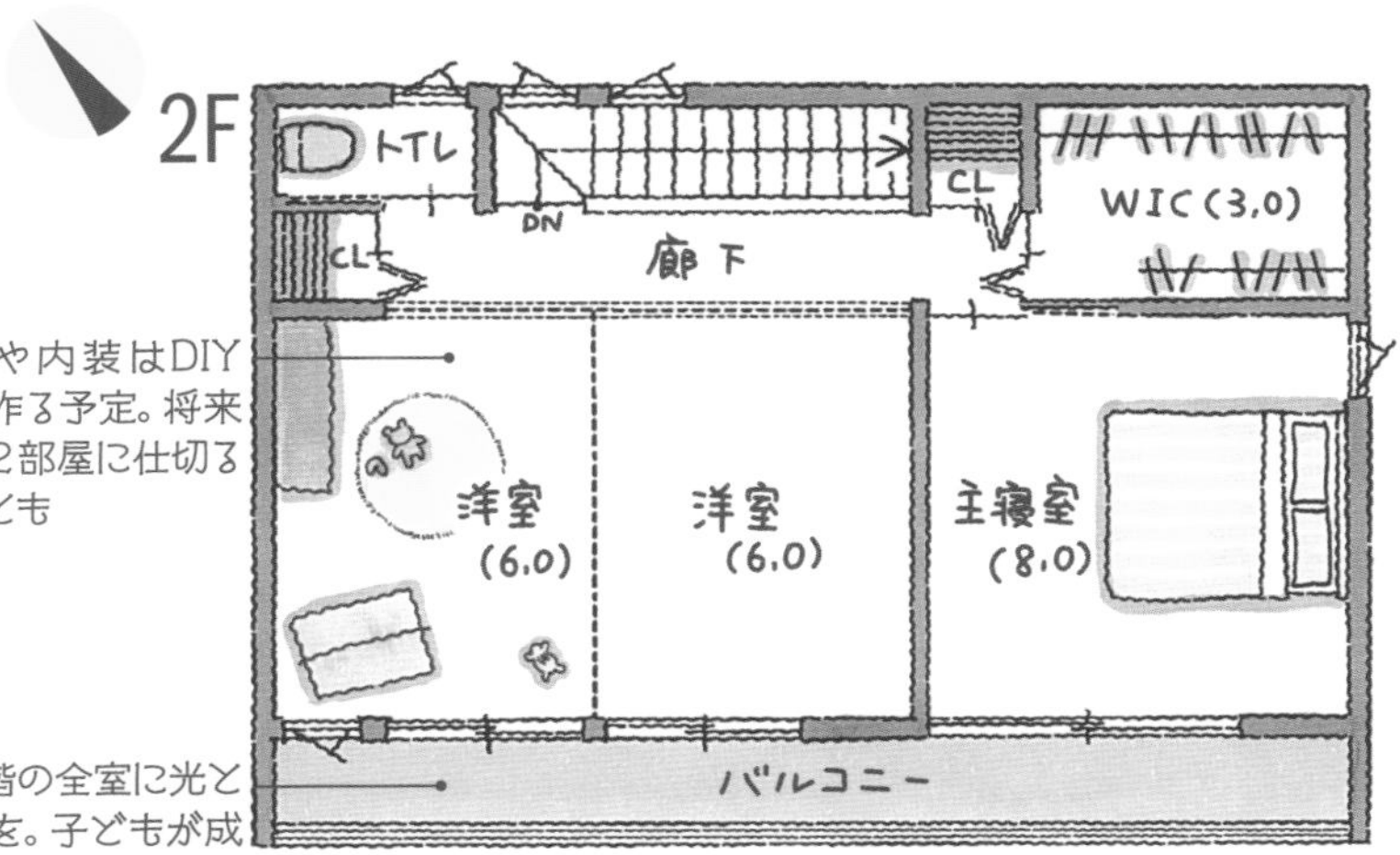
2F
トイレ
DN
廊下
CL
CL
WIC(3.0)
洋室
(6.0)
洋室
(6.0)
主寝室
(8.0)
バルコニー

扉や内装はDIYで作る予定。将来は2部屋に仕切ることも

2階の全室に光と風を。子どもが成長したら「自分で布団干し」も

土間リビングから1段床が上がったリビングダイニング

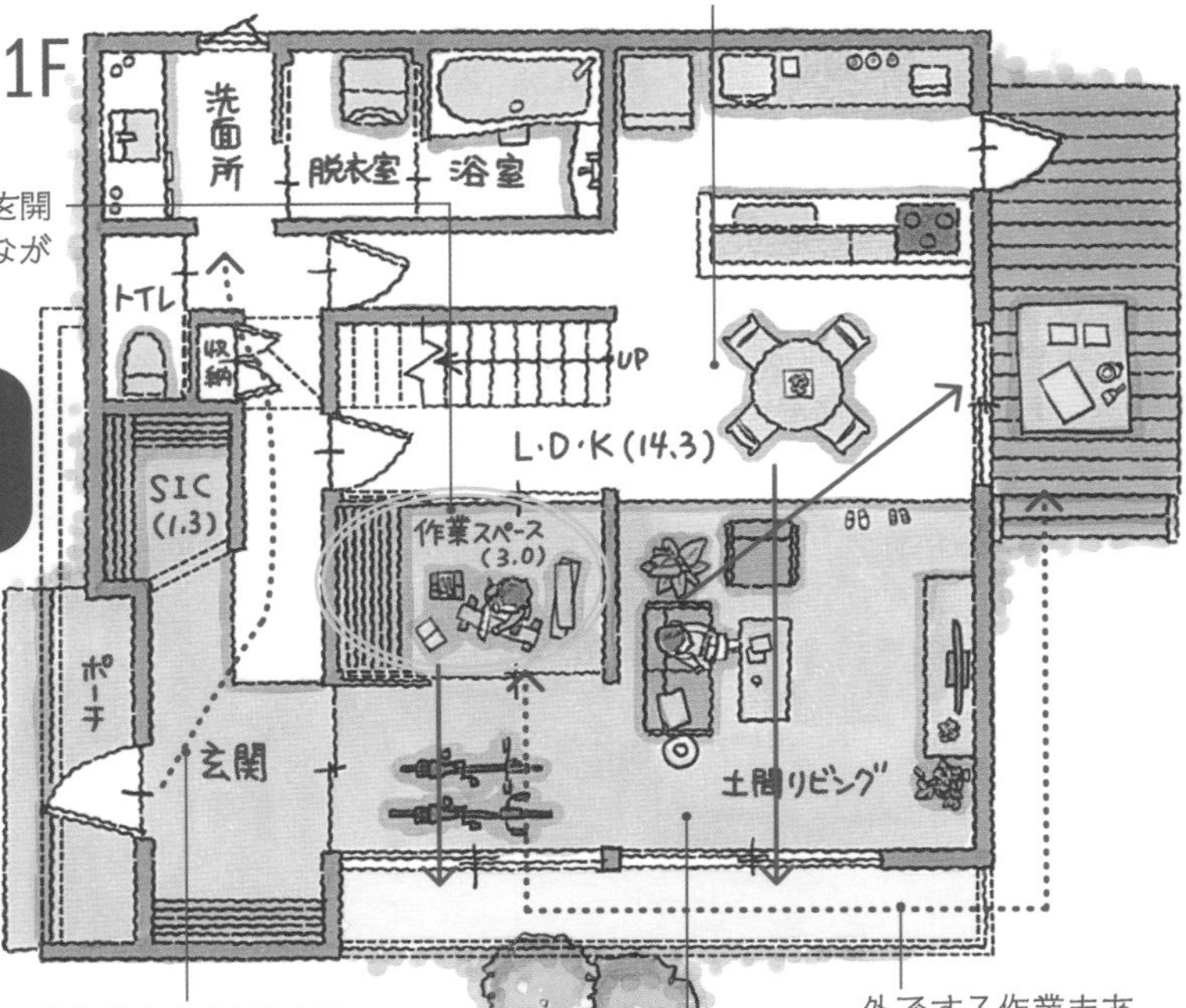
1F
洗面所
脱衣室
浴室
トイレ
収納
UP
L・D・K(14.3)
SIC
(1.3)
作業スペース
(3.0)
ポーチ
玄関
土間リビング

DIYルーム。扉を開ければ庭を見ながら作業ができる

念願のDIY専用スペース！

帰宅後すぐ手を洗える動線。来客時も便利

外でする作業もあるので、デッキやテラスにも出やすく

眺めがよく、カフェのように過ごせる土間リビング

Data
夫婦
床面積……1F：71.2㎡｜2F：49.7㎡

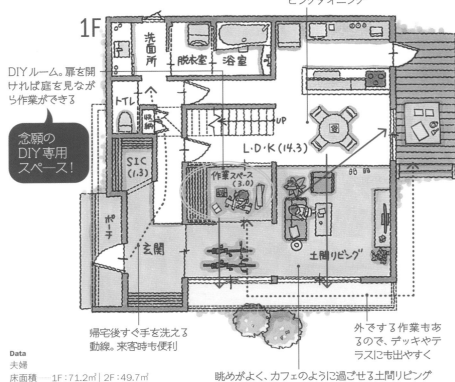

アガサ・クリスティの別荘に憧れて 暖炉のある書斎とリビングルーム

飯島さん夫妻はイギリスの小説家、アガサ・クリスティの大ファン。「彼女がくつろいだという別荘の、なかでも暖炉のある部屋が憧れでした」。そこでしたいことは、もちろん読書。ふたり分の蔵書もかなりあり、「今は積んだままになっている本も、美しく棚に収めたい」とのことでした。

提案されたのは、食事や料理をする〝動〟の場所と、趣味に耽る〝静〟の場所をしっかり分けた間取りです。「欲しかった暖炉も、本に囲まれた書斎もある。まさに理想通りでした」

棚やカウンターなどの造作家具は、木の色が深いウォルナットにこだわりました。手持ちのクラシカルなインテリアと相まって、アガサ・クリスティの時代を彷彿とさせてくれます。

「まだ子どもが小さいので日常生活は慌ただしくなりがち。でも自分の時間がとれたら、迷いなくこのリビング＝別世界に飛び込みます。ここまで思い通りの家ができ、注文住宅を選んでよかったと思います」

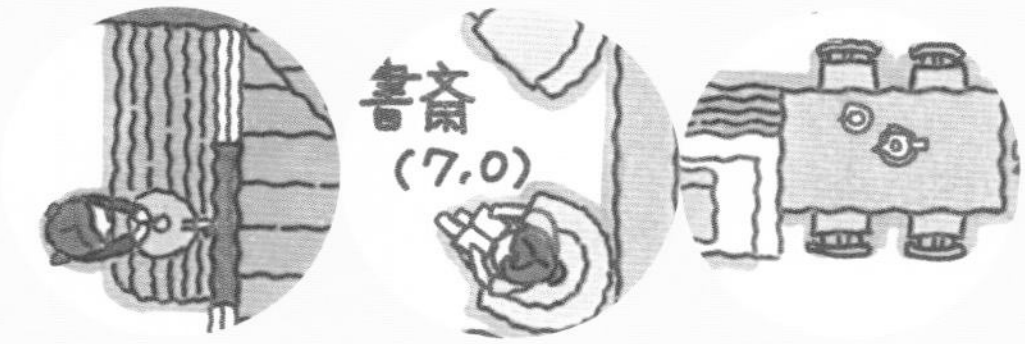

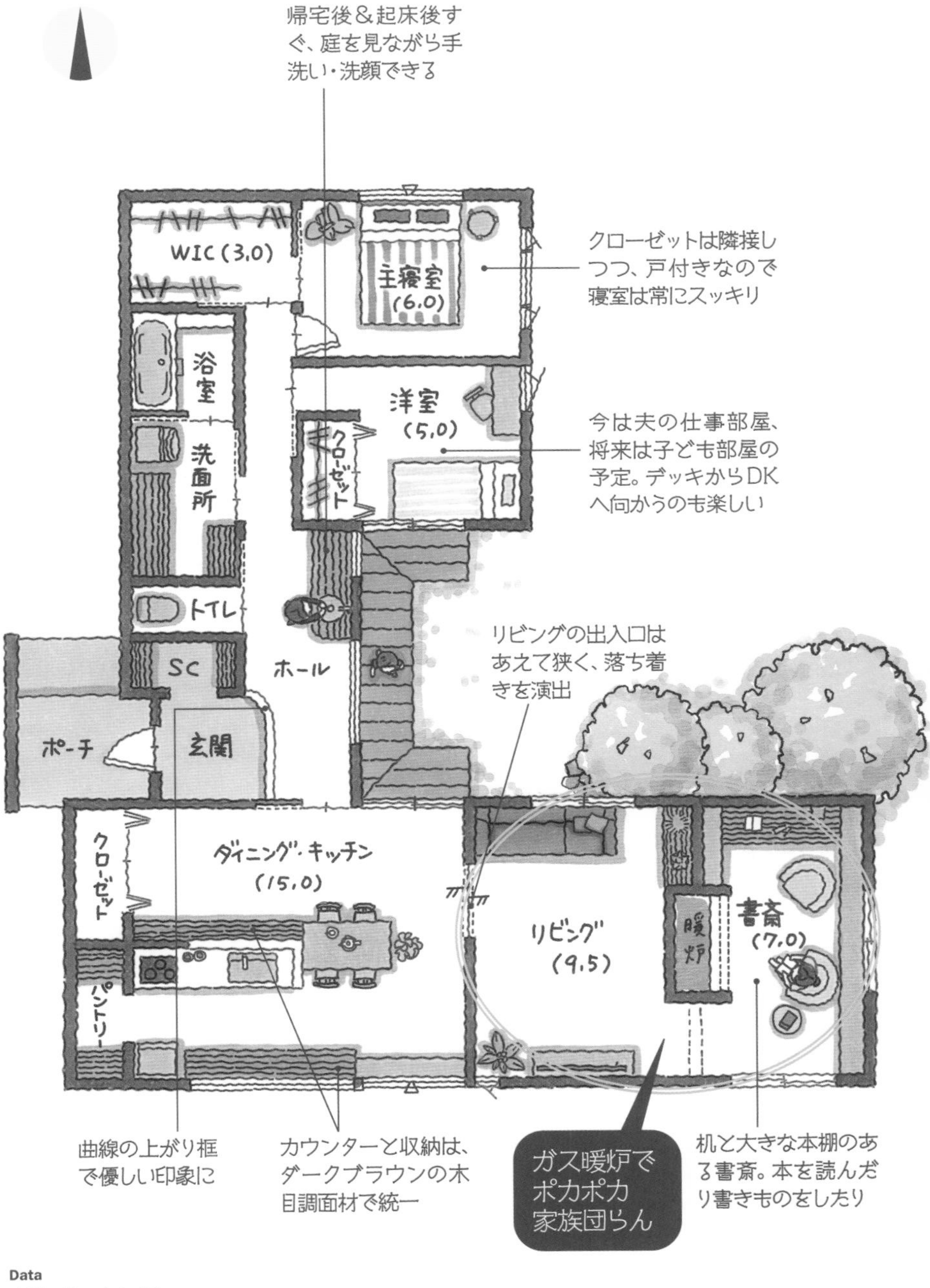
帰宅後＆起床後すぐ、庭を見ながら手洗い・洗顔できる
クローゼットは隣接しつつ、戸付きなので寝室は常にスッキリ
今は夫の仕事部屋、将来は子ども部屋の予定。デッキからDKへ向かうのも楽しい
リビングの出入口はあえて狭く、落ち着きを演出
WIC(3.0)
主寝室(6.0)
浴室
洋室(5.0)
クローゼット
洗面所
TTL
SC
ホール
ポーチ
玄関
ダイニング・キッチン(15.0)
クローゼット
パントリー
リビング(9.5)
暖炉
書斎(7.0)
曲線の上がり框で優しい印象に
カウンターと収納は、ダークブラウンの木目調面材で統一
ガス暖炉でポカポカ家族団らん
机と大きな本棚のある書斎。本を読んだり書きものをしたり

Data
夫婦＋子１人（４歳）
床面積……108.5㎡

「息子と釣りに通いたい」海の近くの小さな平屋

「僕の趣味の釣りに、息子も行きたがるように。海の近くに売り地が出たと聞き、見学に行ったら条件も合って」と志村さん夫妻。設計事務所を訪ねる頃には、玄関には釣り道具も入る土間収納、その先には洗い場をなど、具体的な希望があったといいます。

　できたのは海を見渡せる平屋。「とくに気に入っているのはリビング前のテラスです。キッチンともつながっているので、釣ってきた魚を料理して、夕日を見ながらここで食べるのは最高ですね」

　友人家族を呼ぶのも好きなので、LDKはできるだけスッキリ。コンパクトでも、公私をしっかり分けたマイホームになりました。

ここで食事も♪ 見晴らしのいいコーナーテラス

① せっかくの眺望を邪魔しないよう、南・東ともに大きな掃き出し窓で囲った

② テラスの天井にはウェスタンレッドシダーを張ってメリハリをつけた。あえて室内まではみ出させたので、LDKとのつながり感がUP

③ リビングの照明はダウンライトでスッキリ

④ 床は憧れだったヘリンボーン張り。フラットなLDKのいいアクセントに

玄関から手洗い、片づけ、着替え、風呂まで直行できる

奥行広めのキッチン。子どもや来客も気軽に料理に参加

平日も「外から帰ってきたらまず手洗い」が便利

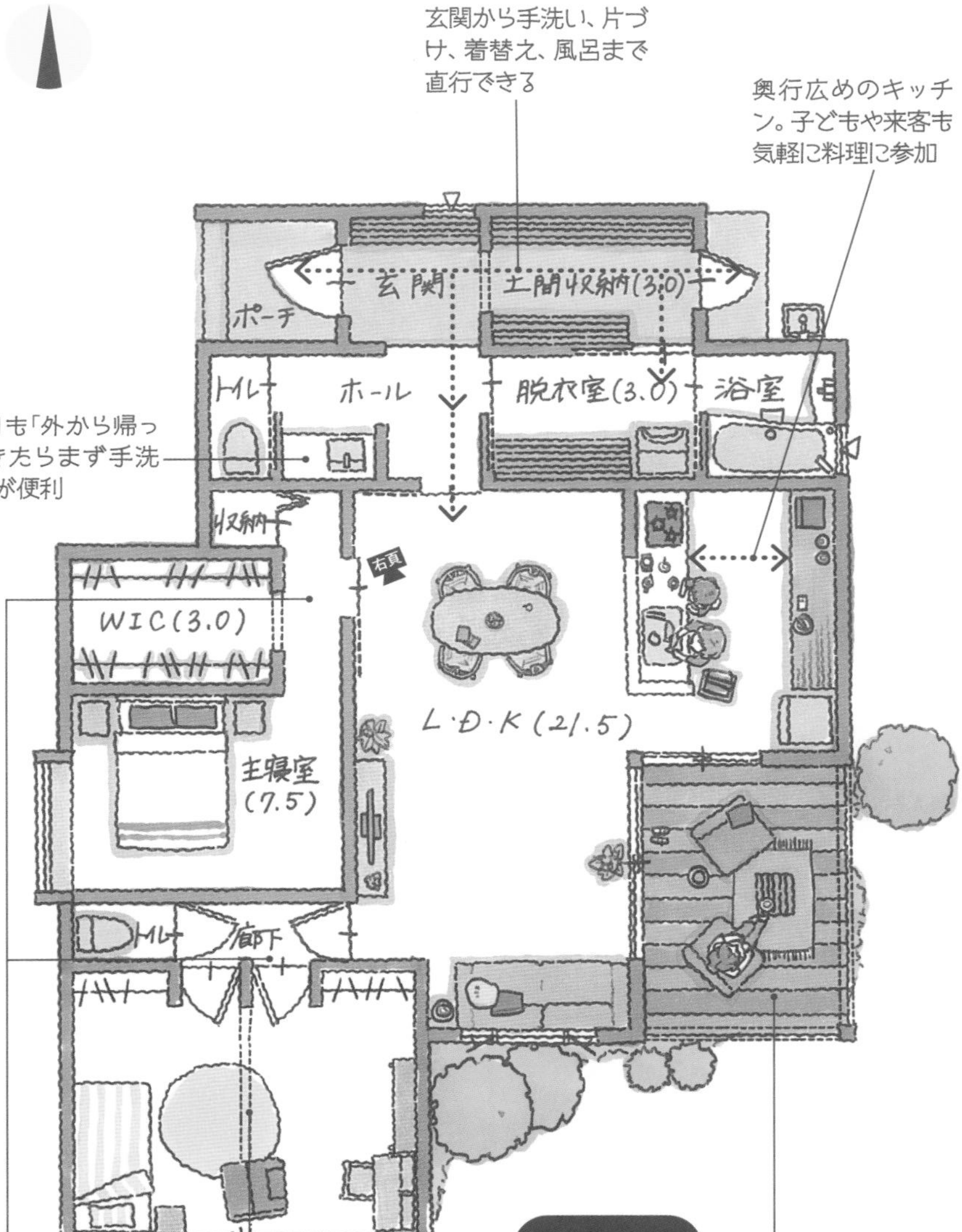
玄関
土間収納(3.0)
ポーチ
トイレ
ホール
脱衣室(3.0)
浴室
収納
右頁
WIC(3.0)
主寝室
(7.5)
L・D・K(21.5)
トイレ
廊下

海を眺めながら過ごす時間は格別

約3畳のテラス。アウトドア家具を置き、第2のLDとして満喫

LDKとの間に廊下を設け、個室のプライバシーを守る

今はひとつの子ども部屋。壁を追加すれば2部屋に

Data
夫婦+子1人（4歳）
床面積……96.9㎡

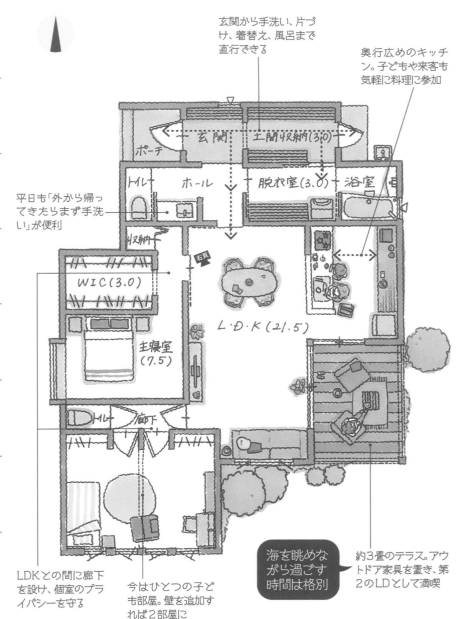

「読書と散歩が趣味の私たち。外のベンチで本を読む心地よさを家でも味わえたら、というのが夢でした」と三笘さん。建売住宅ではピンとくる間取りがなく、注文住宅に踏み切りました。

　ところが初回打ち合わせ後に提案されたプランにびっくり。「LDKが2階で寝室が1階。モデルハウスで見てきた家とは、1階と2階がまるで逆だったんです」。思わず理由を聞いてみると、隣家と距離が近いため、①1階は日当たりがあまりよくないこと②希望の庭をつくるにも、1階だと隣家と干渉しやすいことがわかりました。

　庭の代替案はテラス。効果的に外壁を設けることで、周りの視線

雨でも外で読書できる
テラスならではの贅沢をGET

をうまく遮る計画です。なるほどそれならこの間取りが最適と納得できて、工事を開始。毎日現場を見に行って、日に日に出来上がる家に胸をワクワクさせました。
　今、そのテラスでの時間がいちばんの癒し。「軒があるので、多少の雨風も大丈夫。雨音を聞きながら読書をするっていいものです」
　もうひとつ実感しているのがLDKの気持ちよさ。耐震性や断熱性のために窓は最低限ですが、贅沢な広さのテラスから光も風も十分入ります。「以前はわざわざカフェへ行くことも多かったのですが、今は自宅のテラスがいい。晴れでも雨でも、家時間が楽しいって最高だなと感じています」

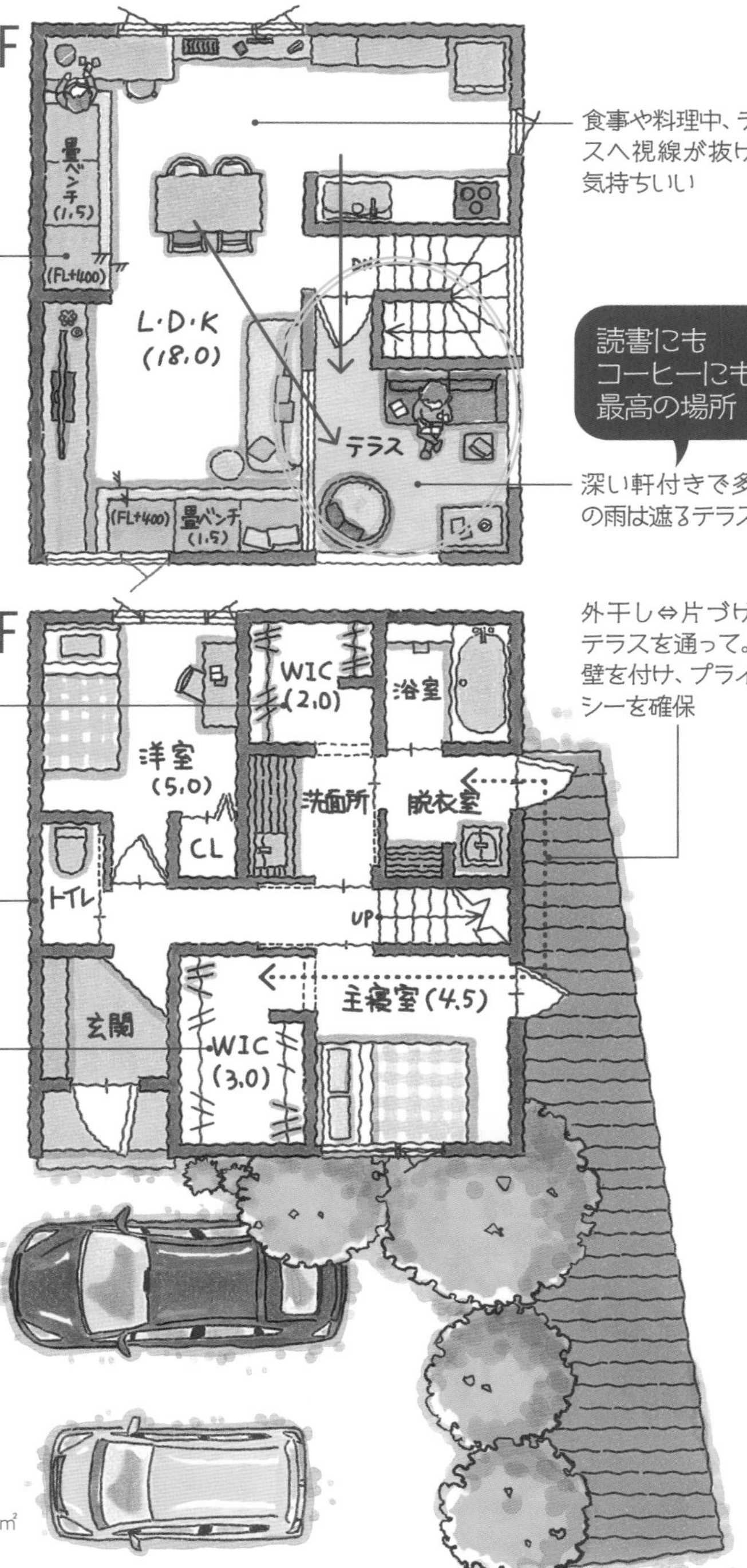

2F
畳ベンチ
(1.5)
(FL+400)
L・D・K
(18.0)
DN
テラス
(FL+400)
畳ベンチ
(1.5)
1F
WIC
(2.0)
浴室
洋室
(5.0)
洗面所
脱衣室
CL
トイレ
UP
主寝室(4.5)
玄関
WIC
(3.0)

食事や料理中、テラスへ視線が抜けて気持ちいい

ちょっと腰掛けるのに便利な畳ベンチ。座面下は物入で収納量をサポート

読書にもコーヒーにも最高の場所

深い軒付きで多少の雨は遮るテラス

外干し⇔片づけはテラスを通って。外壁を付け、プライバシーを確保

タオルやパジャマ、部屋着、下着類を収納

1階は壁を多くして耐震性UP

身支度がラクな寝室併設型クローゼット

Data
夫婦
床面積……
1F：44.7㎡｜2F：38.1㎡

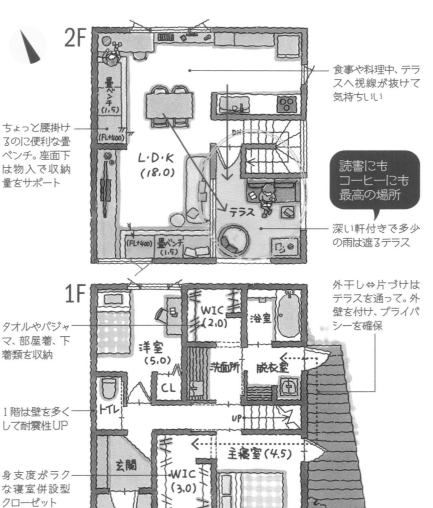

「妻も子どもも今になって、『この間取りでよかった』って言いますよ」と笑う山本さん。購入したのは都心の一等地。それゆえの限られた広さですが、露天風呂好きの夫が「夢だったんで」と、解放感ある浴室を2階に配した間取りです。

バスタブの脇には4・5畳のバルコニー。ディクソニアやストレチア、パキラなど大振りの鉢植えを置き、空を眺められるようにとあえて屋根はつけませんでした。「バルコニーが広すぎるとか、風呂が2階は不便だとか、最初は家族から反対意見も(笑)。でも今では僕より妻や娘のほうが気に入ってるんじゃないかな。隣家や車の音もなく、1階よりリラックスできます

風、星、木々のにおい 狭小住宅でも露天風呂気分

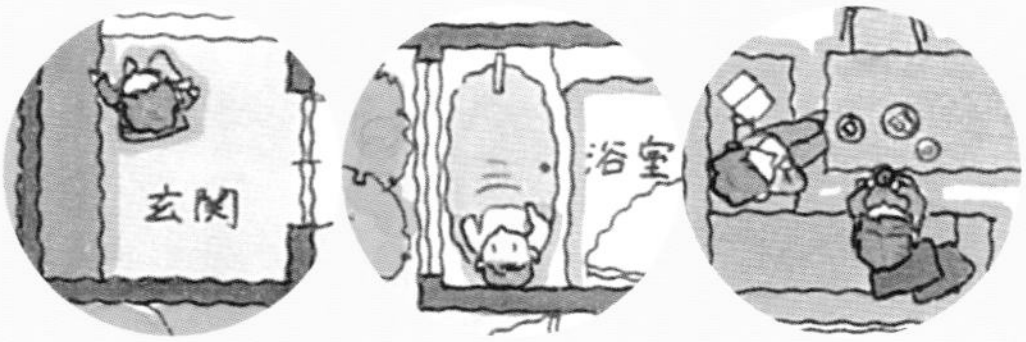

から」。服は外干し派という妻は、洗濯動線の短さにも驚き、とても満足しているそう。「前の家は洗濯機が1階だったので、濡れた洗濯物を持って上がるのが大変でした。今はそれがなくなったので、毎日本当にラクになりました」(妻)

もうひとつのリクエストは「家族の会話が減らないように」ということでした。そこで採用したのはソファダイニング。リビングと食卓を一体化し、塾や部活、仕事とそれぞれに忙しい平日でも顔を合わせやすい間取りです。「お風呂あがりに休憩する息子と、帰宅後夕食をとる僕との毎日5分のちょっとした会話。この間取りが叶えてくれた、大事な時間です」

洋室
(5.0)
洋室
(4.5)
収納
UP
ホール
トイレ
WIC
玄関
主寝室
(6.0)
外壁で外からの視線は遮るが、屋根はなく空が見える
露店風呂のような非日常感
開閉可能な窓。外の風や土のにおいを感じるのもいい
キッチンに立つと視線が窓の向こうへと広がる
ソファダイニングは食卓でもありリビングでもある
玄関からすぐ2階へ上がれる

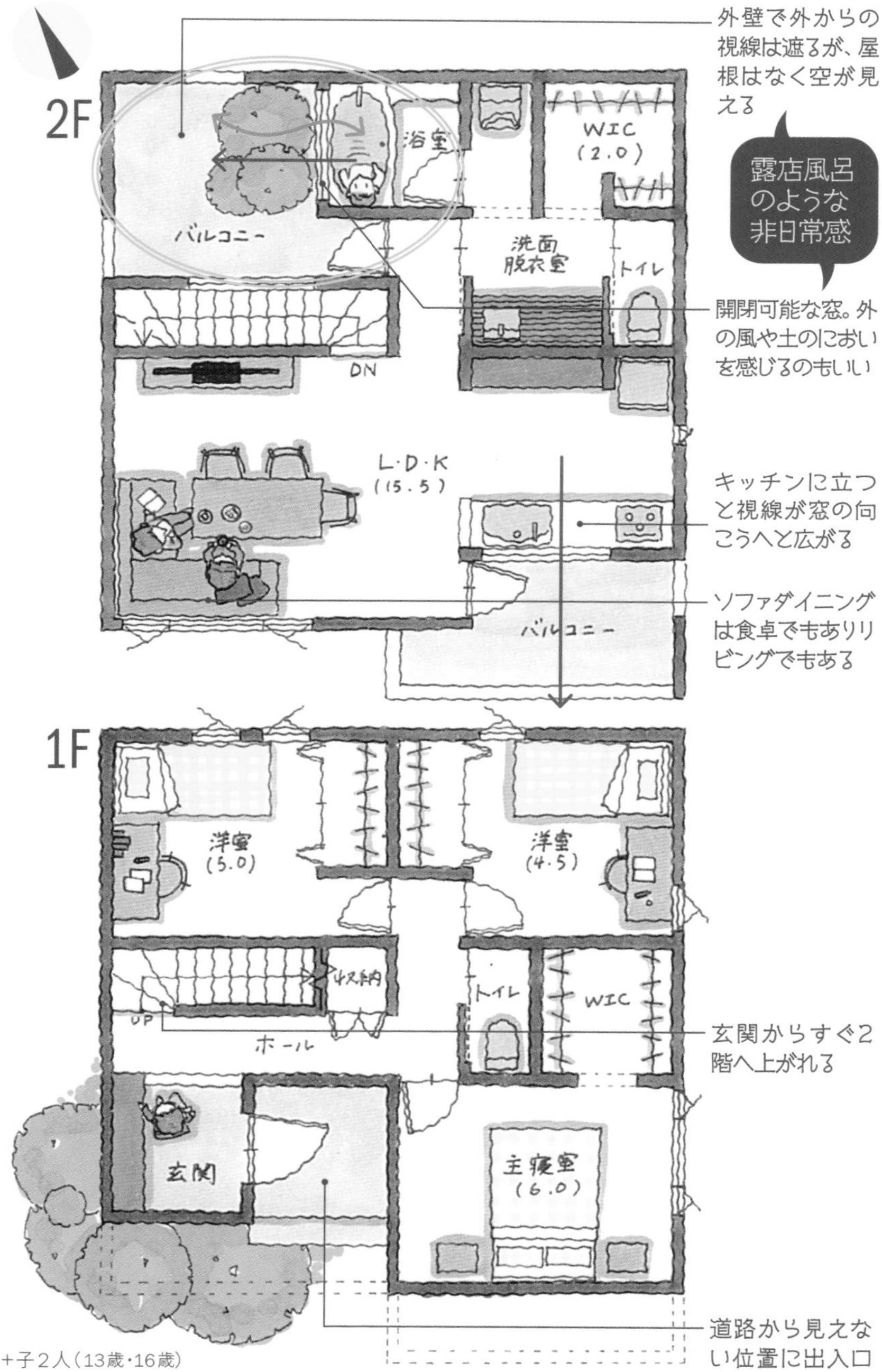
道路から見えない位置に出入口を配置

Data

夫婦+子2人(13歳·16歳)

バルコニー
浴室
WIC
(2.0)
洗面
脱衣室
トイレ
DN
L·D·K
(15.5)
バルコニー

床面積……1F:46.4㎡ | 2F:42.2㎡

ジェットバスを屋上に
空を見上げて疲れを溶かす

都心の一等地で20年近くマンション暮らしをしてきた鈴木さん。その身軽さを知りつつも、「やっぱり建てようか」と新築を決めました。

　立地のよさは譲れなかったため、敷地は50㎡と狭小。それでも「1LDKあれば十分」とふたりは納得の選択です。とはいえ、どの部屋も理想通りの広さにするほどの余裕はありません。そこで思い切ったのが、お風呂の在り方でした。

「忙しい日はシャワーだけのこともしばしば。だったら普段用はシャワーブースのみにして、その代わり時間のある日はどっぷり浸かって癒されよう、と屋上風呂をつくったんです」

　リビングから階段を上がると、ホールの外に丸いジェットバスが見えてきます。そこはもう、プライベート感漂う露天風呂。壁で囲んでいるので隣家の視線も入らず、誰にも邪魔されない空間です。「夜は月や星を眺めながら、雨や雪の日は上にタープを張って。家にいながら旅行気分を味わっています」

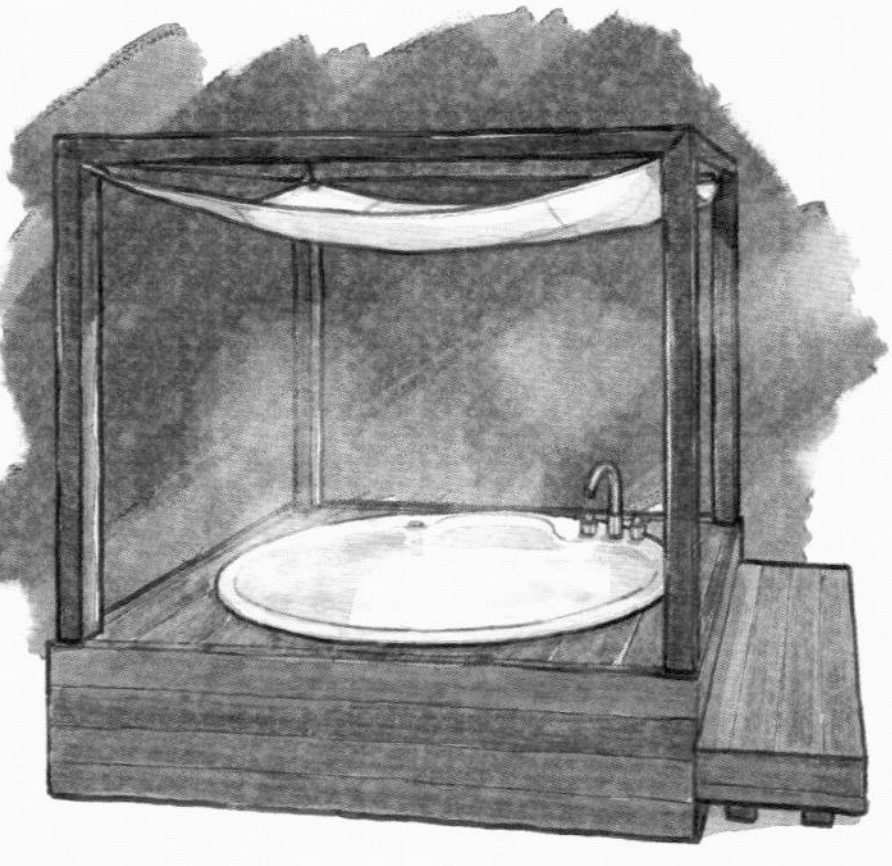

玄関は通勤用自転車が置ける広さに
玄関
主寝室
(4.5)
収納

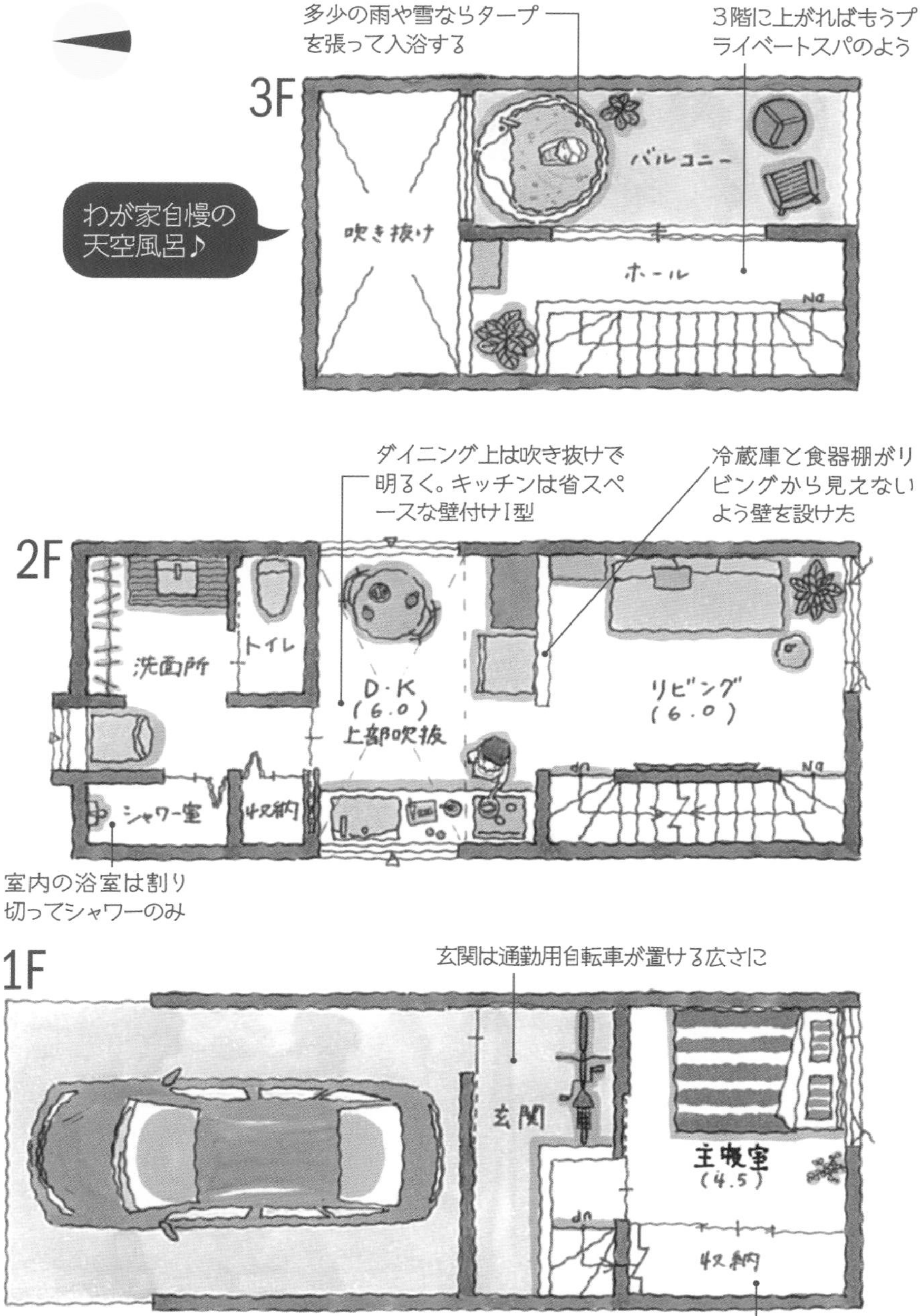
パジャマや下着以外の衣類はすべてここに

わが家自慢の天空風呂♪
多少の雨や雪ならタープを張って入浴する
3階に上がればもうプライベートスパのよう

吹き抜け
バルコニー
ホール
ダイニング上は吹き抜けで明るく。キッチンは省スペースな壁付けI型
冷蔵庫と食器棚がリビングから見えないよう壁を設けた

洗面所
トイレ
D・K
(6.0)
上部吹抜
リビング
(6.0)
シャワー室
収納
室内の浴室は割り切ってシャワーのみ

Data
夫婦
床面積……1F：16.6㎡ | 2F：33.1㎡ | 3F：9.9㎡

海外のリゾートホテルが大好きという橋田夫妻。「でも妊娠出産、コロナ渦でもう何年も行けなくて。それなら家を建てる話を進めよう、せっかくならホテルライクに、と夫と意見が合いました」

もっともインスピレーションを受けたのはドバイでの宿泊経験です。「エントランスから漂う非日常感が忘れられなくて」。贅沢なほどゆったり、水盤を置いた前庭を回り込むように計画したアプローチは、新居いちばんの自慢です。

2階を大きなLDKにしたのも大正解。日中過ごす部屋の視線が高いと浮遊感があって気持ちよく、向かいの公園からは四季折々の景色が飛びこみます。

ドバイで泊まったホテルがヒント ゆとりと機能を両立した間取り

一方、1階には寝室と収納をまとめ落ち着いた雰囲気。「寝室はホテルのようなカーペット敷き。自宅でこんなに癒されるなんて、家を建てて本当によかったです」

水まわりは
ホテルライクに
コンパクト

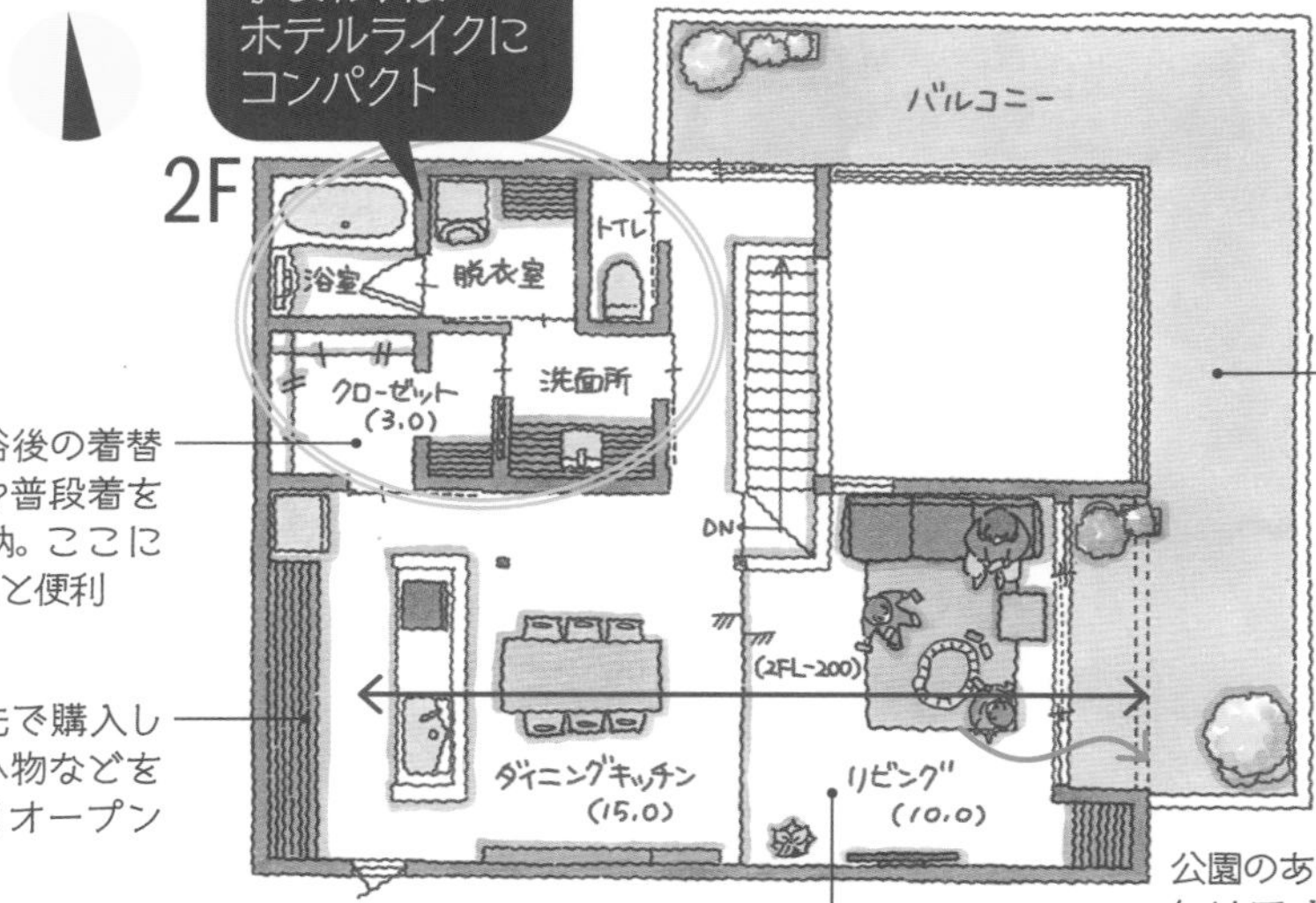
2F
バルコニー
浴室
脱衣室
トイレ
クローゼット
(3.0)
洗面所
DN
(2FL-200)
ダイニングキッチン
(15.0)
リビング
(10.0)

入浴後の着替えや普段着を収納。ここにあると便利

旅先で購入した小物などを飾るオープン棚

ダイニングより床を20cm下げて落ち着きを演出

公園のある方角に向けて、L字型のバルコニーを配置

帰宅後や朝支度、来客時に使う洗面室

ドバイの
ホテルがヒント

植栽と水盤を囲む高級感あるアプローチ

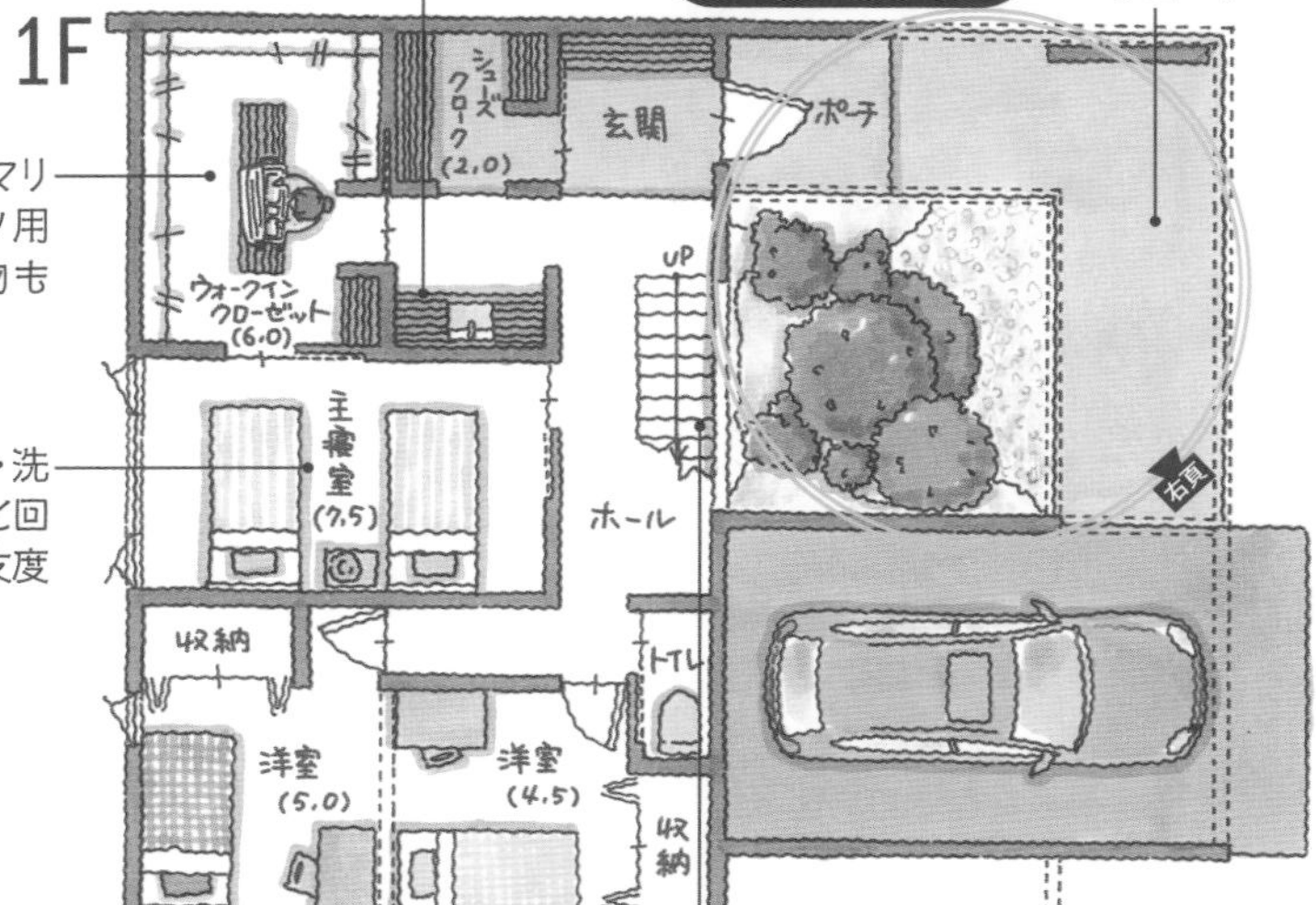
1F
シューズクローク
(2.0)
玄関
ポーチ
ウォークインクローゼット
(6.0)
UP
主寝室
(7.5)
ホール
収納
トイレ
洋室
(5.0)
洋室
(4.5)
収納

トランクやマリンスポーツ用品など大物も置ける広さ

寝室は廊下・洗面室・収納と回遊でき、朝支度がラク

スケルトン階段&FIX窓で外を優雅に眺められる

Data
夫婦+子人(1歳・3歳)
床面積……1F：83.6㎡｜2F：65.4㎡

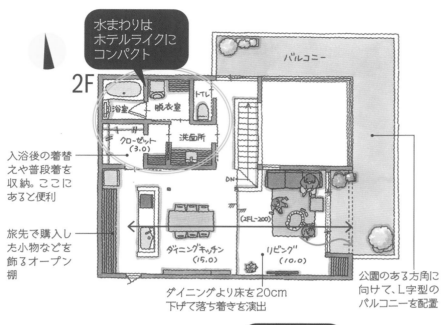

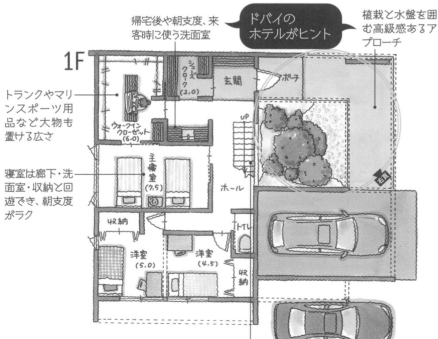

泊まりがけの客、大歓迎
ゆっくり語れる大きな平屋

「来客が多いので、おもてなしが楽しい家にしたくて」という高橋邸は、高台の大きな平屋です。「市街地から離れますが、わざわざ来てもらう価値のある見晴らしです」

いちばんのこだわりは、バーのような空間です。造り付けのカウンターで夜景をのぞめ、「まるでホテル！」と褒められることも多いそう。来客がない日の〝ちょっと一杯〟も格段においしくなりました。

家族ぐるみの来客時には、リビングが子どもの溜まり場です。「天井が高いし窓も大きい。解放感があって気持ちいいのに、床が下がっているから隠れ家みたいで落ち着きます」。大人も子どもも思い思いにくつろげる家になりました。

窓の外に視線が吸い込まれるようなリビングです

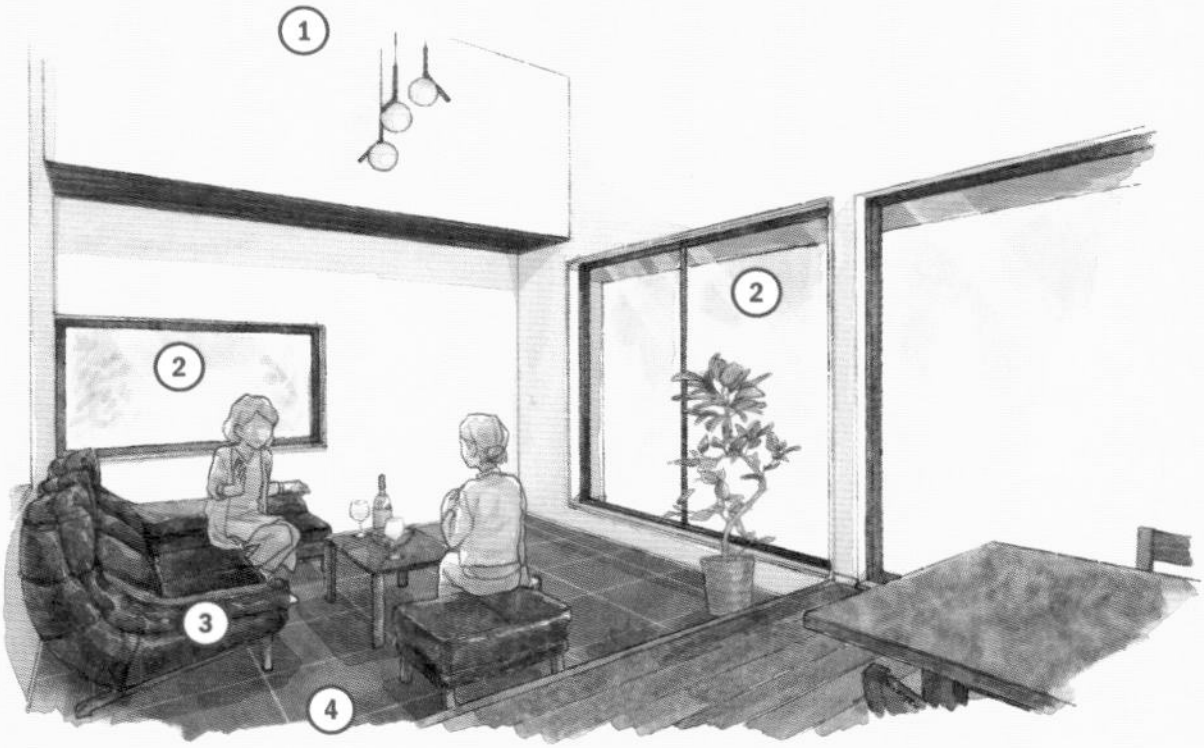

① 上部は吹き抜け。ダイニングから一段下りると、天井が一気に高くなりダイナミックな解放感が味わえる
② 大きな窓を東と南に。ソファに座った高さからの眺めがベスト
③ 低反発のローソファ。視線を低めにすることで、よりくつろぎを感じられる
④ 床はシックな石目調タイル。ダイニングとは差をつけて楽しく

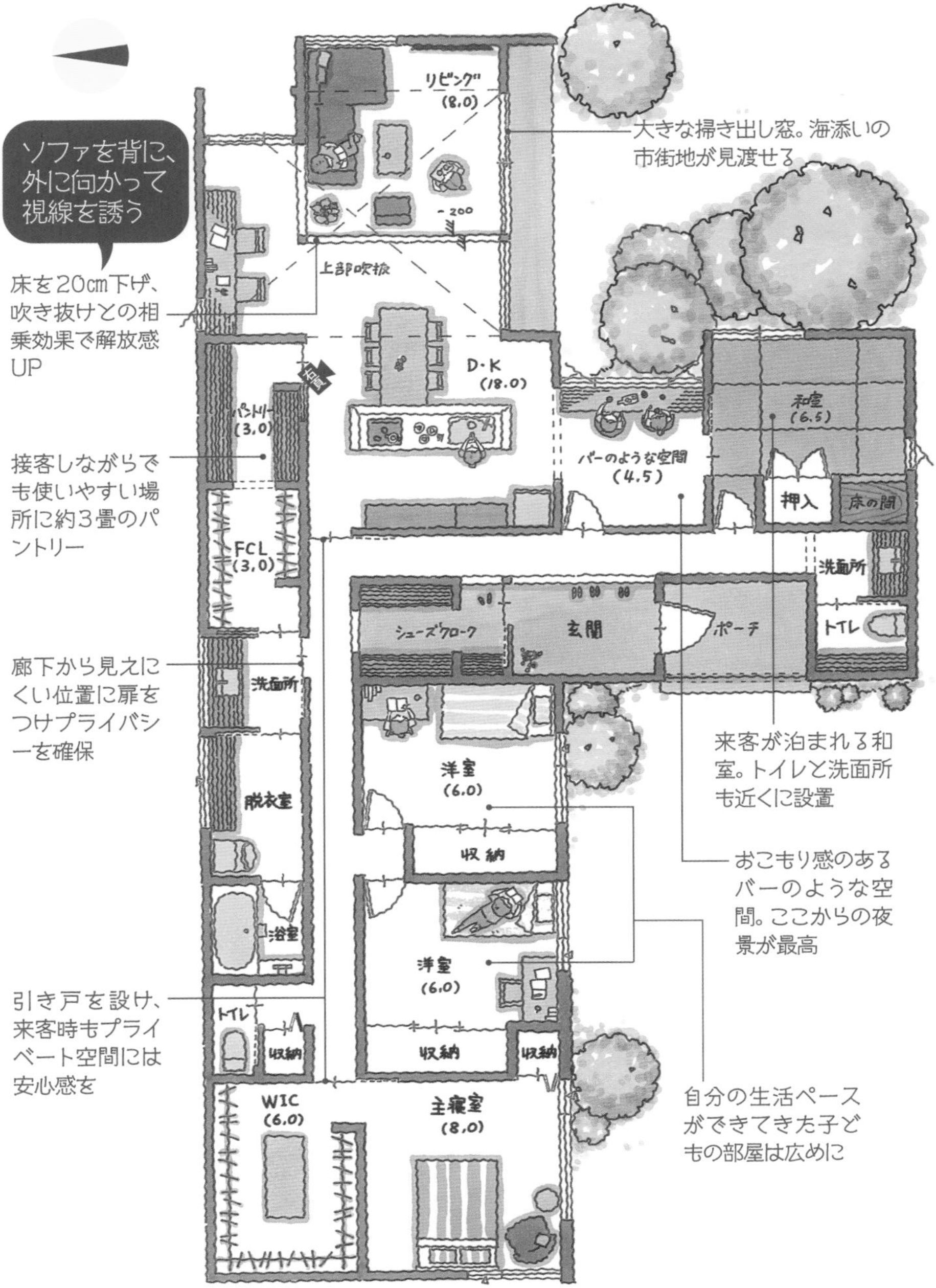
ソファを背に、外に向かって視線を誘う
床を20cm下げ、吹き抜けとの相乗効果で解放感UP
接客しながらでも使いやすい場所に約3畳のパントリー
廊下から見えにくい位置に扉をつけプライバシーを確保
引き戸を設け、来客時もプライベート空間には安心感を
大きな掃き出し窓。海添いの市街地が見渡せる
来客が泊まれる和室。トイレと洗面所も近くに設置
おこもり感のあるバーのような空間。ここからの夜景が最高
自分の生活ペースができてきた子どもの部屋は広めに
リビング
(8.0)
-200
上部吹抜
D・K
(18.0)
パントリー
(3.0)
FCL
(3.0)
洗面所
脱衣室
浴室
トイレ
収納
WIC
(6.0)
主寝室
(8.0)
洋室
(6.0)
収納
洋室
(6.0)
収納
収納
シューズクローク
玄関
ポーチ
洗面所
トイレ
和室
(6.5)
押入
床の間
バーのような空間
(4.5)

Data
夫婦＋子２人(10歳・15歳)
床面積……169.8㎡

坂井さんが家を建てたのは小高い丘の上。「その眺望に一目惚れして」と、どの部屋からも海が見える自慢の平屋を建てました。「みんな玄関から入って『わあ』と一声。そしてそこに座ってしばらく動かなくて（笑）」。ホールには3人掛けの大きなソファ。目の前に広がる海の眺めが、来客を釘付けにします。「景色は刻々と変わるから、ずっと眺めていても飽きないんですよ」

その玄関ホールを境に、東はパブリック、西はプライベートなエリア。「海を眺めながらお風呂に入り、和室とひと続きの寝室でのんびり。リゾート地の旅館のようなくつろぎを感じています」

どの部屋からも海を切り取り 旅館のようにくつろげる

ベッドルームと和室がひと続き。旅館のような雰囲気です

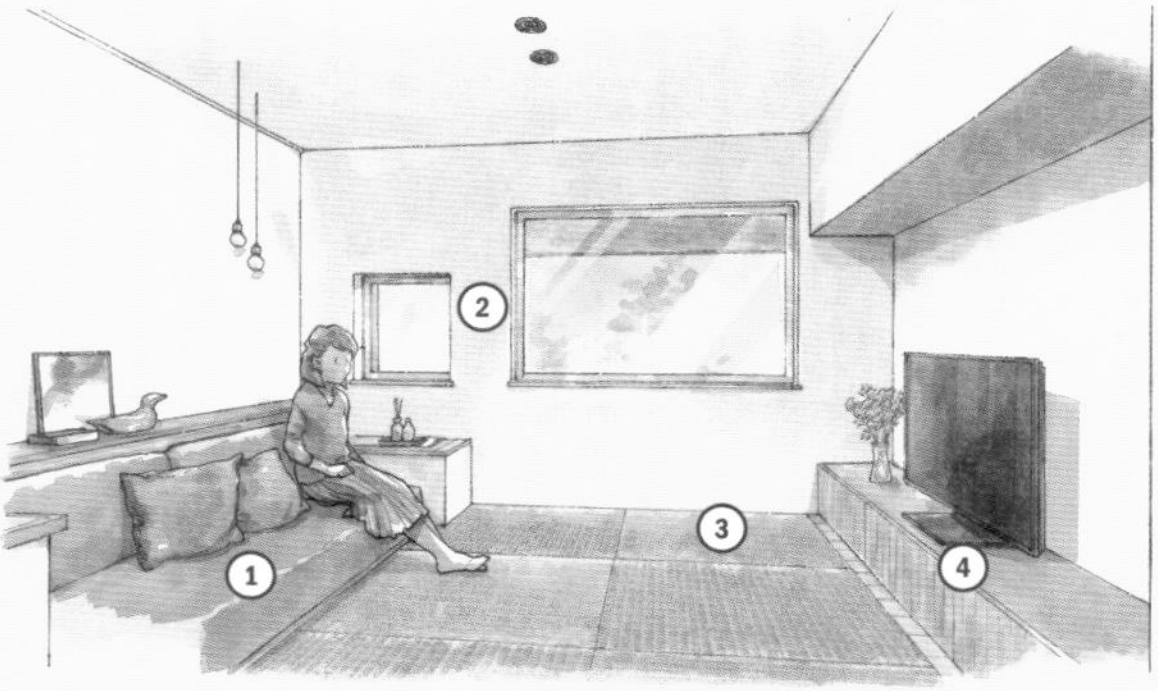

① 和室に合うソファを造作。窓際には、アームレスト兼雑貨や飲みものを置くにも便利な台付き

② 景色を切り取る窓をふたつ。ソファに座ったとき、寝室に立ったときの視線に合わせた高さ

③ 正方形のフチなし畳でモダンに

④ 収納兼テレビ台も造作。部屋に無駄な凹凸ができず、スッキリ広々感じる

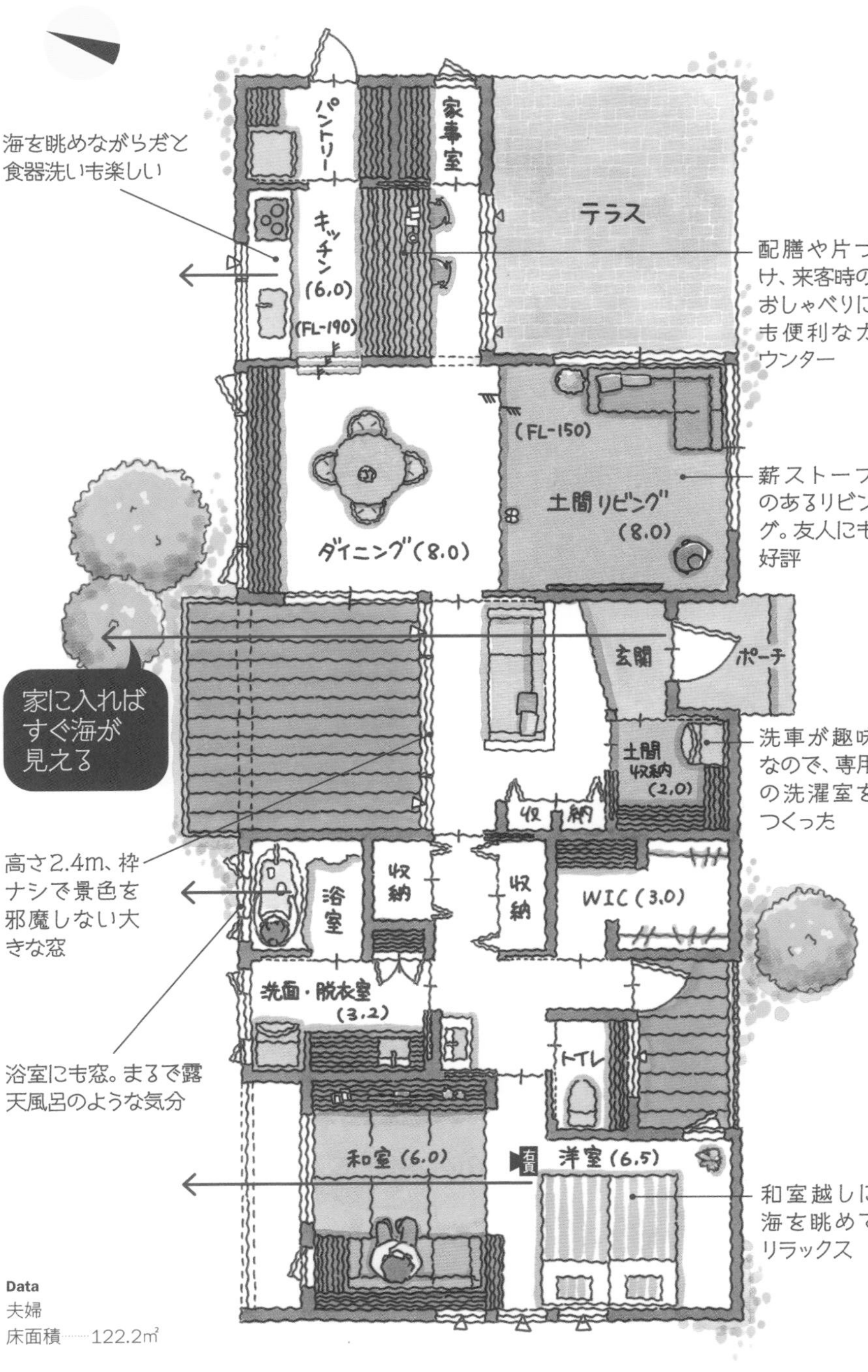
パントリー
家事室
テラス
キッチン(6.0)
(FL-190)
(FL-150)
ダイニング(8.0)
土間リビング(8.0)
玄関
ポーチ
土間収納(2.0)
収納
浴室
収納
収納
WIC(3.0)
洗面・脱衣室(3.2)
トイレ
和室(6.0)
洋室(6.5)
家に入ればすぐ海が見える

海を眺めながらだと食器洗いも楽しい

配膳や片づけ、来客時のおしゃべりにも便利なカウンター

薪ストーブのあるリビング。友人にも好評

洗車が趣味なので、専用の洗濯室をつくった

高さ2.4m、枠ナシで景色を邪魔しない大きな窓

浴室にも窓。まるで露天風呂のような気分

和室越しに海を眺めてリラックス

Data
夫婦
床面積……122.2㎡

居心地のいい

ダイニング＆キッチンSNAP

一段下げた作業場と大きなL字カウンター

カウンターに座る人と、料理中でも視線が合いやすいようキッチンの作業場を一段下げて。L字の短辺部分は正方形で使いやすく、工作や勉強もしやすい。

向かいは机付き畳スペース

姉妹が家での大半を過ごすのは、ママの顔が見える場所。キッチン正面につくった机付き畳スペースは、お絵描きやままごと、勉強にも最適。

視界良好なコの字キッチン

コックピットのようなコの字キッチン。リビングの様子を見ながら料理できるように真ん中にIHコンロをつけました。食器洗いは窓を見ながら気持ちよく♪

部屋に入って
正面がキッチン

落ち着きと高級感を演出

LDの一角からフロア全体を見渡すアイランドキッチン。作業台の前面はマットな石目調、背面収納はパイン材を深いブラウンの塗装で仕上げました。落ち着いた色味の床・天井も高級感を引き立たせます。

カフェのような クローズドキッチン

どうしても散らかりがちなキッチンだから、しっかり仕切って一部屋に。でもLDの様子は常に見えるよう、カフェ風の窓をつけました。

壁に沿って
カウンターを造作

階段でフロアにメリハリを

土間リビングからゆるやかな階段を上るとDK。大きなワンルームですが段差でエリアを区切っています。調理台とテーブルはひとつながりで、配膳がラクちん！

収納＋コミュニケーション

DK横の約２畳のパントリー。カレンダーや学校のお知らせなどを貼るニッチは“家族ステーション”。片づけを一緒にしながら日々の予定を確認しています。

木枠をつけると
サッシが目立たない

色タイルの壁で個性的に

こっくりしたブルーのサブウェイタイルや飾り棚、窓枠などで壁一面をかっこよく。木材はLDの収納と合わせ、統一感を出しています。

子どもと一緒に料理が楽しい
カフェ風キッチン

「以前はカフェめぐりが趣味でしたが、子どもが生まれてからしばらくおあずけ。夫から家づくりの話が出て、『それならカフェっぽくしたい！』って即答しました（笑）」

　そんな思いでこだわったのは、白×木材のナチュラルなキッチン。雑貨や調味料を飾るようにしまっています。安心して子どもと料理ができるよう、シンク＆作業台は火元と分けたアイランド型。「奥行きが深いので材料や道具をどんどん出しても大丈夫。『〇〇ちゃんともお料理したい！』って、友達を呼びたがるようになりました」パントリーへの垂れ壁はアーチに。「ここが丸くなっているだけで、キッチンがかわいく見える気がします」

コンパクトでも作業しやすいII型キッチン

① 約1畳のパントリー。垂れ壁の上部はアーチに抜いてかわいらしく
② 幅154㎝、奥行き110㎝の作業台。来客時などはリビング側から作業することも
③ キッチン前面と壁付け収納の面材は、明るいブラウンで揃え、スッキリ＆優しい雰囲気に
④ カフェ風キッチンには外せないサブウェイタイル
⑤ ライティングレールは観葉植物などインテリア小物も掛けられて便利

家事ラク
おうち時間
子育て
おしゃれ
テレワーク
衛生管理

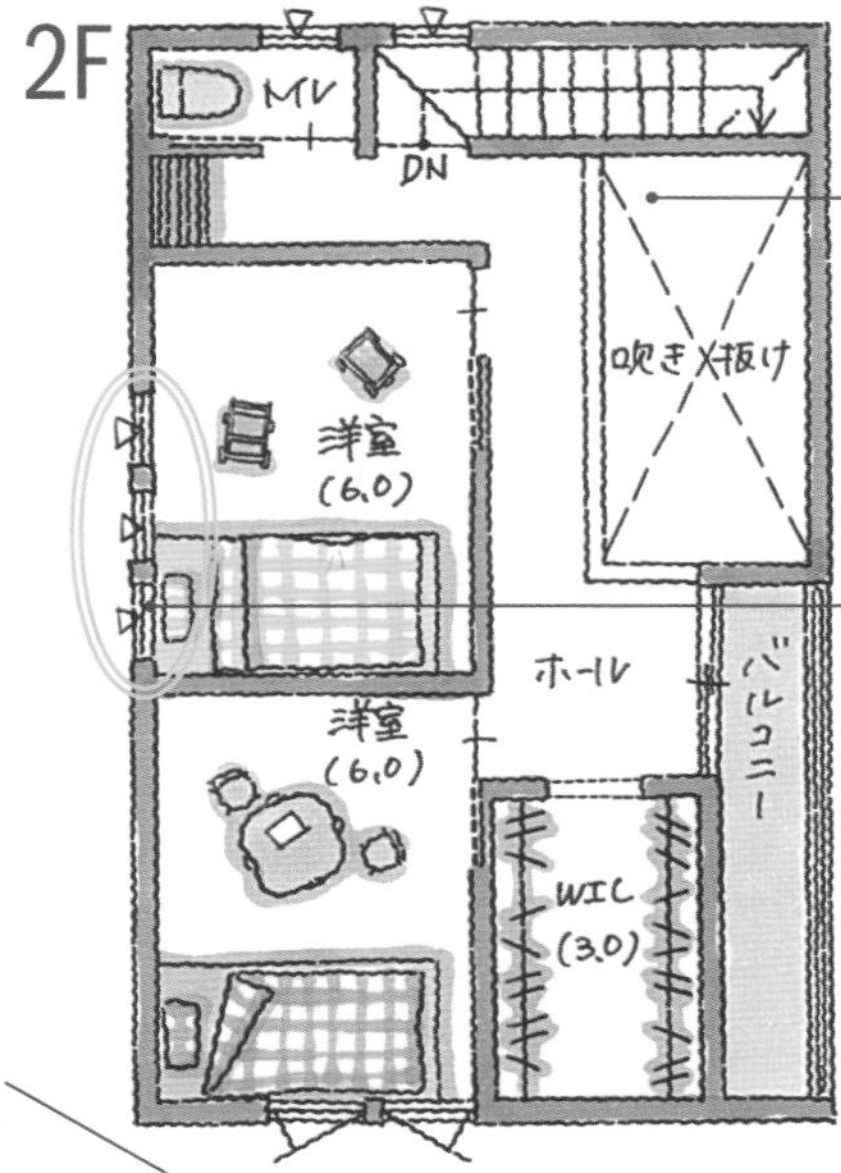
2F
トイレ
DN
吹き抜け
洋室
(6.0)
ホール
バルコニー
洋室
(6.0)
WIC
(3.0)

2階の吹き抜けからの光で、1階LDKが明るく

外から見てもかわいらしくおしゃれな家に

3連窓が外観のアクセント。採光と通風の効果もあり

家族みんなのアウターや靴、季節家電などを収納

ママ＆娘友だちとお菓子作りも♪

アイランド型の作業台。火元と分けたので安心＆ゆったり

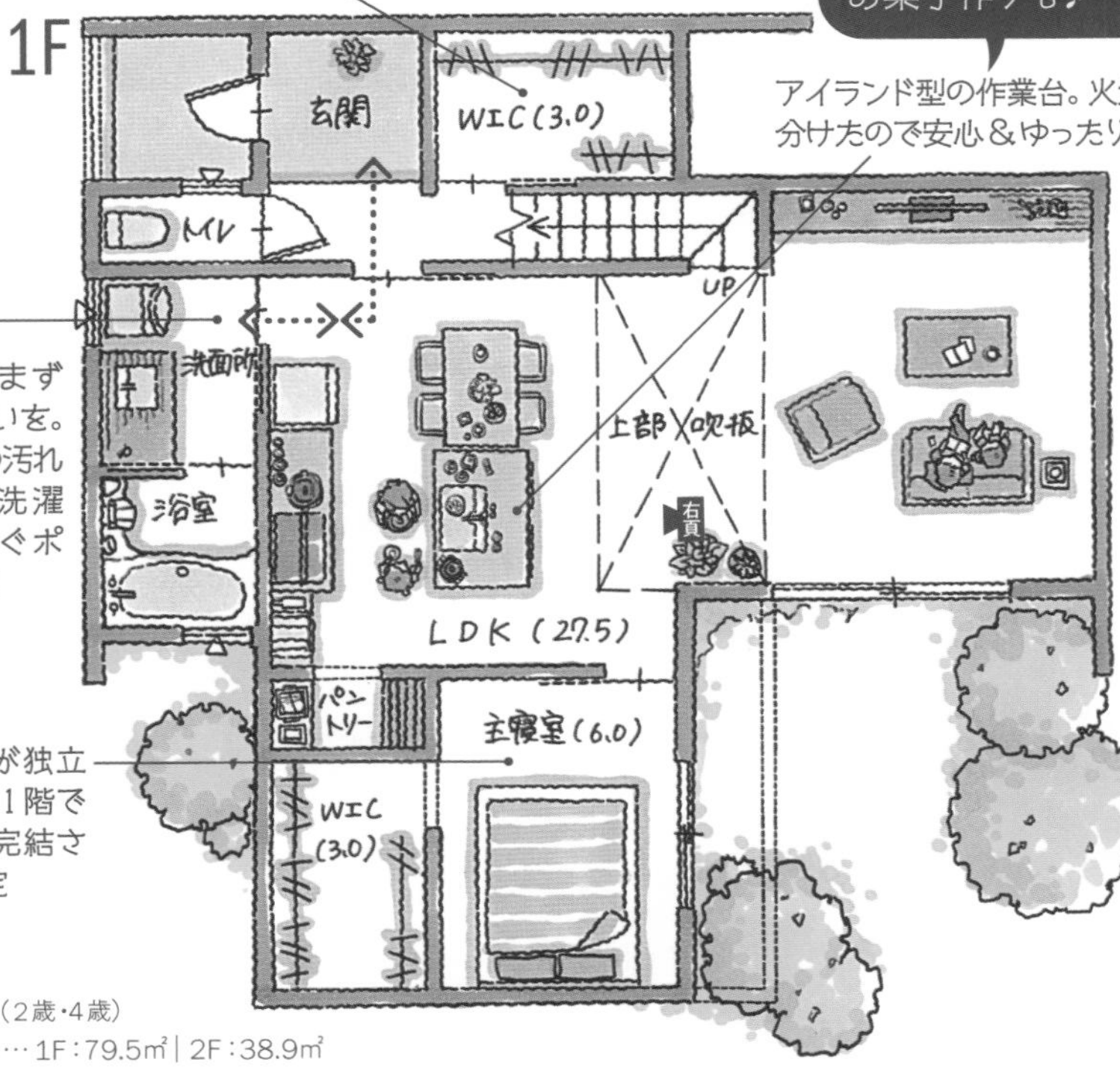
1F
玄関
WIC(3.0)
トイレ
UP
洗面所
上部吹抜
浴室
LDK (27.5)
パントリー
主寝室(6.0)
WIC
(3.0)

帰宅後まずは手洗いを。DKでの汚れものも洗濯機にすぐポイできる

子どもが独立したら、1階で生活を完結させる予定

Data
夫婦＋子（2歳・4歳）
床面積……1F：79.5㎡｜2F：38.9㎡

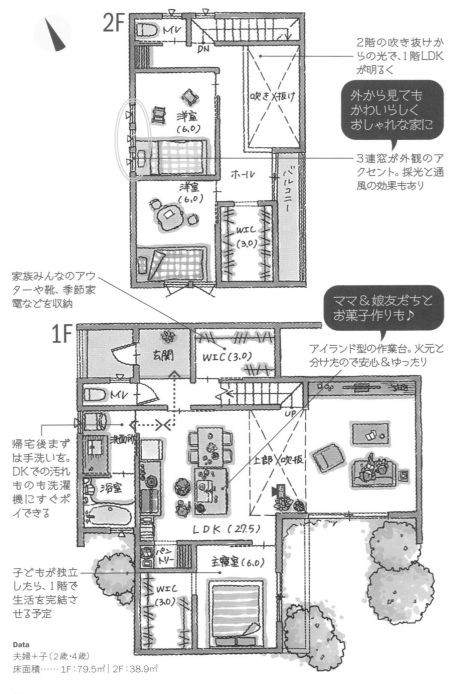

名もなき家事がラクになる 玄関すぐのパントリー

「朝昼晩の三食+弁当作り……。家にいる間はずっとキッチンに立っているような気がします」と話す草川さん。看護師として忙しく働く毎日で、食材はまとめ買いや宅配も多く利用しています。

依頼したのは〝とにかくラクに片づく〟キッチン。玄関近くのパントリーが決め手です。「あったほうがいいのかな、くらいに考えていたパントリー。でもこの位置にある便利さが、住んでみてわかりました」。買ってきたらとりあえず置ける。リビングから見えないから来客時は物の避難場所にできる。「食品類は全部ここに入るので家族からの質問も減りました。生活全体が時短になった気がします」

食品も調理家電も冷蔵庫もしまえてスッキリ!

米や水など重い物も、玄関に届いてすぐ置けるのでラク

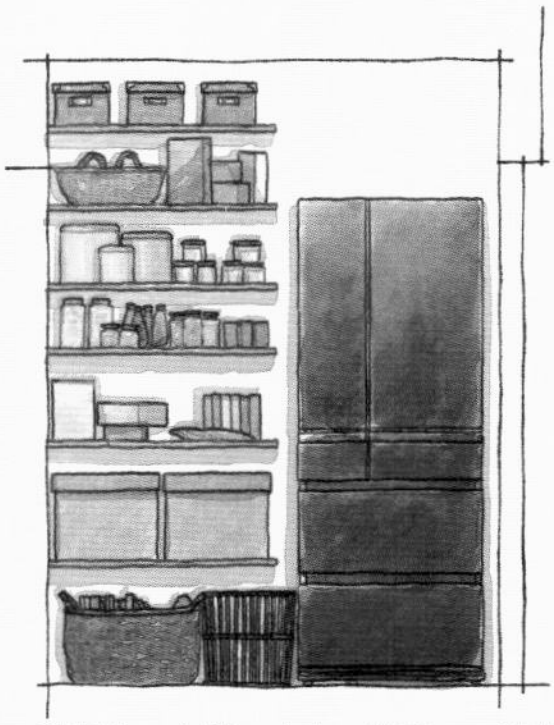

調理台の左隣にあたる場所には冷蔵庫。食材のほか、来客用の器やトレイ、レシピ本なども整理している

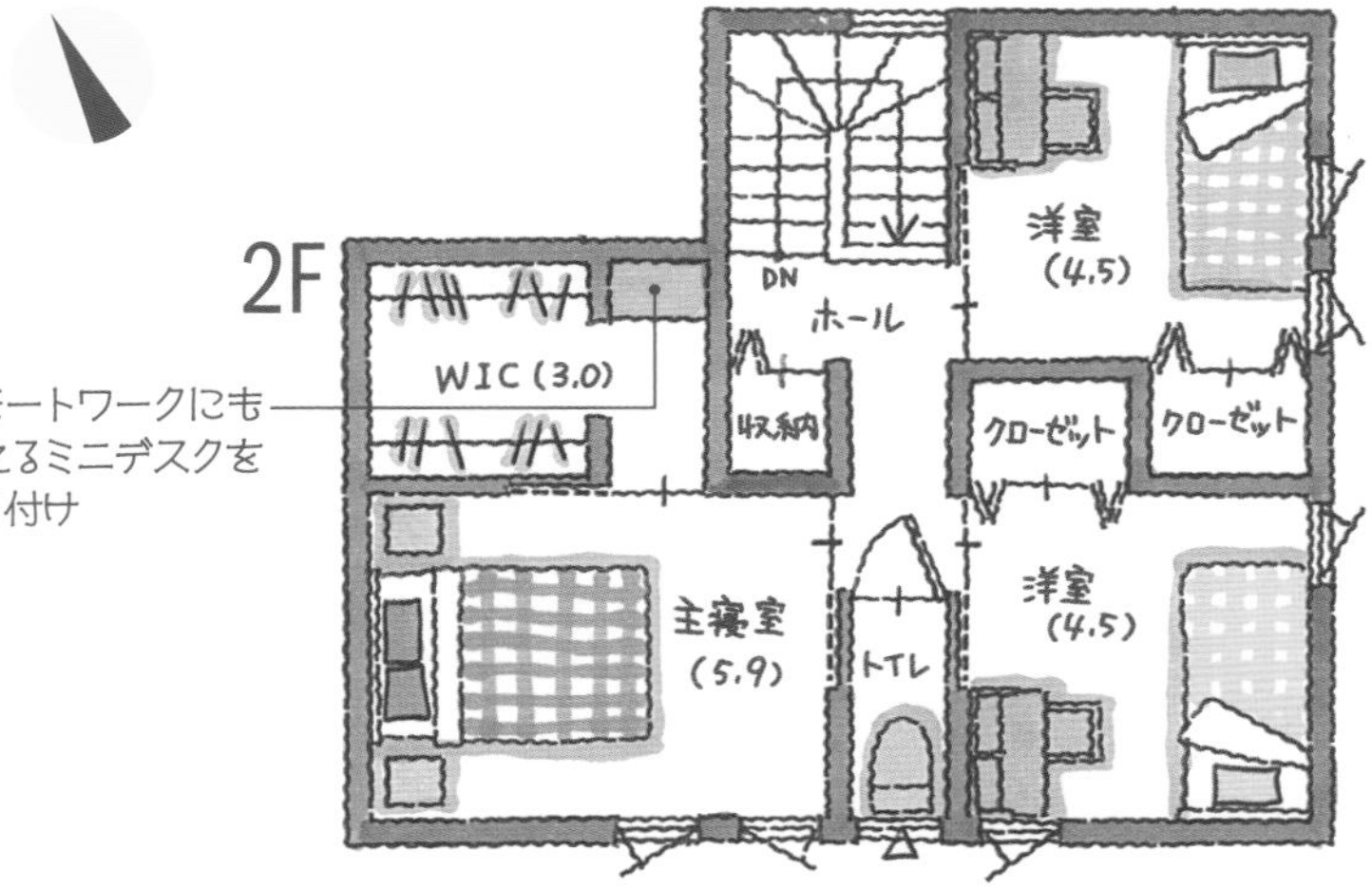
2F
WIC (3.0)
DN
ホール
収納
洋室 (4.5)
クローゼット
クローゼット
主寝室 (5.9)
トイレ
洋室 (4.5)

リモートワークにも使えるミニデスクを造り付け

アウターやカバン置き場。汚れを室内に持ち込まない

来客はホール→LDの表動線。家族は普段、収納→パントリーの裏動線

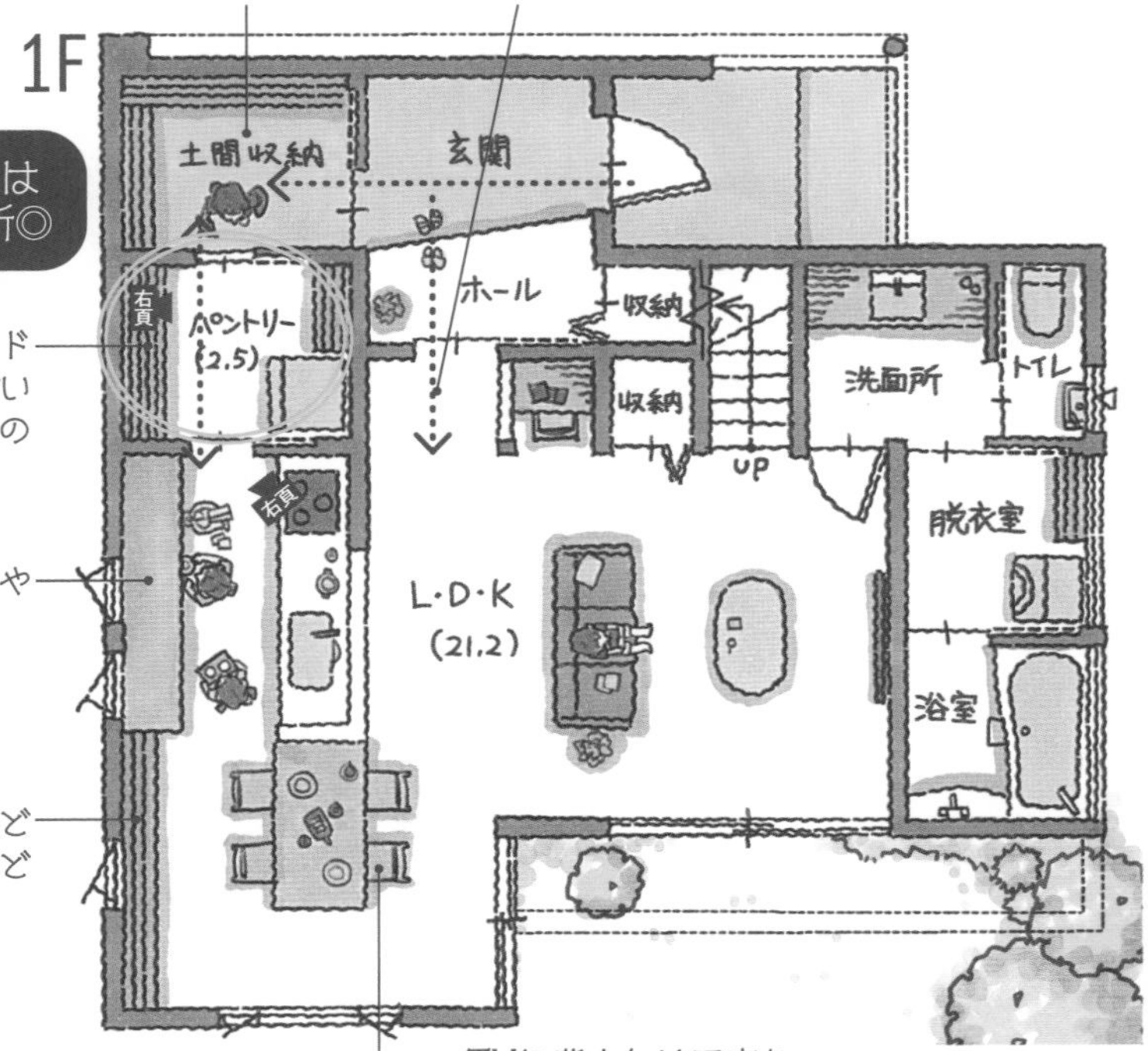
1F
土間収納
玄関
ホール
収納
収納
パントリー (2.5)
右頁
右頁
UP
洗面所
トイレ
脱衣室
L・D・K (21.2)
浴室

リビングからは見えない場所◎

可動棚を両サイドに。米や水など重い物もしまう＆使うのがラク

普段使いの食器や調理器具を収納

LDで使う物や子どもの勉強道具などを収納

TVに背を向けて座れば、宿題にも集中できる

Data
夫婦＋子２人（９歳・11歳）
床面積……1F：64.6㎡｜2F：41.2㎡

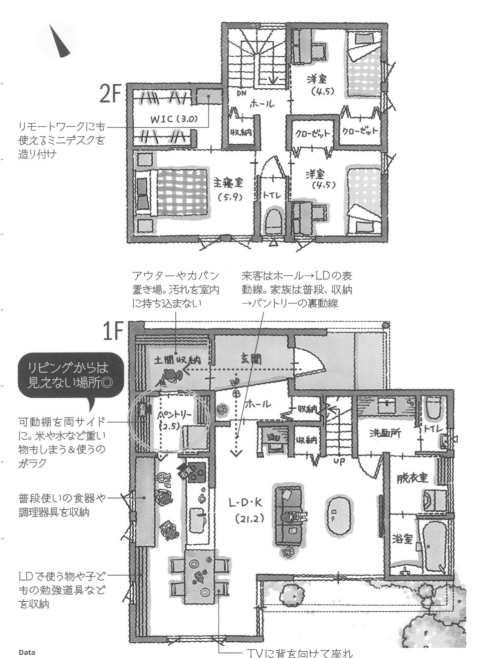

お絵描きや工作が大好きなお子さんと、それを飾るのが楽しいという佐伯さん。「小さなアーティストが喜ぶ家を」と求めたのは、作る・飾る・準備&片づけがスムーズで、かつ紋切り形ではない間取りです。

いちばんの自慢は制作専用の小上がりスペース。LDKの一角にありながらも床が2段分高く、まるでステージのような気持ちよさ。床材には水や汚れに強いフローリングを採用しています。「ふたりとも、朝起きるとすぐここに向かいます」というほどお気に入りで、有孔ボードの壁には毎日違う作品が。他にも階段下やリビングの壁、玄関ホールや廊下と作品は次々増えていきます。

「作る・飾る」楽しさを子どもと共有できる家

「子どもの創作意欲がぐんぐん伸びています」

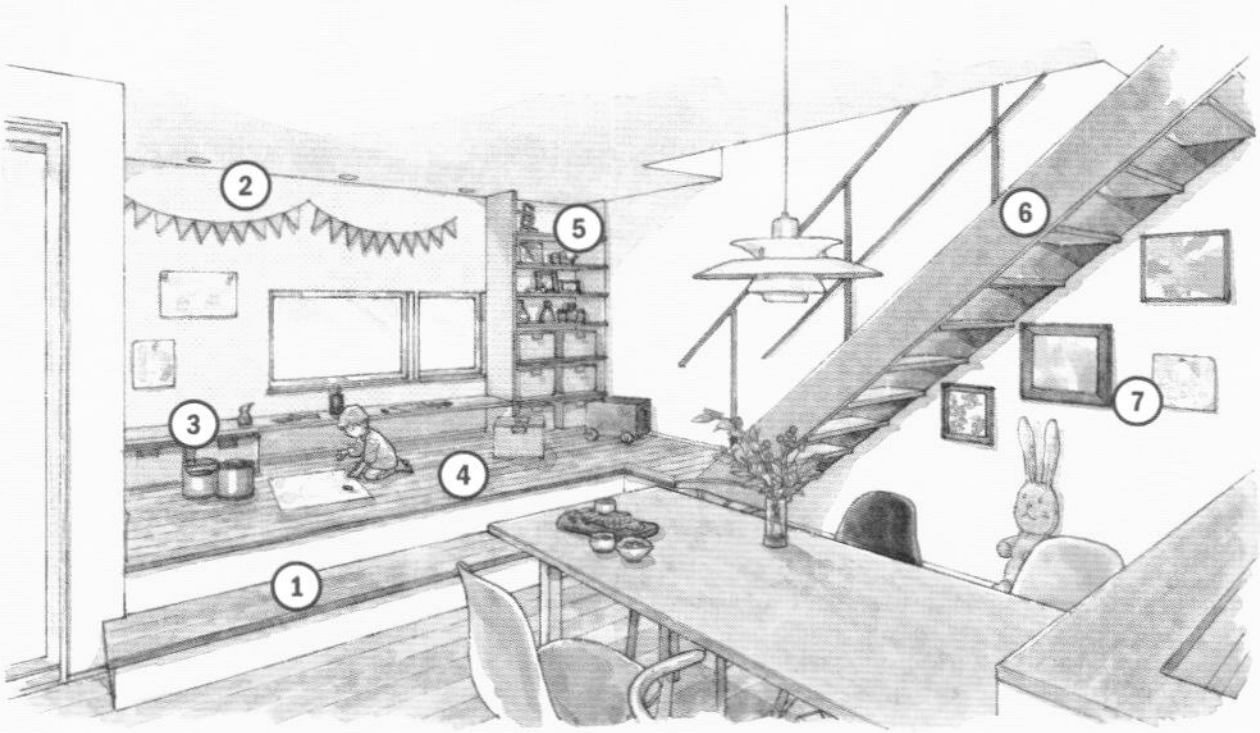

① 床の高さを変えて、ちょっとした特別感を演出
② 壁は一面有孔ボード。どこに何を貼っても掛けてもOK
③ 約3mの造作カウンター。兄弟一緒に作業してもまだまだ余裕
④ 防水・防汚素材のフローリングで掃除ラク
⑤ 高さ調整可能な可動棚
⑥ ナチュラルな雰囲気の内装をアイアンの階段が引き締める
⑦ とくにお気に入りの絵や、大きな立体作品を飾るスペース

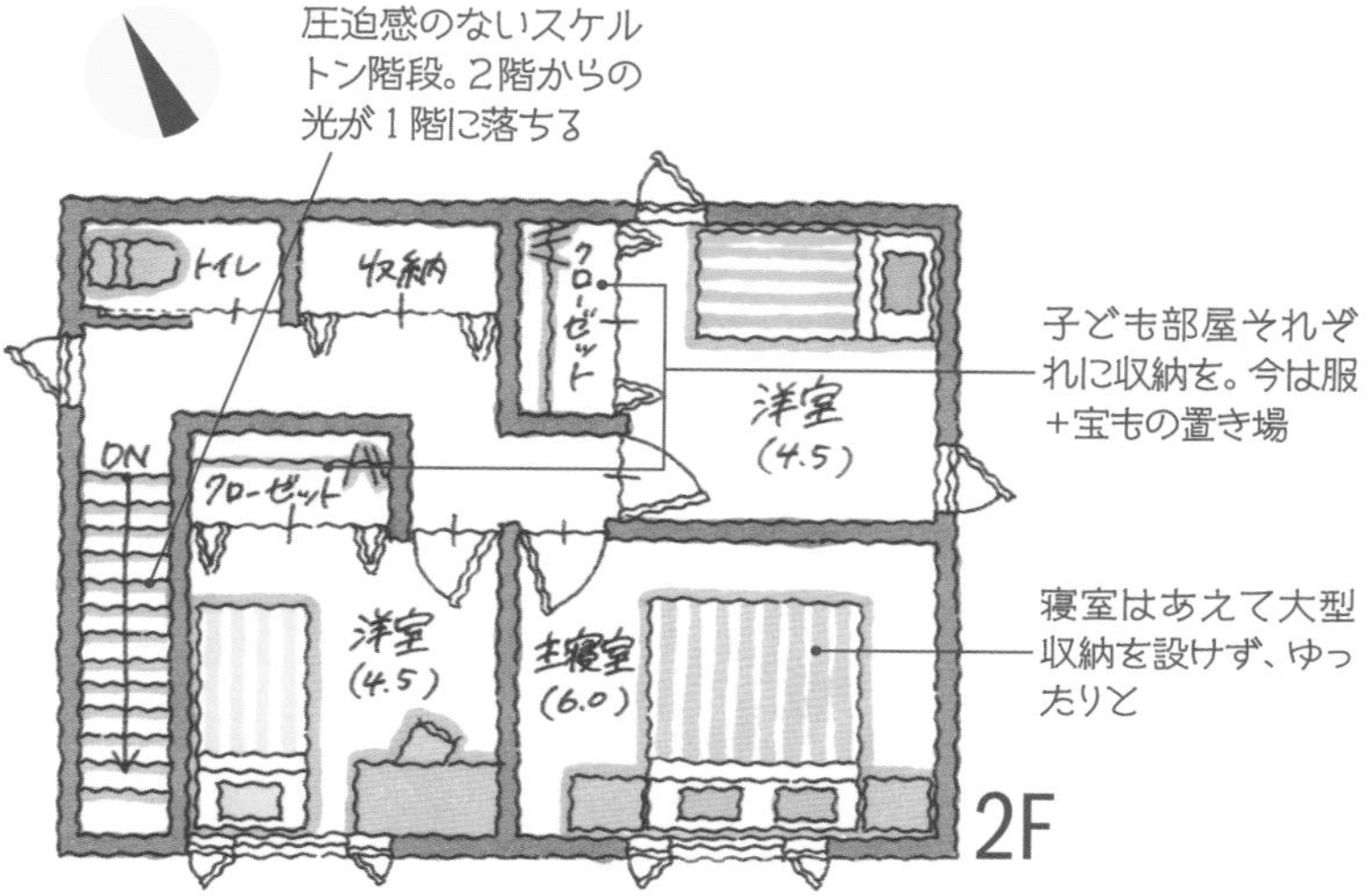
圧迫感のないスケルトン階段。2階からの光が1階に落ちる
トイレ
収納
クローゼット
子ども部屋それぞれに収納を。今は服＋宝もの置き場
DN
クローゼット
洋室
(4.5)
洋室
(4.5)
主寝室
(6.0)
寝室はあえて大型収納を設けず、ゆったりと
2F

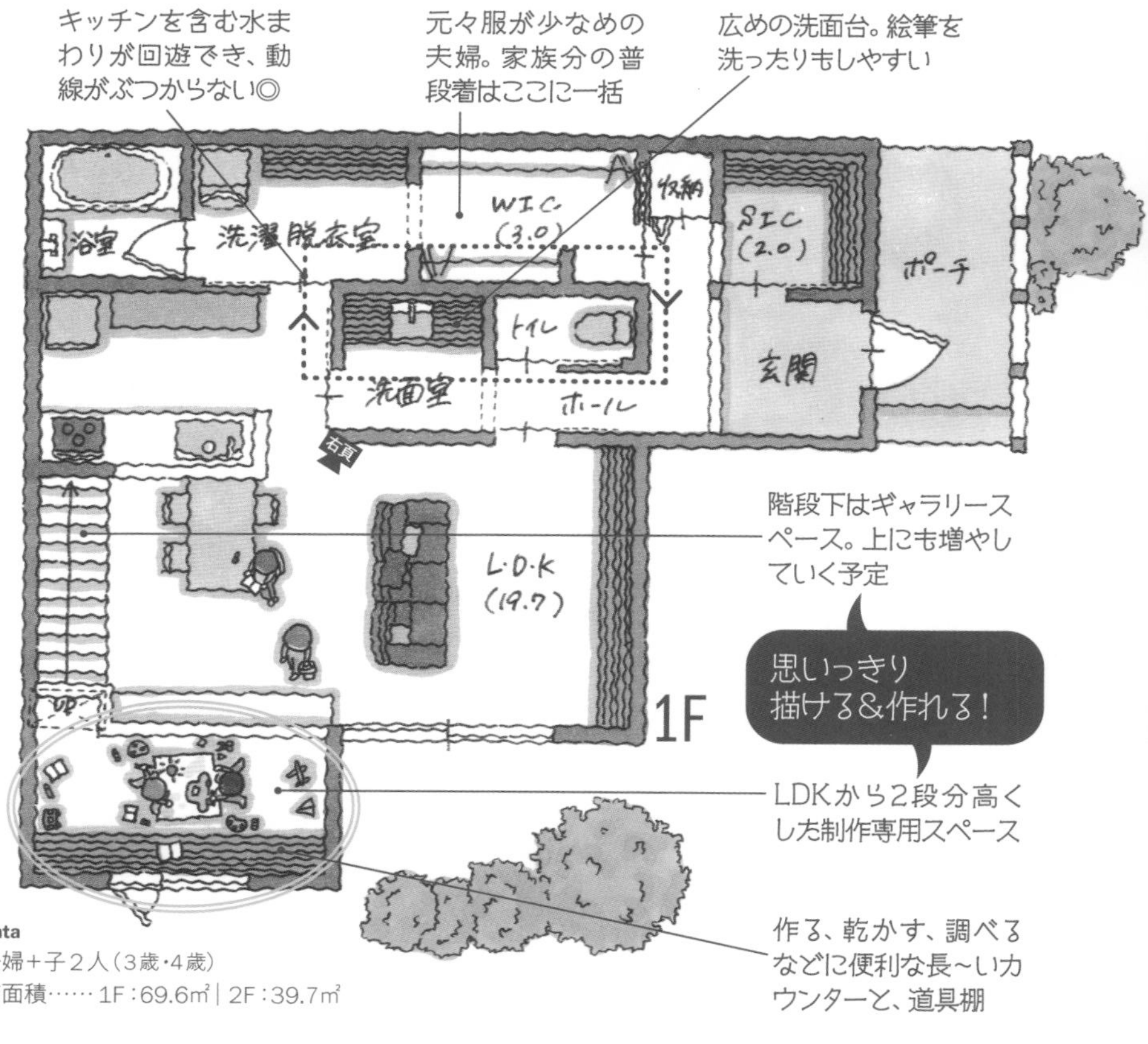
キッチンを含む水まわりが回遊でき、動線がぶつからない◎
元々服が少なめの夫婦。家族分の普段着はここに一括
広めの洗面台。絵筆を洗ったりもしやすい
浴室
洗濯脱衣室
WIC
(3.0)
収納
SIC
(2.0)
ポーチ
トイレ
玄関
洗面室
ホール
右頁
L・D・K
(19.7)
階段下はギャラリースペース。上にも増やしていく予定
思いっきり描ける&作れる！
UP
1F
LDKから2段分高くした制作専用スペース
作る、乾かす、調べるなどに便利な長～いカウンターと、道具棚

Data
夫婦＋子２人（3歳・4歳）
床面積……1F：69.6㎡｜2F：39.7㎡

親子共用クローゼットで お着替え習慣を身につける

高田さん夫妻の家づくりは、息子さんの保活とほぼ同時進行でした。「保育園、小学校と子どもの成長を想像しながら設計士さんに相談しました。そのなかで『生活習慣が自然と身につく間取り』というキーワードにとても惹かれて」

とくに気に入ったのが、玄関前にウォークスルークローゼットを配するアイデアです。「朝起きたらすぐ、ここで着替え。帰宅後は手を洗った後、ここで着替えてから遊ぶ。一緒に入れる広さがあるので、話しながら見ながら。安心です」

全員の服を一括収納しているのでしまうのがラクという良さも。「これからは片づけも一緒にして、覚えていってほしいです」

「寝室⇔ウォークスルークローゼット⇔玄関」のつながりが便利

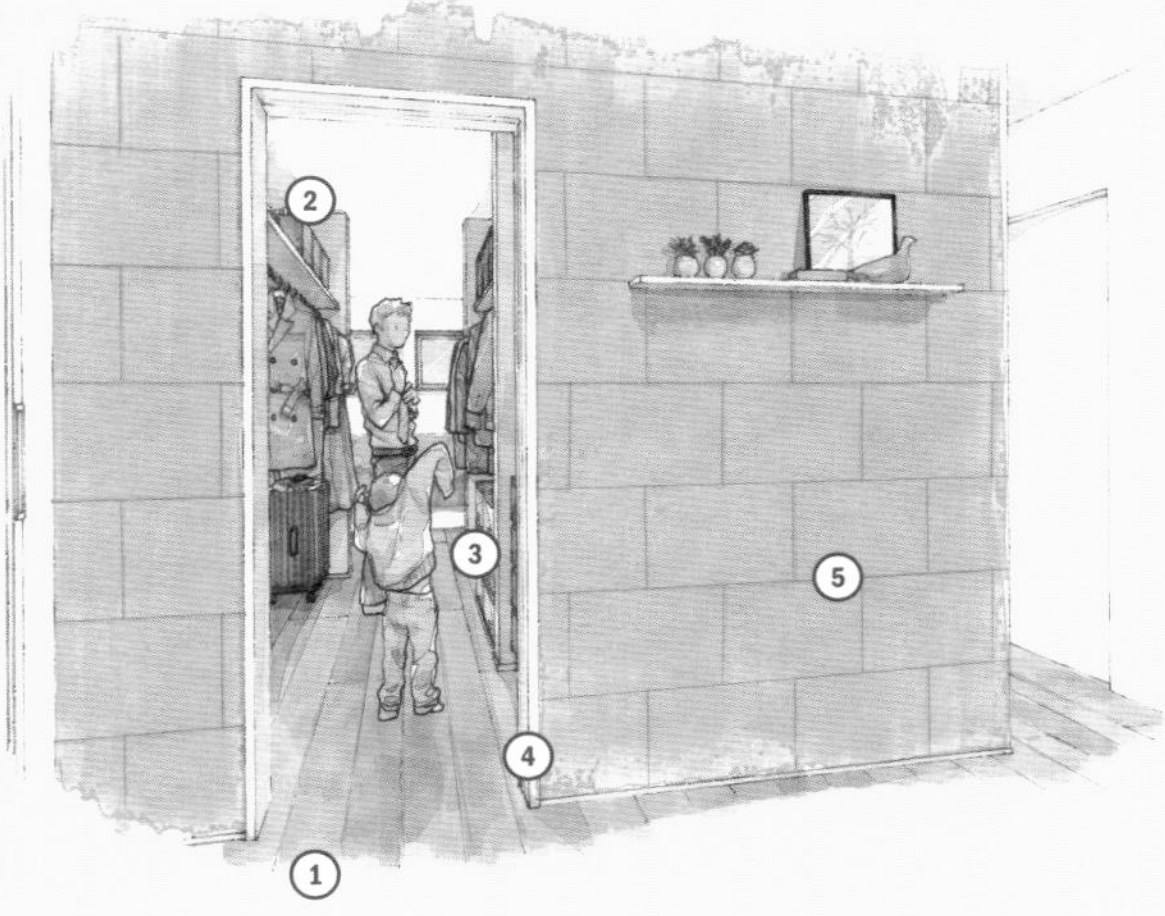

① 約3畳の広さがあり、親子一緒に着替えても余裕
② 左右に枕棚、ポールを造り付け
③ 玄関に近い位置に、子どものタンス置き場を計画。出掛け直前に着替えたり、予備の服を取ったりしやすい
④ 普段は開けたままだが、来客時などは引き戸を閉める
⑤ 家の顔でもある玄関の正面なので、タイル風のグレーのクロスに飾り棚でかっこよく

お着替え習慣が身につきました

起きてすぐ、帰ってきてすぐ、立ち寄りやすい位置に！

玄関から洗面所に直行できる。お風呂で足を洗うことも

廊下側の収納には掃除用具やトイレットペーパー、備蓄品等

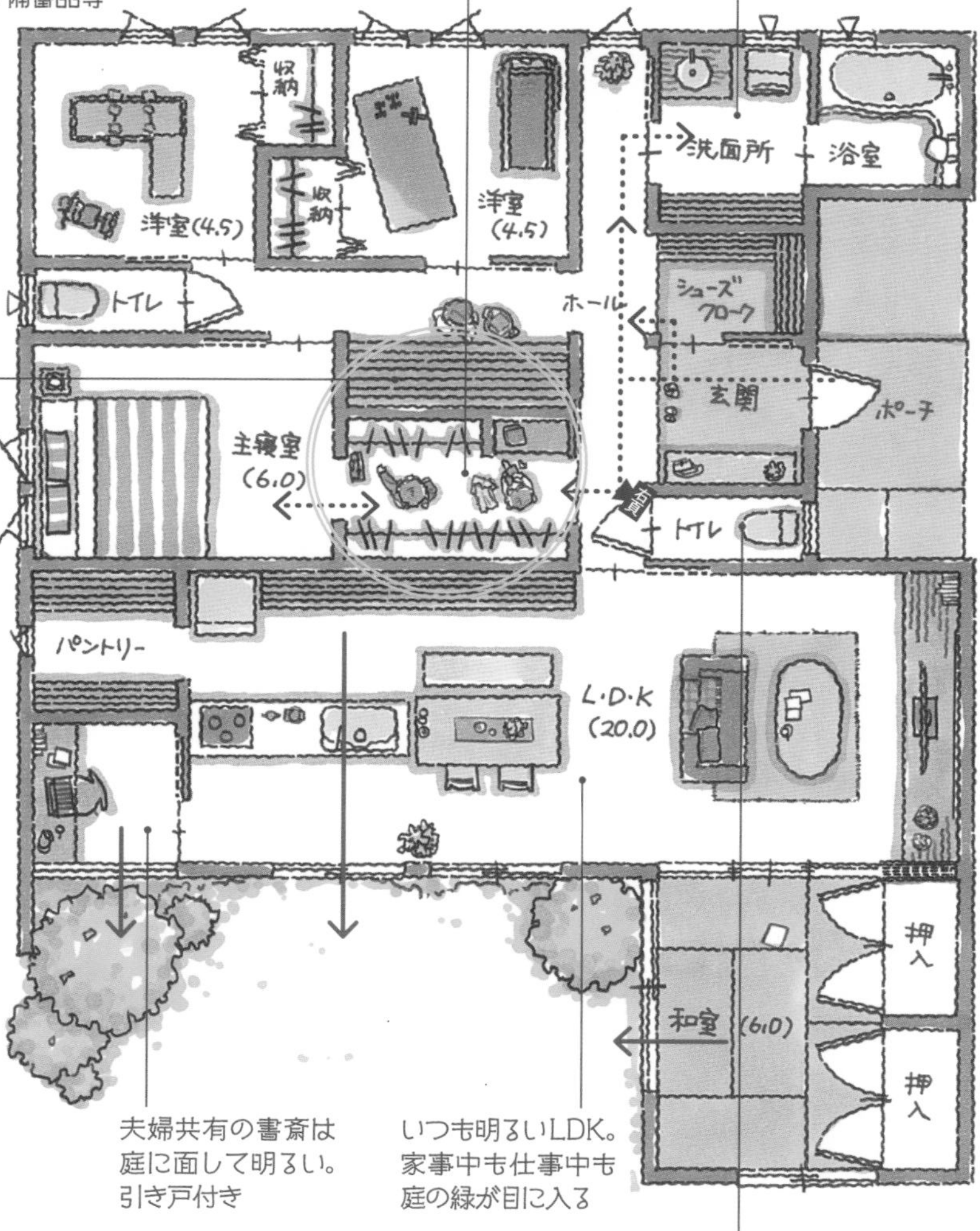
収納
収納
洋室(4.5)
洋室(4.5)
洗面所
浴室
トイレ
ホール
シューズクローク
主寝室(6.0)
玄関
ポーチ
トイレ
パントリー
L・D・K (20.0)
和室(6.0)
押入
押入

夫婦共有の書斎は庭に面して明るい。引き戸付き

いつも明るいLDK。家事中も仕事中も庭の緑が目に入る

トイレは2カ所。寝る前、出かける前に慌てない

Data
夫婦＋子２人（２歳・３歳）
床面積……114.3㎡

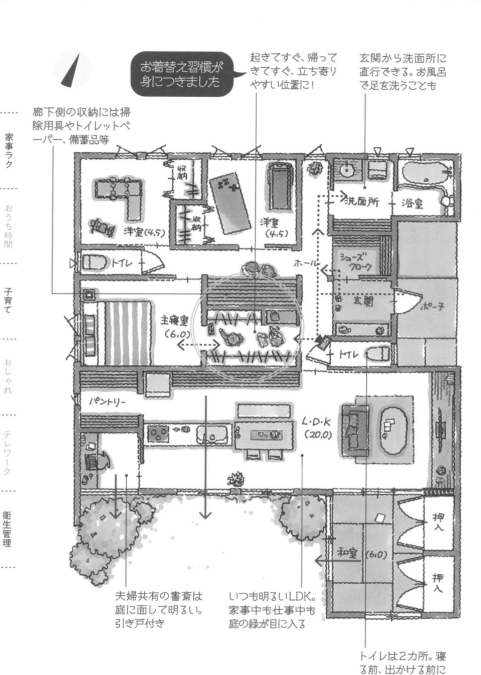

収納たっぷりの平屋を希望した水口さん。玄関脇の土間収納、キッチン横のパントリー、寝室からも脱衣室からも使いやすいウォークインクローゼットなど収納を適材適所に配置しています。

なかでもお気に入りはリビングの納戸。小さな2階建てに仕立て、下は子どものおもちゃや本置き場、上は畳敷きのオープンなフリースペースになっています。「LDKと一体感をもって使えるし、上下それぞれが『秘密基地みたい』って子どもは遊び心地がいいみたい」。将来は、上を大人の書斎、下を子どもの物の保管庫にしようかとも考え中です。

小さな2階建ては秘密基地
リビングにつくった遊び場兼収納

子どもが自然と居たくなる、楽しい場所になりました

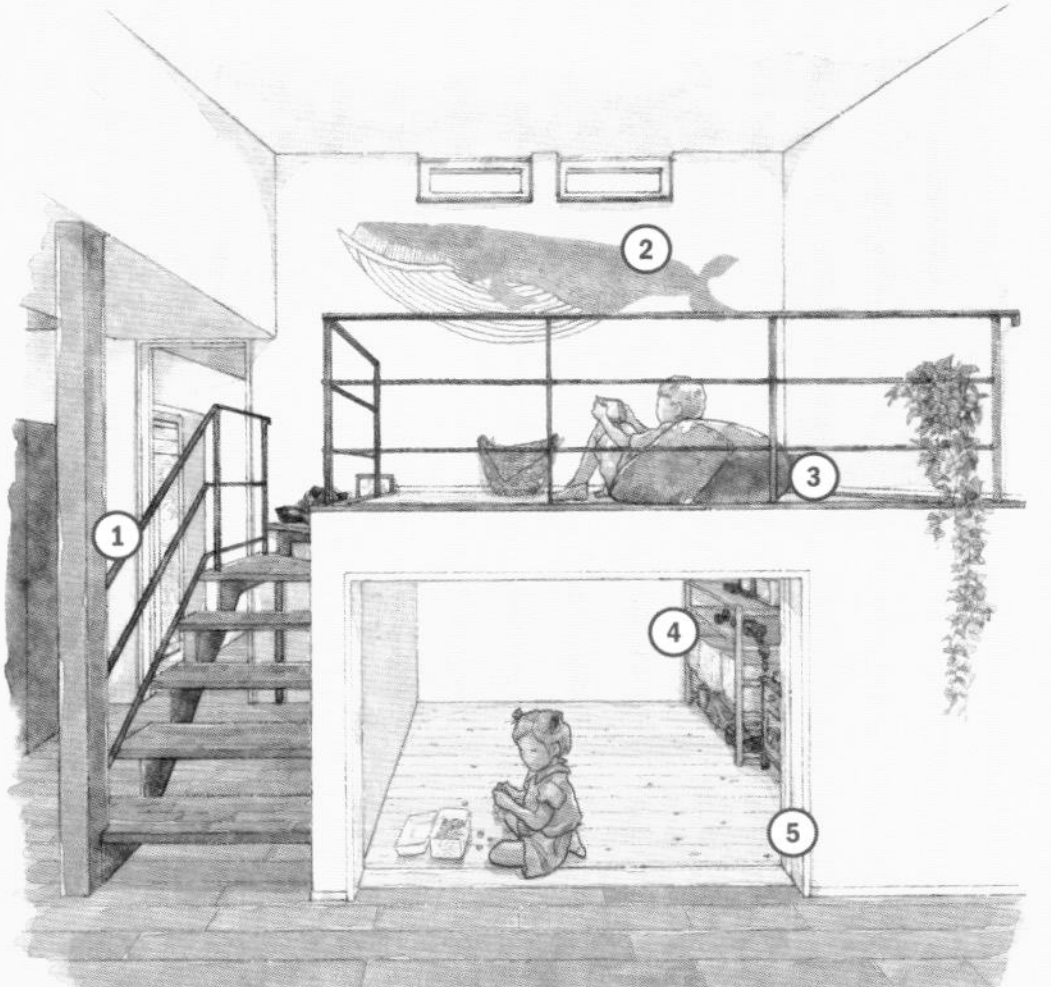

① 鉄骨階段を上ると3畳の畳スペース
② 子どもと相談し、壁に大きなクジラのステッカーを貼った
③ 上の畳スペースは壁がなくオープンで、LDKのどこからでも様子が見える
④ 下は納戸。おもちゃや本はすべてここにしまえるので、リビングが散らからない
⑤ 引き戸を閉めればリビングから見えず、来客時も安心

LOFT

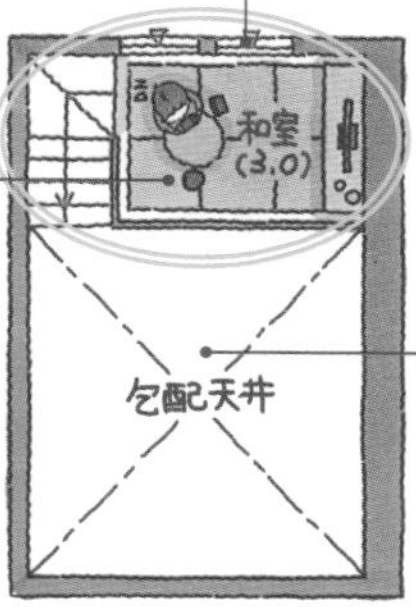

高い位置の窓からは、リビング全体に光が差し込む

長男&パパお気に入りのプチ2階

LDK全体を見渡せるのも楽しい♪

リビングと納戸のエリアのみ勾配天井の吹き抜けに。大空間にリズムがついて楽しい平屋に

Ⅱ型のキッチンは動線が短く、料理しやすい

ゴミ出しや、自転車で帰宅した家族とのやりとりに重宝

納戸。今は長女の秘密基地でもある

大人の普段着はここ。洗濯乾燥機⇔寝室の動線上で便利

子どもの普段着はここに一括。角を丸くし優しい印象に

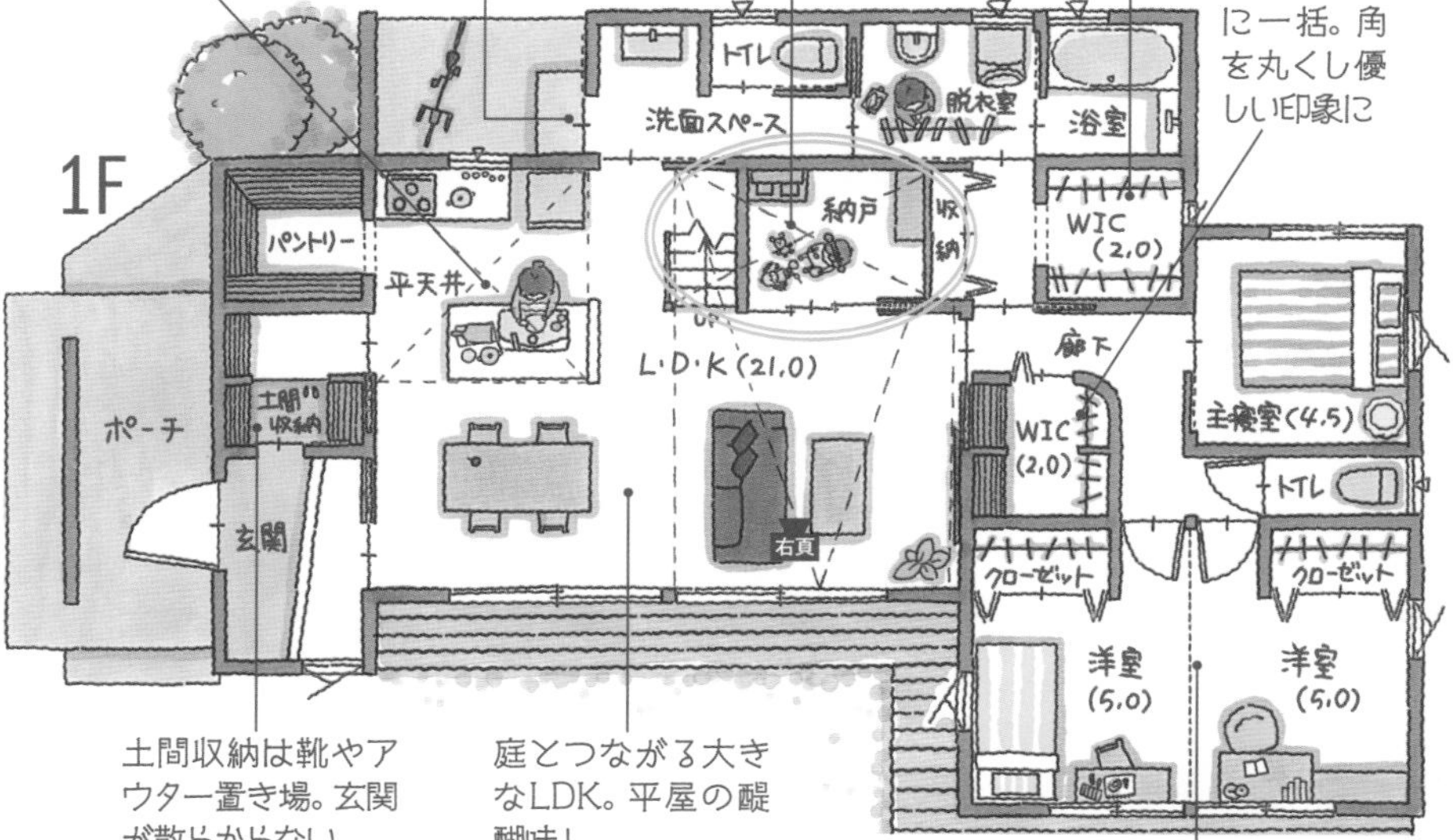

土間収納は靴やアウター置き場。玄関が散らからない

庭とつながる大きなLDK。平屋の醍醐味!

子ども部屋。兄妹なので将来的には二部屋に区切る予定

Data
夫婦+子2人(3歳・5歳)
床面積……111.8㎡

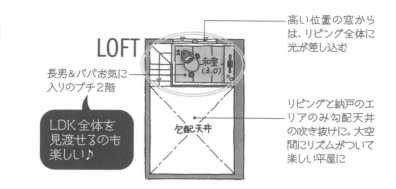

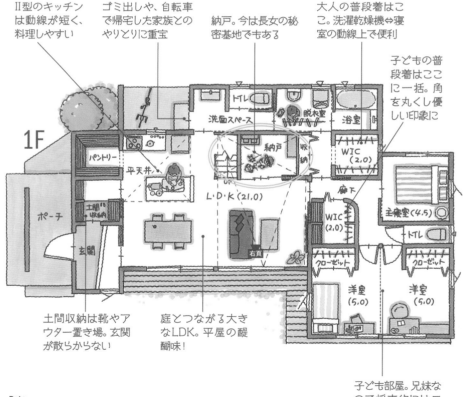

妻の実家まで車で10分。家事や育児のサポートをしてもらうのは、折り込み済で家を建てました。「母が泊まるときに布団が敷けて、気兼ねなくくつろげる部屋をつくろうと思っていました。私も和室のある家で育ったので、畳はなんだか落ち着くんですよね」

そこでできたのがリビング横の4・5畳の和室です。押入があり、トイレも近くにあり便利。玄関やお風呂は離れているので、夫の帰りが遅くても音はそれほど気になりません。おばあちゃんが来ない日は、子どもの遊び場やお昼寝スペースとして活用しています。

また管理栄養士という仕事柄、料理が好きで、道具や調理器具は多いほう。「壁面収納とパントリーは必須でお願いしました。とくにパントリーは、洗面所、お風呂まで通り抜けできる間取りにできたので、料理しながら、片づけや洗濯する流れがとてもラクです」

調理台の横はダイニング。ここに大きな窓を設けたのも妻のリクエストです。「ごはんはみんなで明るく楽しく食べたくて。朝はここから光が差し込んで、とっても気持ちがいいんです」

調理中、リビングや和室が見えるのも大満足だと話します。「以前は仕方なく子どもをキッチンで遊ばせていましたが、今は目が届くので安心。母が来てくれる日はますます料理を楽しめています」

育児の助っ人を呼びやすい収納やトイレが近い和室

将来は子ども部屋。今は夫の書斎、妻子の寝室として使用

バルコニーに面し、日中は明るい主寝室

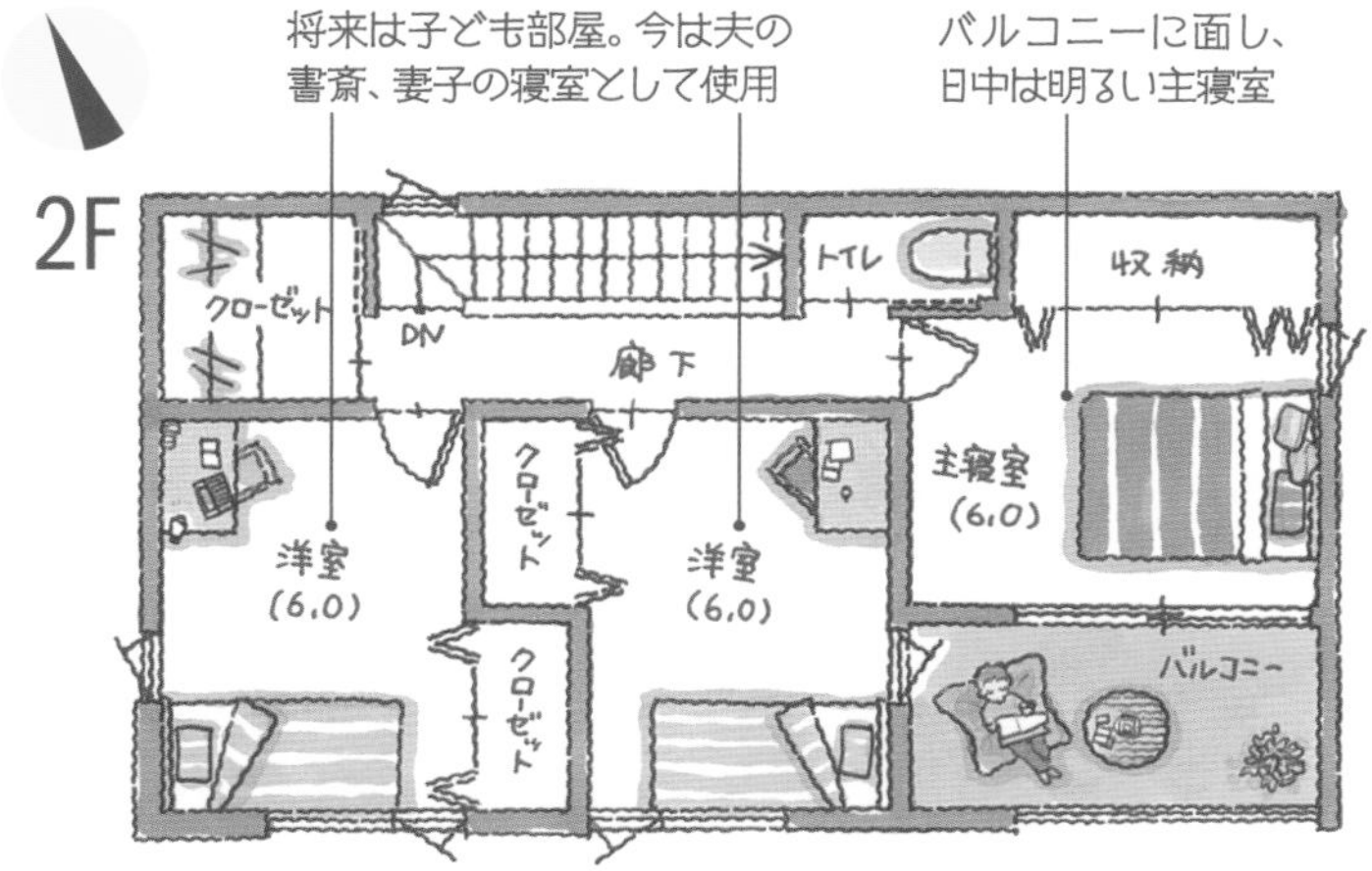
2F
クローゼット
DN
廊下
トイレ
収納
主寝室
(6.0)
洋室
(6.0)
クローゼット
洋室
(6.0)
クローゼット
バルコニー

洗濯後、すぐにしまえるファミリークローゼット

料理しながら片づけ・洗濯も進めやすい！

玄関は左右に動線がある。家族は普段SICを通り洗面所へ

気軽に泊まれる工夫がいっぱい！

客間として使える和室は、子どものお昼寝にも便利

キッチンから水まわりへ短い直線で抜けられる

自然光が入るので、ごはんがさらにおいしく感じる

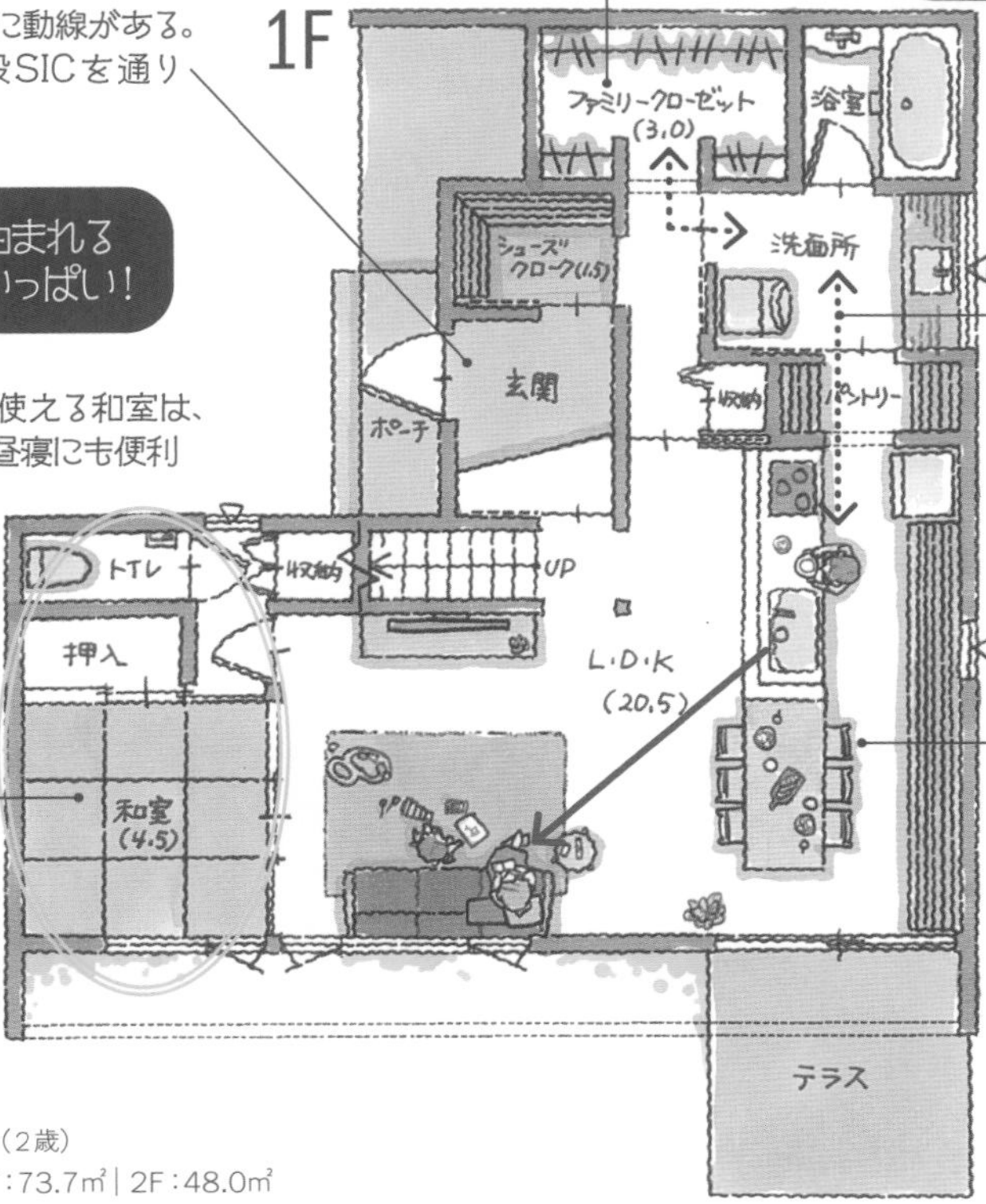
1F
ファミリークローゼット
(3.0)
浴室
洗面所
シューズクローク(1.5)
玄関
ポーチ
収納
パントリー
トイレ
収納
UP
押入
L・D・K
(20.5)
和室
(4.5)
テラス

Data
夫婦＋子１人（２歳）
床面積……1F：73.7㎡｜2F：48.0㎡

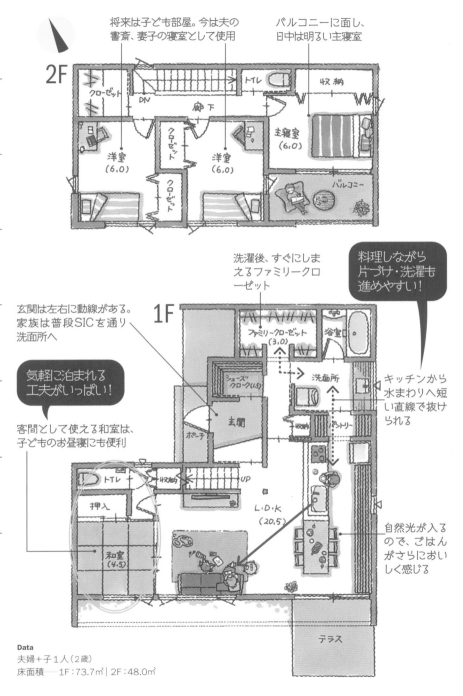

音楽に親しんでほしいから
ピアノを暮らしの真ん中に

ピアノ講師の妻の夢は、「気がねなくピアノが弾けるマイホーム」。周囲が田んぼののどかな土地を購入したのは、そんな理由もありました。

「間取りでこだわったのは、やっぱりピアノの置き場所です。いつでも弾けるよう、個室ではなくリビングに。また上部を吹き抜けにすることで、明るいだけでなく、家じゅうにピアノの音が届くように。後者は設計士さんが提案してくれたアイデアですが、洗濯をしていても2階にいても娘が弾くピアノがふと聞こえてくると、『ああ、この間取りにしてよかったな』と嬉しくなります」

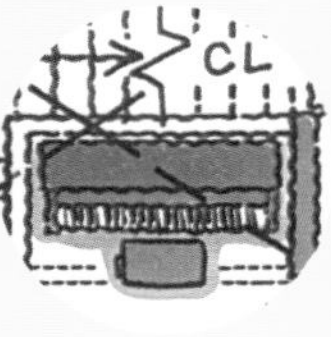

実は、ピアノを配した場所、通常は物入などにしがちな階段下のデッドスペース。しかしここが家の中心にあることに目をつけうまく利用することで、理想以上の間取りになったというわけです。

一方、夫の希望は週末こもれる趣味の部屋。「プラモデルを作ったり昼寝をしたり。小さくてもいいので自分の部屋ができて嬉しいです」

家事ラク動線にも個性があります。「こまめに洗濯したい性格なので、洗濯機の位置を何度も相談。キッチン、洗面所、クローゼットのどこからも近いこの位置は、本当に便利で助かっています」

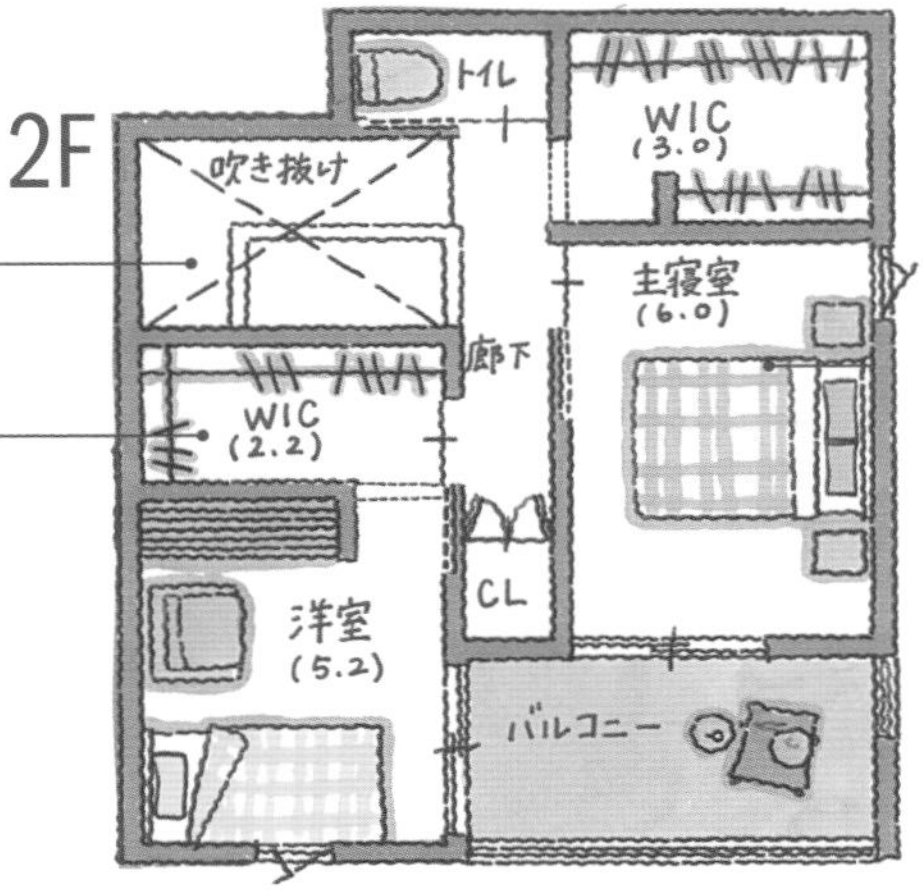
2F
トイレ
WIC
(3.0)
吹き抜け
主寝室
(6.0)
廊下
WIC
(2.2)
CL
洋室
(5.2)
バルコニー

1階ピアノスペースの上部を吹き抜けに

服好きの娘には専用ウォークインクローゼットを

「帰宅→上着などを置く→部屋着を取る→手洗い→着替え」がスムーズ

帰宅後脱いだ服もキッチンで汚した物もすぐにポイ！

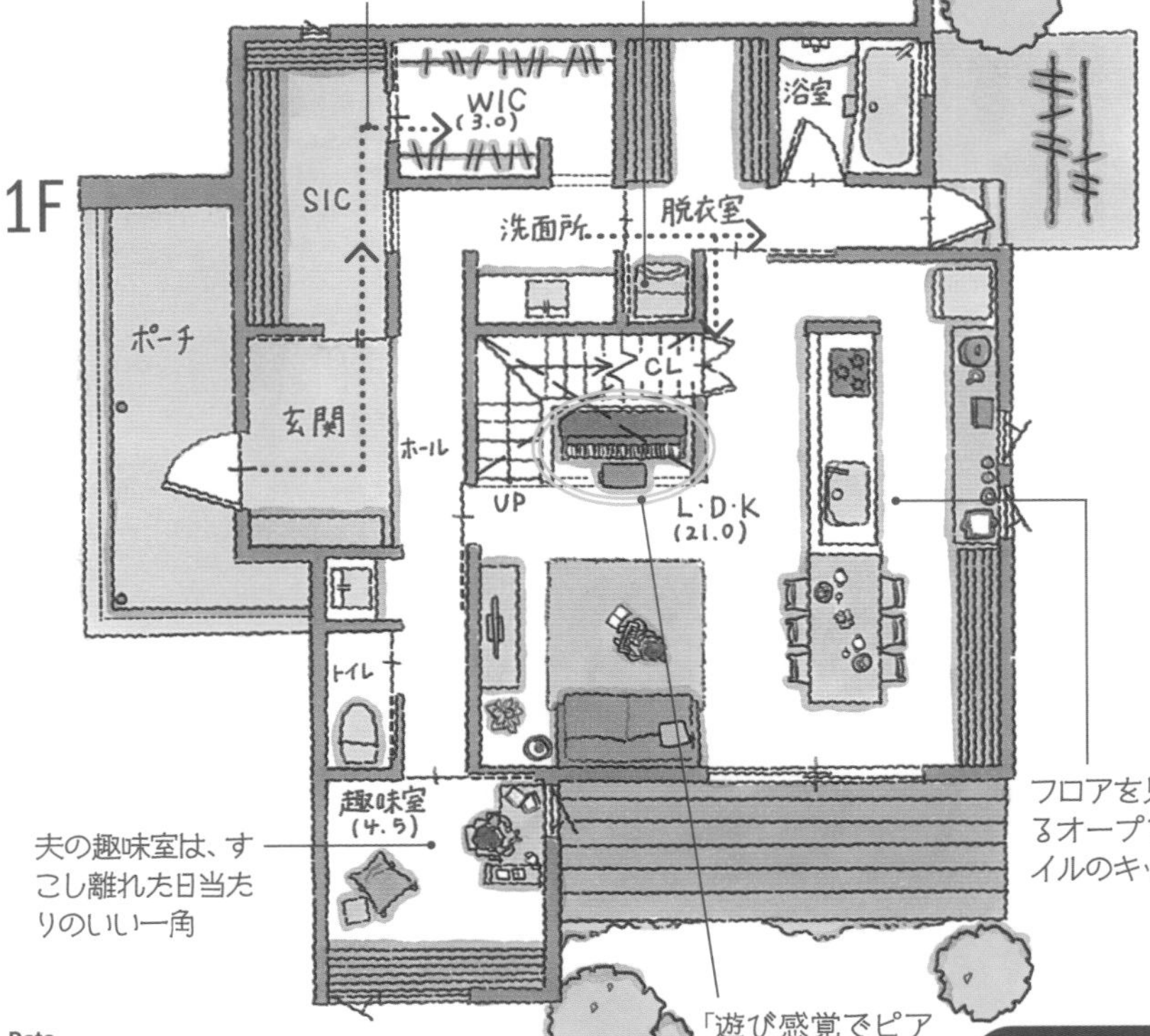
1F
WIC
(3.0)
浴室
SIC
洗面所
脱衣室
ポーチ
CL
玄関
ホール
UP
L·D·K
(21.0)
トイレ
趣味室
(4.5)

夫の趣味室は、すこし離れた日当たりのいい一角

フロアを見渡せるオープンスタイルのキッチン

「遊び感覚でピアノに触れてほしい」とリビングに

ピアノを暮らしの中心に

Data
夫婦＋子１人(5歳)
床面積……1F：85.3㎡｜2F：38.1㎡

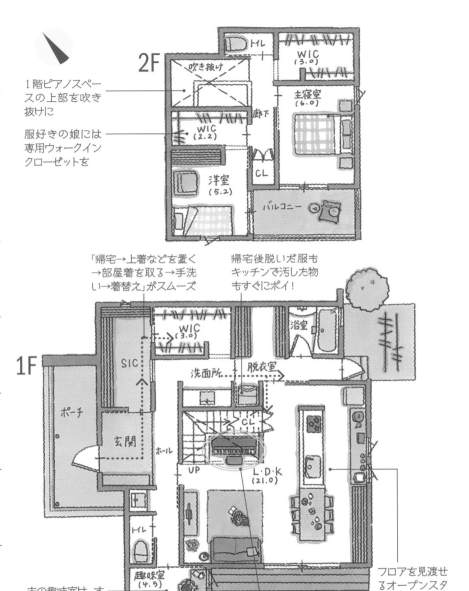

花粉でつらい季節でも
元気に遊べる家にしたい！

就学前のお子さんが3人いる小林家。5歳の長男に喘息の症状があり、とくに花粉の季節は外遊びを避けています。「外に出なくても元気に遊べ、家事しながらでも子どもたちに目が届く家にしたいと考えました」

そこでつくったのが、リビング前の長～い土間。約8畳もある、外と室内の中間のような空間で、ボール遊びやジャンプ、チャンバラ、紙飛行機もＯＫです。

その奥は、トイレと水まわりと収納。間にある廊下がＬＤＫと土間へつながる回遊動線になっています。「子どもって、ぐるぐる走り回るだけでも面白いんですよね。裸足のまま土間に降りたりもしていますが、もう大目に見ています。この家で暮らすようになって、私も気持ちがおおらかになったような気がします」

もうひとつ気を配ったのが、子ども部屋の換気。湿気を追い出し、アレルゲンになるダニの発生を抑えたかったからです。「基本的には家じゅうで24時間換気システムを作動。花粉などがない季節は、各部屋2カ所ずつある窓で、部屋ごとに換気できるようにしました」。元気な日はのびのび遊び、具合が悪いときは安心して休める。子どもたちにとっていつでも快適な家になりました。

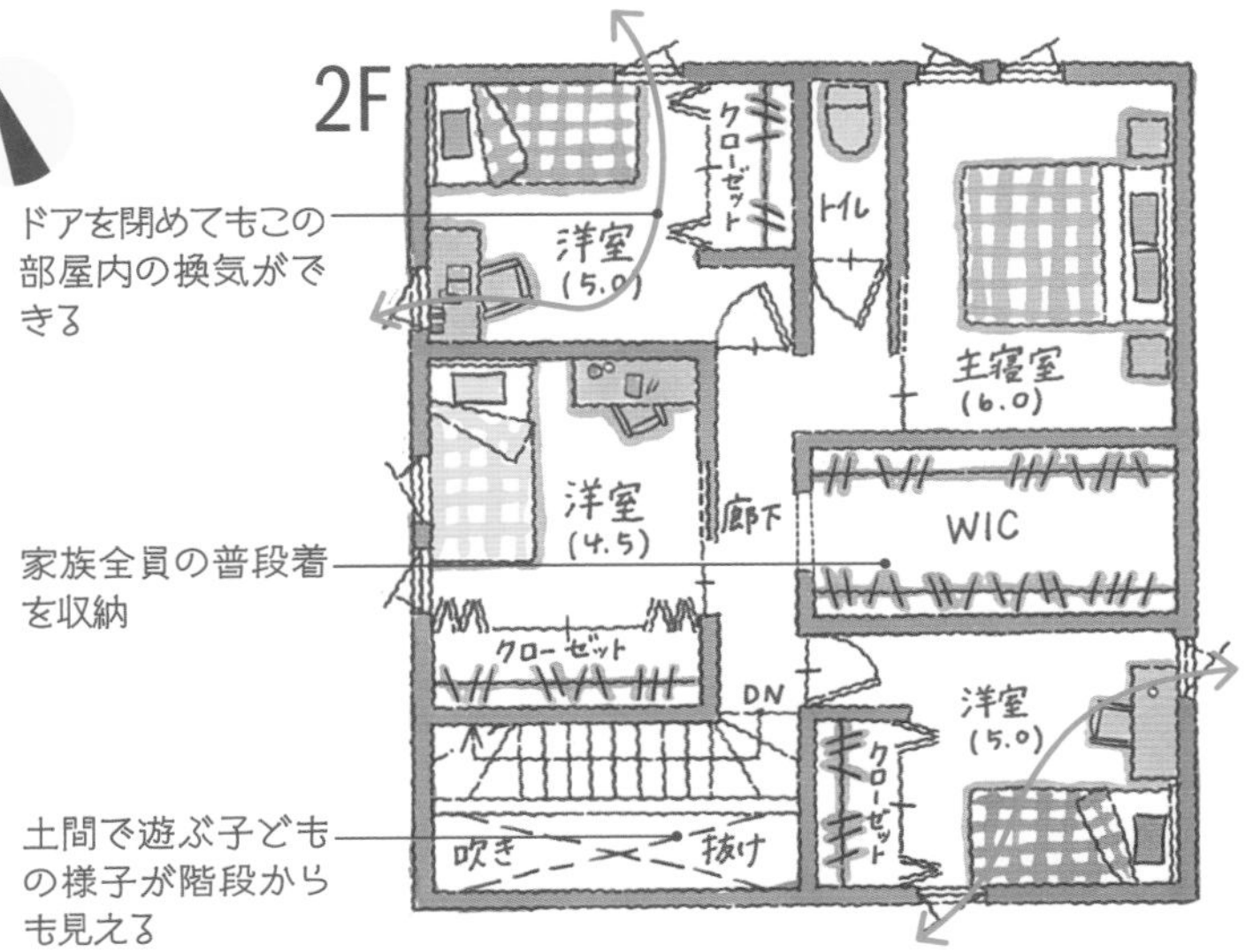
2F
ドアを閉めてもこの部屋内の換気ができる
家族全員の普段着を収納
土間で遊ぶ子どもの様子が階段からも見える
洋室
(5.0)
クローゼット
トイレ
主寝室
(6.0)
洋室
(4.5)
廊下
WIC
クローゼット
DN
洋室
(5.0)
クローゼット
吹き
抜け

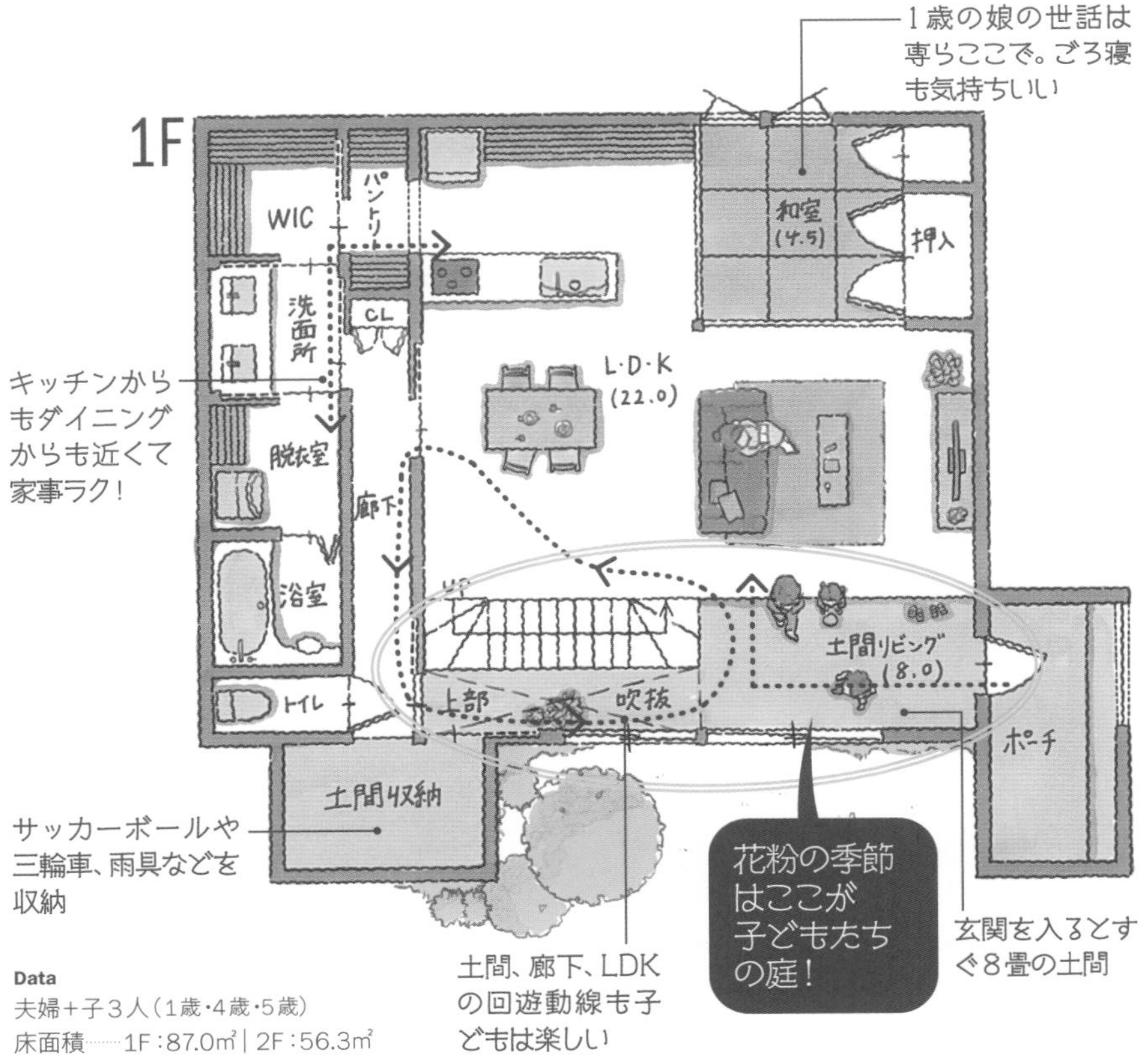
1F
1歳の娘の世話は専らここで。ごろ寝も気持ちいい
キッチンからもダイニングからも近くて家事ラク！
サッカーボールや三輪車、雨具などを収納
土間、廊下、LDKの回遊動線も子どもは楽しい
花粉の季節はここが子どもたちの庭！
玄関を入るとすぐ8畳の土間
WIC
パントリー
和室
(4.5)
押入
洗面所
CL
L・D・K
(22.0)
脱衣室
廊下
浴室
土間リビング
(8.0)
トイレ
上部
吹抜
ポーチ
土間収納

Data

夫婦＋子３人（1歳・4歳・5歳）

床面積……1F：87.0㎡｜2F：56.3㎡

「着替えなさい！」のストレスが減る リビング脇のクローゼット

共働きで、慌ただしい日々をおくる桜木さん一家。とくに朝は忙しく、子どもの身支度に追われます。「リビングでだらだらしがちな子どもたちに、『自分の部屋に戻って早く着替えなさい！』と何度も言うのがストレスでした」

これを解決するために計画したのがリビング脇のウォークスルークローゼットです。「テレビを見ながらでも着替えができる。洗面所も近いので、朝支度がとてもスムーズです。私も料理しながら、洗濯しながら進み具合を見られるので、無駄に怒らなくなりました」

ここには学校のカバンや体育着、家族全員のパジャマや下着類、その他みんなが使う文房具や薬、花瓶などもしまっています。「どの部屋からも近いので、使った物をしまいに行くのが面倒になりません。収納が家の真ん中って、便利だなあと実感しています」

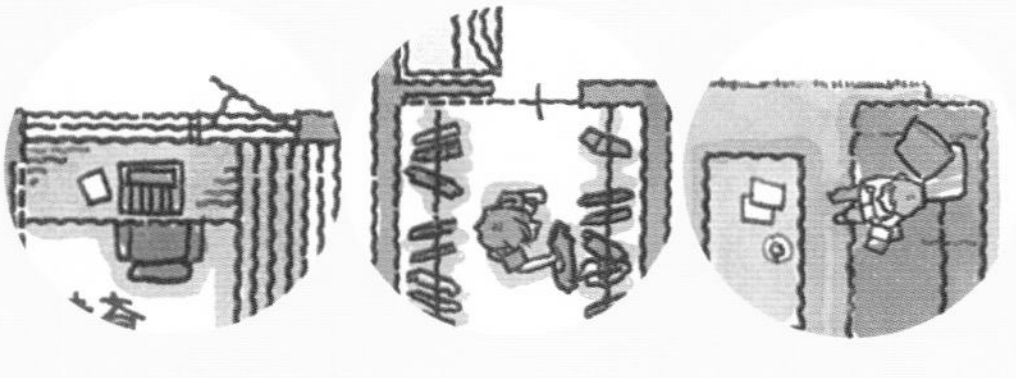

また、もうひとつの悩みが火山灰が降るという土地柄の問題でした。「仕事がある日は外干ししたらすぐには取り込めない。でも洗濯物が多いので、今まではリビングに干したりもしていました」

そこで新居には、2・5畳のランドリールームをつくりました。「ここに干して換気扇をまわせば、どんな日もカラッと乾きます。窓際にカウンターをつけたので、アイロンをかけた後一息つける、おこもり部屋にもなっています」

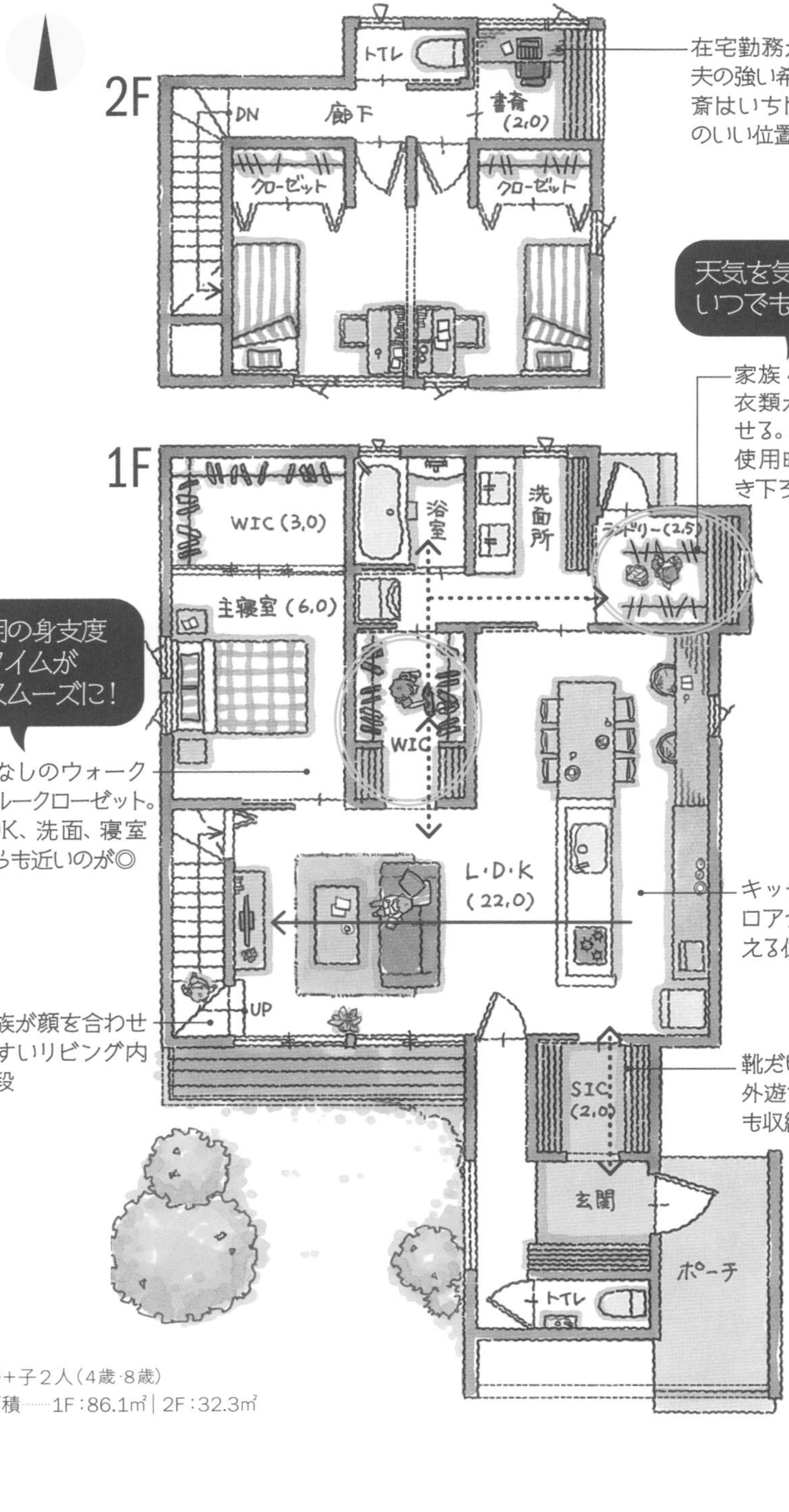
2F
トイレ
DN
廊下
書斎
(2.0)
クローゼット
クローゼット
1F
WIC (3.0)
浴室
洗面所
ランドリー (2.5)
主寝室 (6.0)
WIC
L・D・K
(22.0)
UP
SIC
(2.0)
玄関
ポーチ
トイレ

在宅勤務が増えた夫の強い希望で、書斎はいちばん眺めのいい位置に

天気を気にせずいつでも干せる！

家族４人分の衣類が十分干せる。ポールは使用時のみ引き下ろす

朝の身支度タイムがスムーズに！

扉なしのウォークスルークローゼット。LDK、洗面、寝室からも近いのが◎

キッチンはフロア全体が見える位置に

家族が顔を合わせやすいリビング内階段

靴だけでなく、外遊びの道具も収納

Data

夫婦＋子２人（4歳·8歳）

床面積……1F：86.1㎡｜2F：32.3㎡

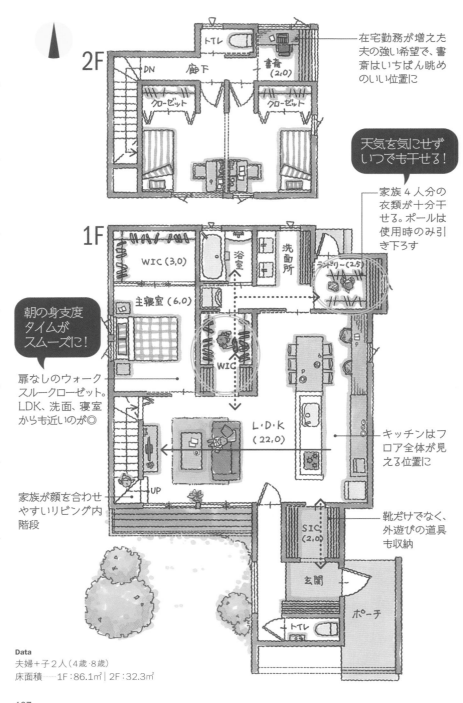

菅家の息子さんはふたりとも地元の野球チームに所属。帰宅は毎日泥だらけなのに、「その格好でキッチンやリビングに入ってくる。もうやめて～！と言っても聞かないストレスを、新居ではなんとかしたいと相談しました」

設計士に勧められたのは、〝玄関収納＋帰ってきたらすぐ風呂〟プランです。「オープン棚の玄関収納が3畳もあれば、かばんやベンチコート、スパイクの替えも余裕で置ける。そして汚れた靴下で入れるのは脱衣所のみの間取り。最高だなと、決めました」。もちろん、洗濯機も下着・部屋着収納もこの場所。「この家になってから、『おかえり』とキッチンで会うときにはふたりともきれいになっています（笑）」

この玄関→脱衣所→ＤＫの家族用動線に対し、玄関から直接リビングへ入れる来客用動線をつくったのも特徴です。ＬＤＫの各所に収納を設け片づけしやすくした効果もあって、来客を迎えやすくなりました。「とくに気に入っているのは、キッチン奥のパントリー。生活感が出がちな冷蔵庫もここに置けたのが嬉しいです」

子どもたちが寝静まったら、食卓背面のデスクコーナーでほっと一息つくのが癒しの時間。「勉強はテレビ裏のフリースペースでさせているので、ここは私だけの場所。物が混在することもなく、ぼーっとできる聖域です」

汚れて帰ってきても大丈夫 片づけ→風呂へ直行！

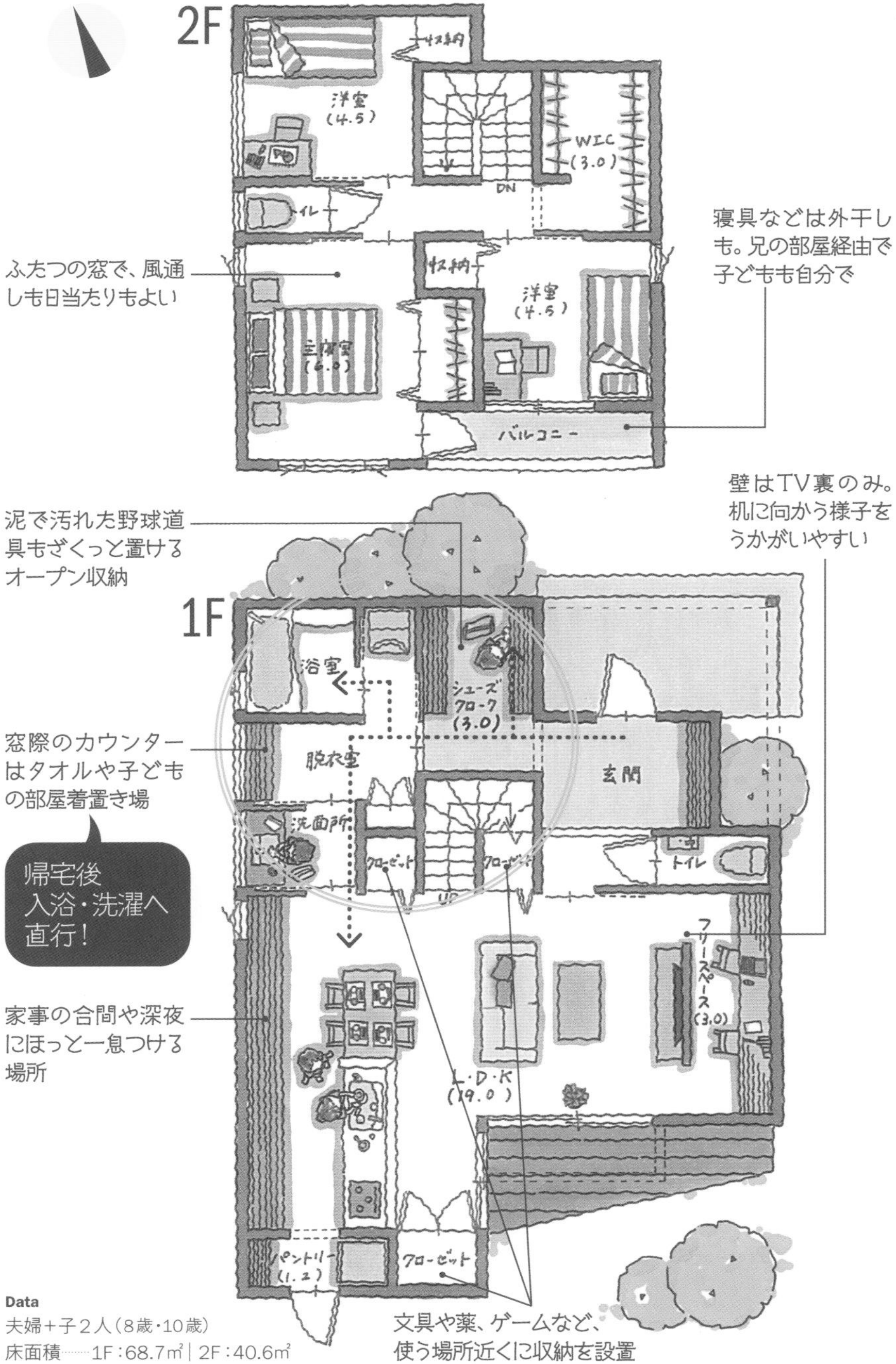
2F
収納
洋室
(4.5)
WIC
(3.0)
DN
トイレ
収納
洋室
(4.5)
主寝室
(6.0)
バルコニー
ふたつの窓で、風通しも日当たりもよい
寝具などは外干しも。兄の部屋経由で子どもも自分で
1F
浴室
シューズクローク
(3.0)
脱衣室
玄関
洗面所
クローゼット
クローゼット
トイレ
UP
フリースペース
(3.0)
L・D・K
(19.0)
パントリー
(1.2)
クローゼット
泥で汚れた野球道具もざくっと置けるオープン収納
壁はTV裏のみ。机に向かう様子をうかがいやすい
窓際のカウンターはタオルや子どもの部屋着置き場
帰宅後
入浴・洗濯へ
直行!
家事の合間や深夜にほっと一息つける場所
文具や薬、ゲームなど、使う場所近くに収納を設置

Data

夫婦+子2人(8歳・10歳)

床面積……1F:68.7㎡ | 2F:40.6㎡

「息子は全員サッカー少年。暇さえあればボールを蹴っています」。以前住んでいたのは中古の戸建て。手狭になってきたのに加え、風呂場が玄関から遠く、廊下やリビングに付く泥・砂汚れが悩みでした。「毎日の掃除が本当に大変で。『いっそのこと外で暮らしたいくらい！』と話したのが、プランに生かしてもらえました（笑）」

　そう話す新居の特徴は、なんといっても広い土間。LDKの一角を切り取って、玄関、収納、遊び場と、〝家の中のソト〟のような空間をつくりました。「土間は格好の遊び場です。土間ならボールもOKにしているので、帰ってきても夕飯直前までここで遊んでいます」。リビング横は吹き抜けです。スケルトンの階段越しに2階から光が落ちるので、雨の日でも明るく過ごせます。

広い土間と玄関で「ただいま」と「おかえり」を近づける

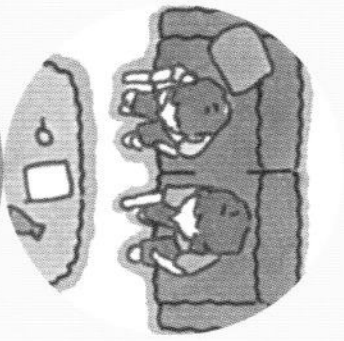

　玄関そのものもゆったりと。あえてドアは設置せず、「ただいま」と「おかえり」が近い間取りは、大きな安心ポイントです。「1階は大きなワンルームのような感じ。仕切りがないので、どこにいても子どもの様子がわかり、安心です」

〝THE汚れ落とし〟動線も見逃せません。「廊下ナシで風呂まで行けるおかげで、掃除が以前よりぐんとラク。それでも慌ただしい日々ですが、子どもの顔を見られる時間が増え、夫婦共に大満足しています」

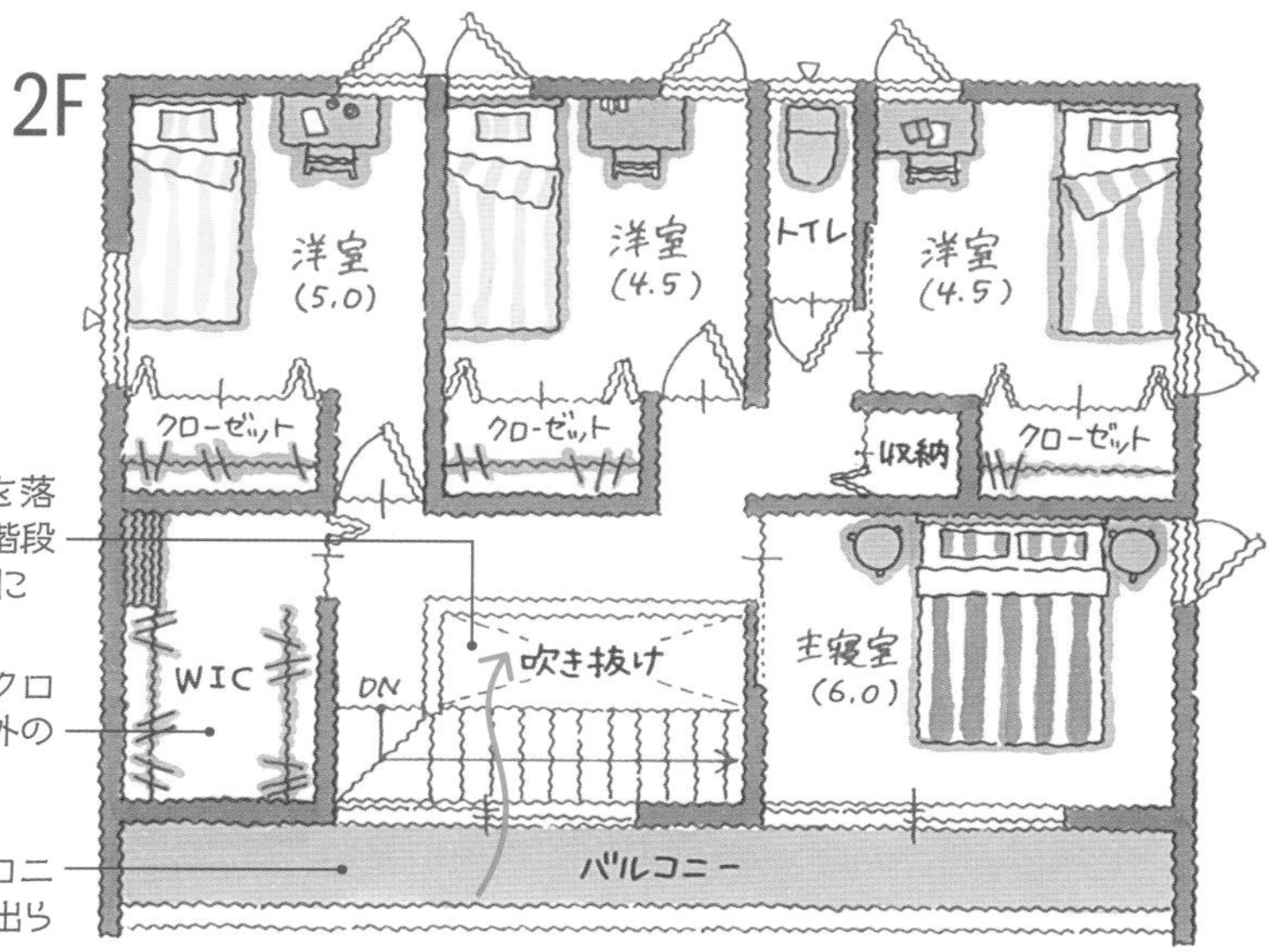
2F
洋室
(5.0)
洋室
(4.5)
トイレ
洋室
(4.5)
クローゼット
クローゼット
収納
クローゼット
WIC
DN
吹き抜け
主寝室
(6.0)
バルコニー

1階土間に光を落とす吹き抜け。階段ホールも開放的に

家族みんなのクローゼット。季節外の服や家電を収納

南一面のバルコニー。主寝室から出られる

シューズクロークから手洗いへ直行できる

部屋着やパジャマ、下着類、長男の制服もここが定位置

男子3人の食事に備えた、半独立型のパントリー

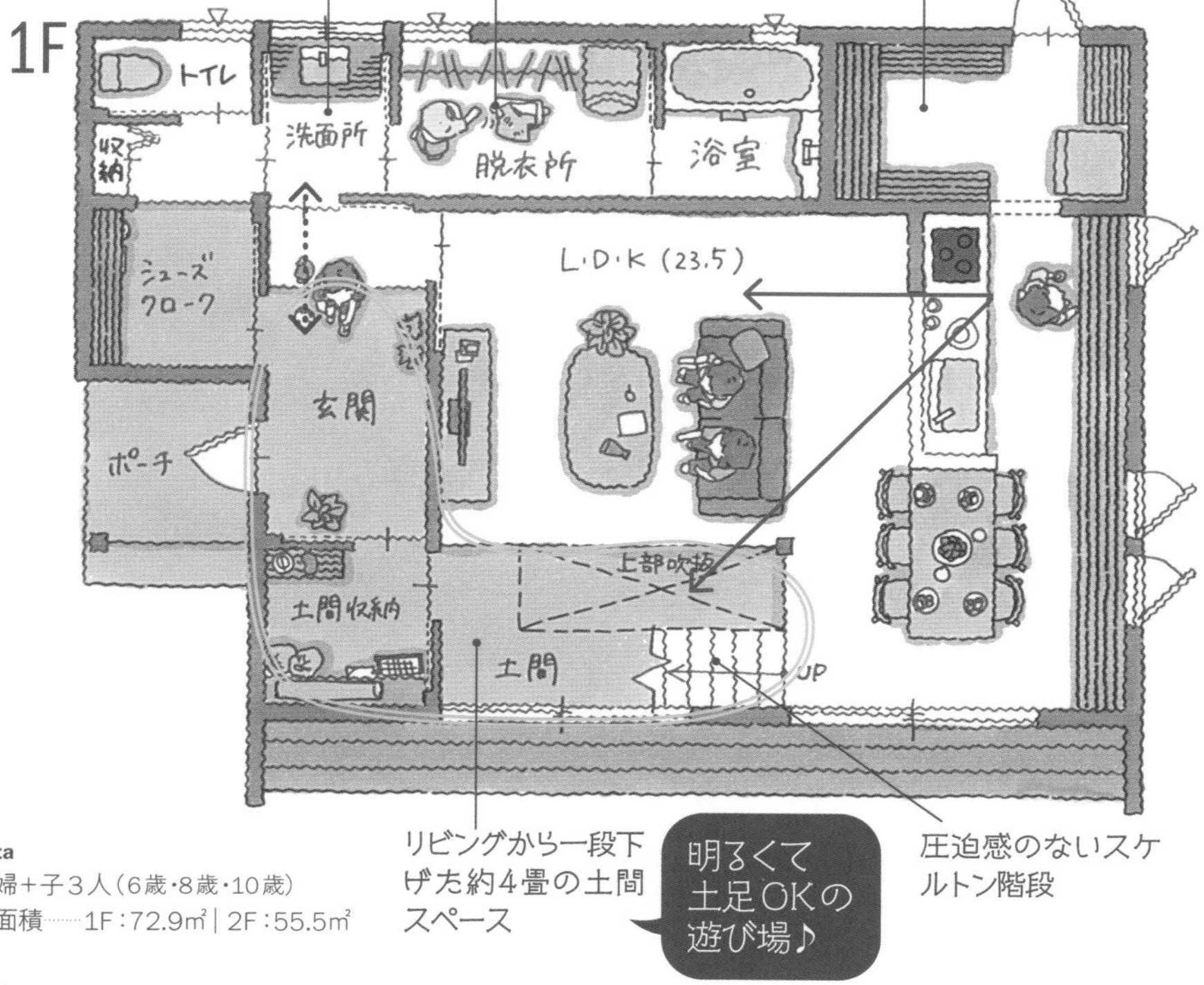
1F
トイレ
収納
洗面所
脱衣所
浴室
シューズクローク
L・D・K (23.5)
玄関
ポーチ
上部吹抜
土間収納
土間
UP

リビングから一段下げた約4畳の土間スペース

明るくて土足OKの遊び場♪

圧迫感のないスケルトン階段

Data
夫婦+子3人（6歳・8歳・10歳）
床面積……1F：72.9㎡｜2F：55.5㎡

居心地のいい

子ども部屋SNAP

ロフトへの階段を本棚に

9畳+ロフト4.5畳の子ども部屋。段々になった本棚は、実はロフトへの階段です。「本もおもちゃも多いので、収納が増えて大満足！」

3つの空間を重ねて

空間を縦に使い、限られたスペースでも収納(下)・寝る場所(中)・遊び場(上)を確保。はしごの上り下りも楽しく、兄弟で使いこなしています。

明日の準備をしてからベッドへ

部屋を分けても同じ壁紙が思い出に

「家づくりをより楽しい思い出に」と子どもと選んだにぎやかな壁紙。将来は6.5畳ずつに仕切る予定です。

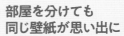

お互い安心のオープンな遊び場

2階の廊下に面した高さ140cmのスペース。将来は収納にするつもりですが、今は子どものいい遊び場で、本棚やおもちゃを広げています。上はロフトになっています。

上はのんびりできる畳敷き

リビングの中の小さな二階建て

「リビング内に収納を」という希望で約3畳の納戸を計画……しているうちに「ロフトのように上も使えるようにしては」と出たアイデアを採用。子どものお気に入り空間に。

遊びに昼寝に、大人も使える

リビング上の屋根裏部屋。隠れ家のようでなんだかワクワク、雨の日も明るいので格好の遊び場。本を読みながらここでウトウトするのは大人にとっても最高です。

見せる収納で広く感じる

「服は店のように、壁にはスケボーを」と高校生男子が自分の希望を叶えました。あとはベッドと勉強机。6畳ですが無駄なくスッキリ、効率的な個室です。

加藤家の家づくりは、「子どもたちの学習環境を整えたい」との思いから。「妹姉で教え・教えられが楽しいようで、前の家でもリビングで仲良くやっていました。ただキッチンから離れていたり日当たりが悪かったり。子ども部屋もふたりで一部屋だったので、そろそろ戸建てがほしいな、と」

　このリクエストに応えたのが、セミオープンな勉強部屋のある二階建てです。勉強部屋は1階LDKの角。南北に机を造作し、一本はLDK向きに、もう一本は窓際につけました。「子どもたちがよく使うのはLD側。私もキッチンから目が届くし、お互い声をかけやすくていいですね」。窓際の机は、今

集中できるし目が届く
セミオープンな勉強部屋

は長女が一人で使うことが多いそう。「交換日記を書いたり本を読んだり。こっちの机にいるときは『あ、集中したいんだな』ってわかるので、できるだけ静かにしています」

　引っ越し後、娘たちとの約束だった犬も飼い始めました。リビングが雑多にならないよう、トイレやえさ、おもちゃなどをまとめた3畳を愛犬の部屋にしています。「はじめはケージを用意していましたが、今はナシで部屋の扉を閉めるだけ。お昼寝のときも自分から部屋へ向かうようになりました」。子どもたちも積極的に世話をしているそう。以前とは違う家、ライフスタイルですが、加藤家にはぴったり合っているようです。

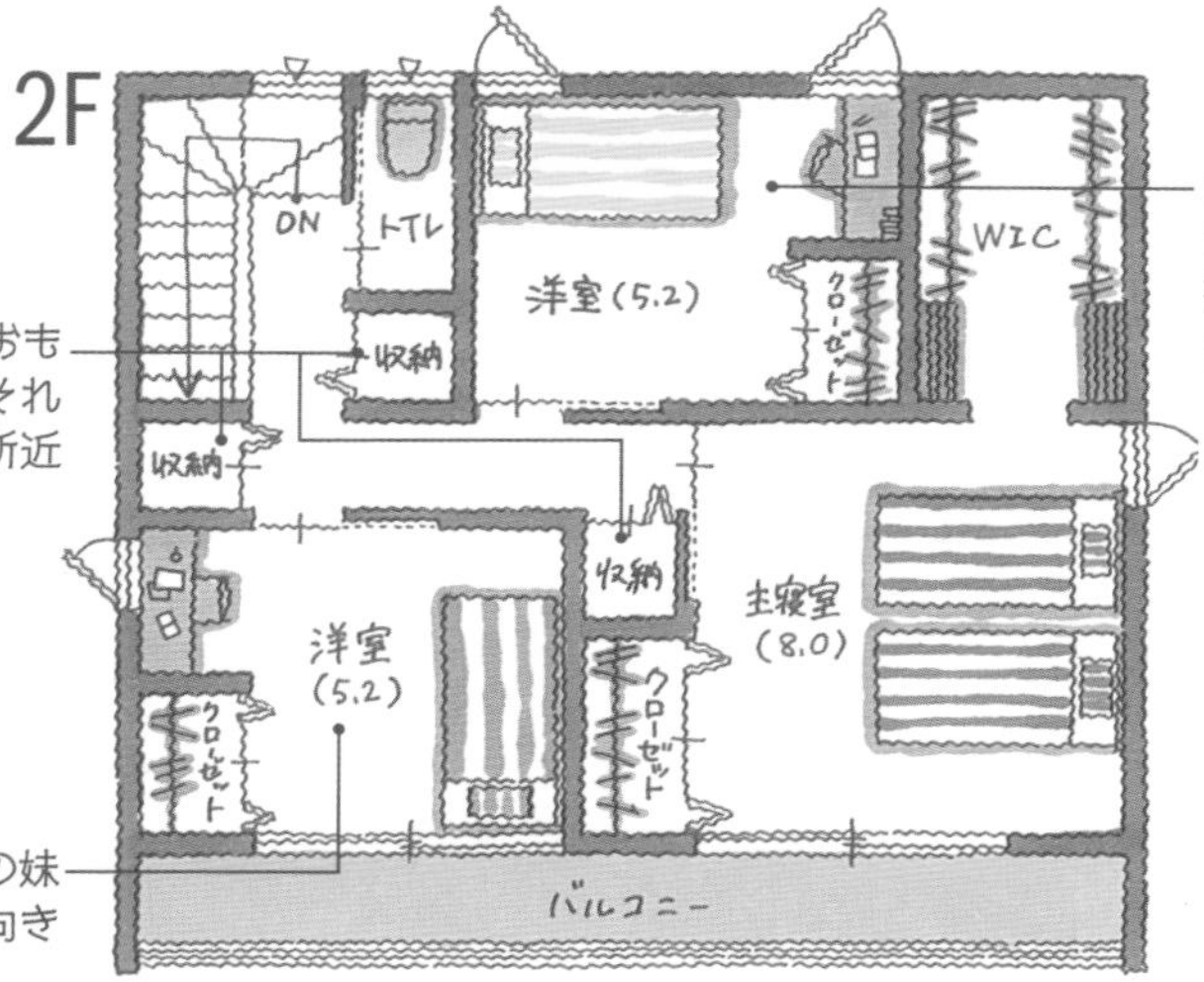
2F
DN
トイレ
洋室(5.2)
クローゼット
WIC
収納
収納
収納
洋室
(5.2)
主寝室
(8.0)
クローゼット
クローゼット
バルコニー

姉の部屋は北向きのこちら。落ち着いた雰囲気

掃除用具やおもちゃなど、それぞれ使う場所近くに収納を

活発な性格の妹の部屋。南向きで明るい

窓に向かって集中できる

犬の足を洗うのに便利な深いシンクを採用

室内干しできる脱衣所。外の物干し場へもすぐ

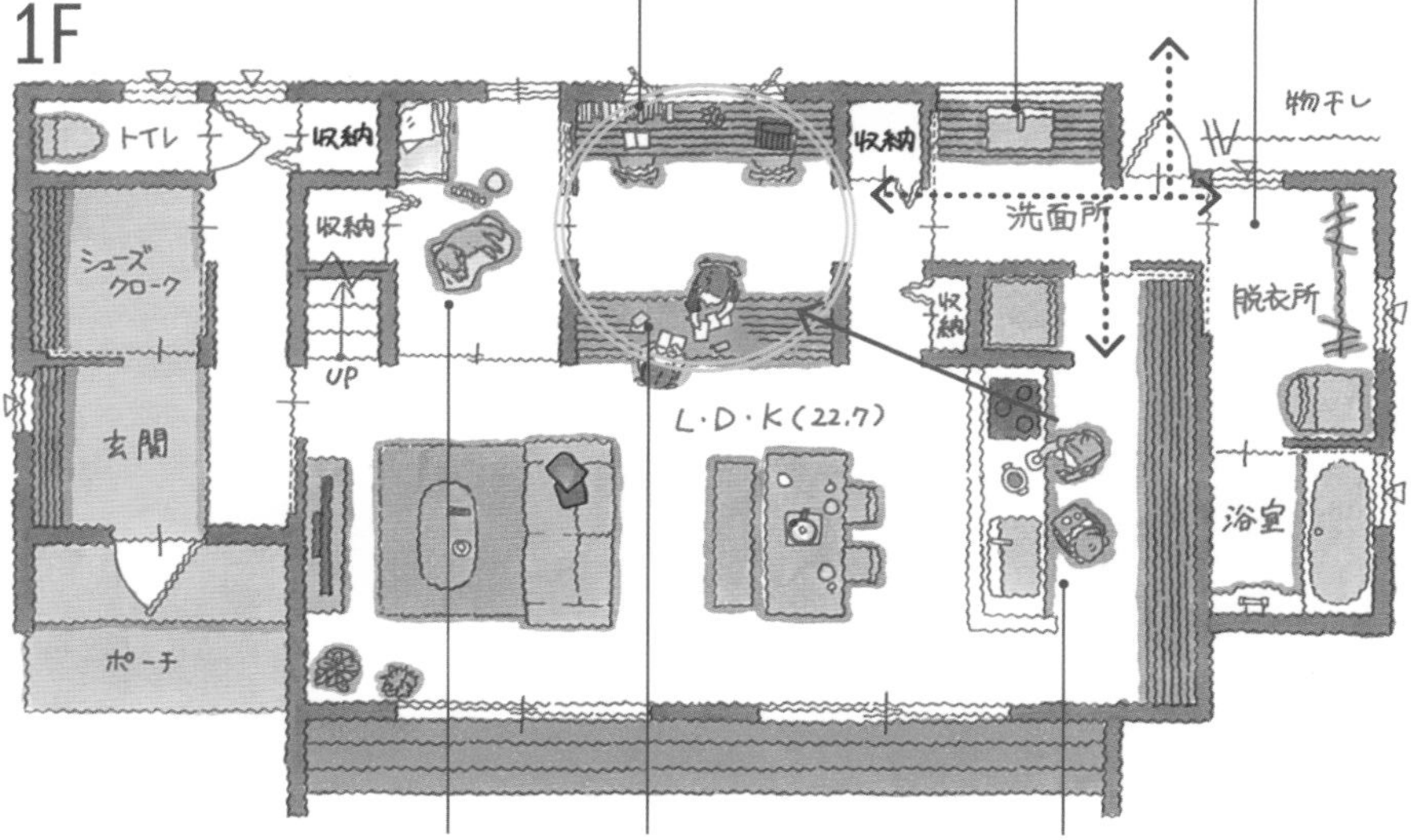
1F
トイレ
収納
収納
収納
シューズクローク
UP
玄関
ポーチ
L・D・K(22.7)
洗面所
収納
脱衣所
浴室
物干し

愛犬の部屋。トイレや食べものもここへ

オープンな雰囲気のデスク。椅子の追加もしやすい

勉強部屋に目が届き、洗濯動線へも近い

姉妹で勉強するときはこっち

Data
夫婦＋子２人（6歳・9歳）
床面積……1F：77.8㎡｜2F：52.2㎡

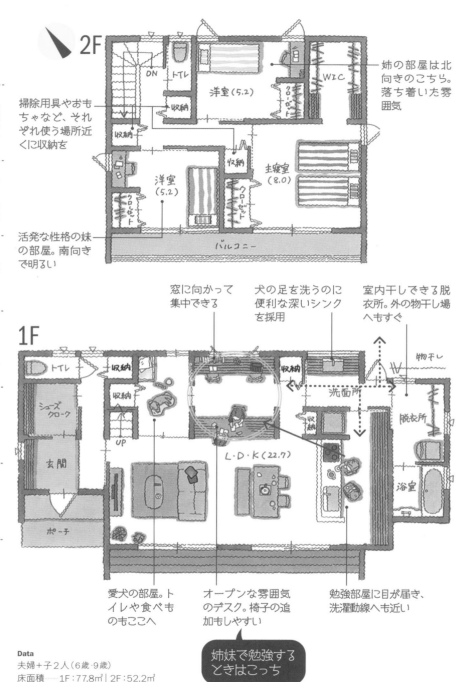

自然と勉強したくなる吹き抜けに面した特等席

どこにいても家族の様子がなんとなくわかる——。そんな家をイメージしていた小柳さん。「子ども部屋は欲しいけれど、そこに閉じこもるようにはしたくなくて」そんな相談からできたのが、2階にフリースペースのあるプラン。1階のLDとキッチンも緩やかに分かれつつ、吹き抜けで大きくつながります。「フリースペースは明るく開放的ですが、机に向かえば集中できるよう腰壁は高め。生活音がほどよく届くのが逆に集中できるらしく、宿題も読書も、自然とここでするようになりました」

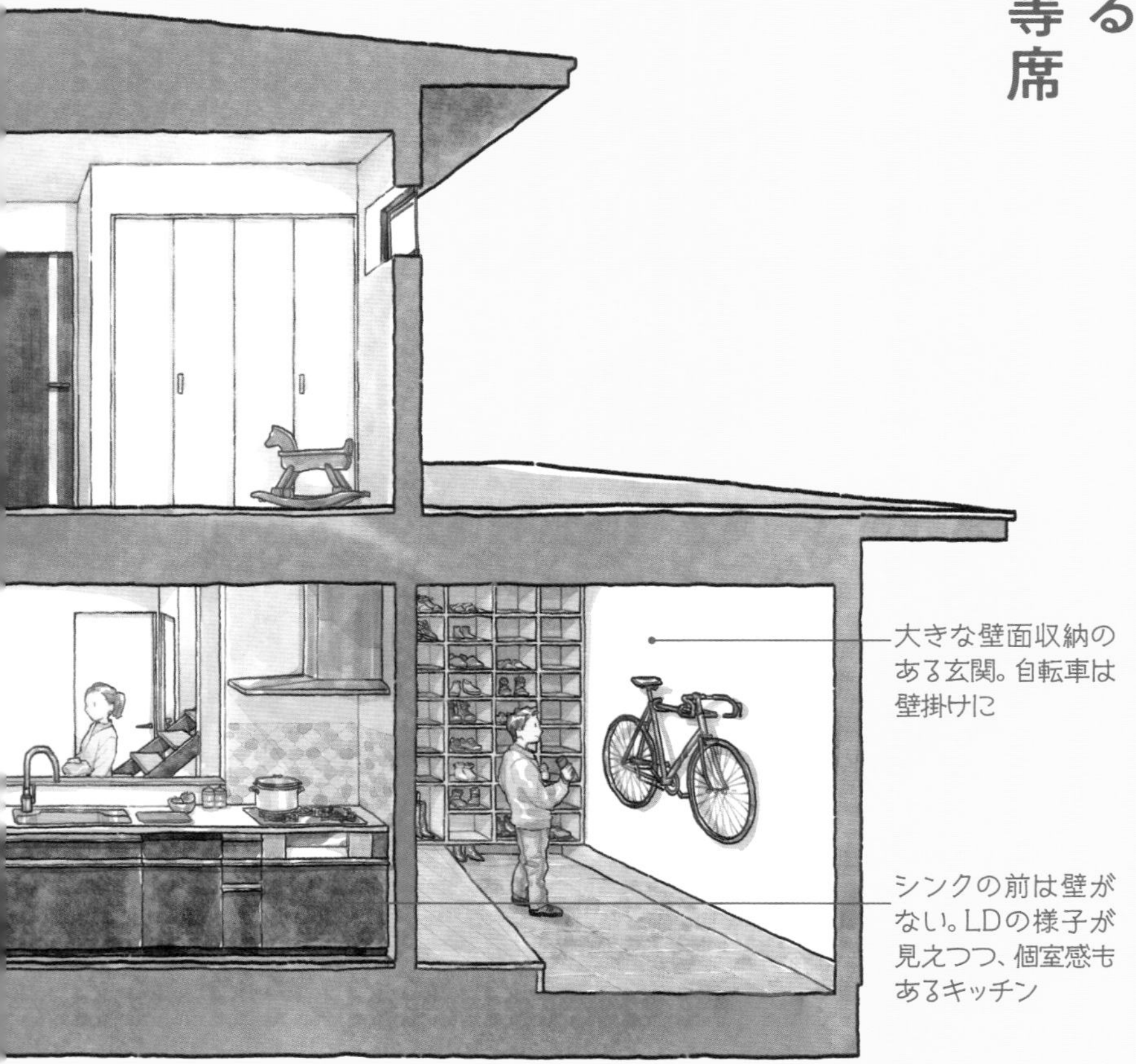
大きな壁面収納のある玄関。自転車は壁掛けに
シンクの前は壁がない。LDの様子が見えつつ、個室感もあるキッチン

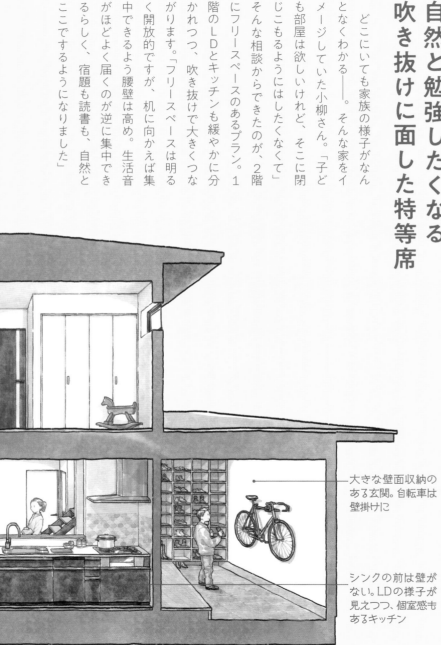

リビングの細々した物を入れる収納付きベンチ

ソファを三方から囲み、こもった雰囲気に

1F

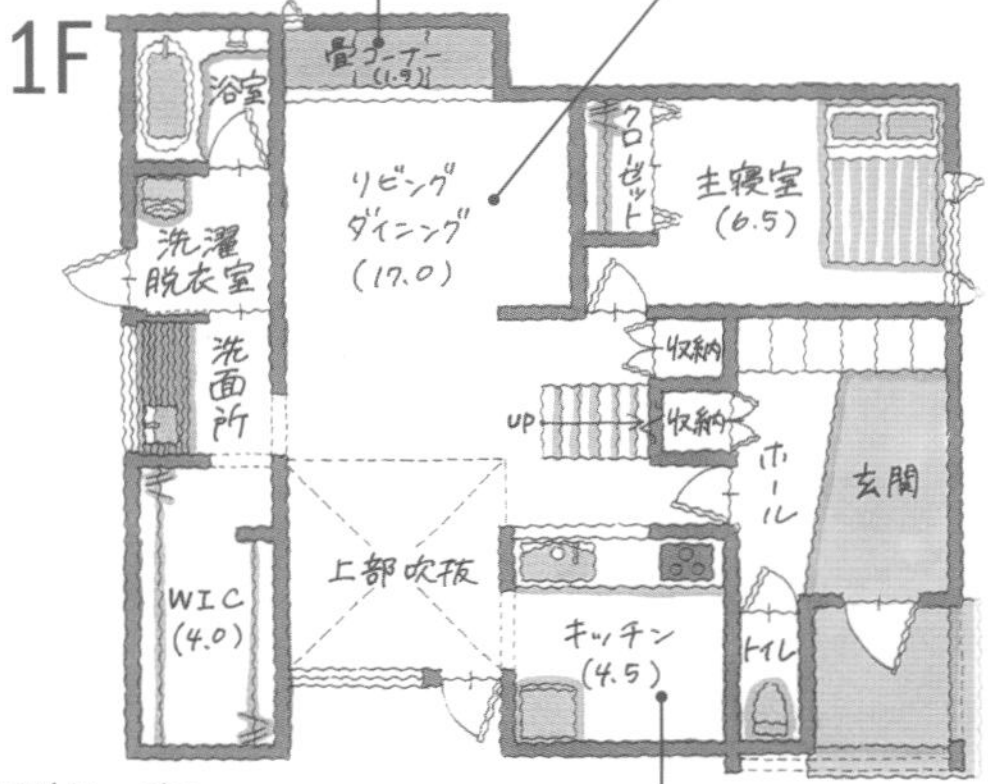
畳コーナー
(1.9)
浴室
洗濯
脱衣室
洗面所
WIC
(4.0)
リビング
ダイニング
(17.0)
上部吹抜
クロゼット
主寝室
(6.5)
収納
収納
UP
ホール
玄関
キッチン
(4.5)
トイレ

独立型キッチン。多少散らかってもLDからは見えない

図書館のような雰囲気

勉強や読書はフリースペースで

子ども部屋は最低限の広さ

2F

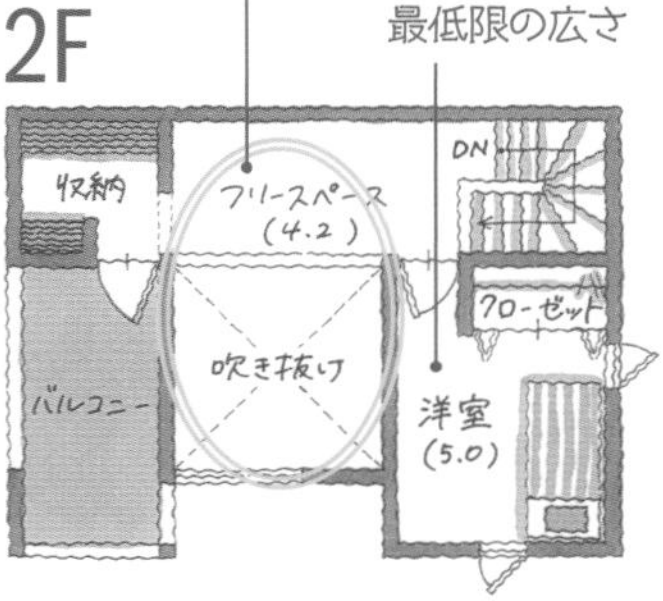
収納
フリースペース
(4.2)
DN
クローゼット
バルコニー
吹き抜け
洋室
(5.0)

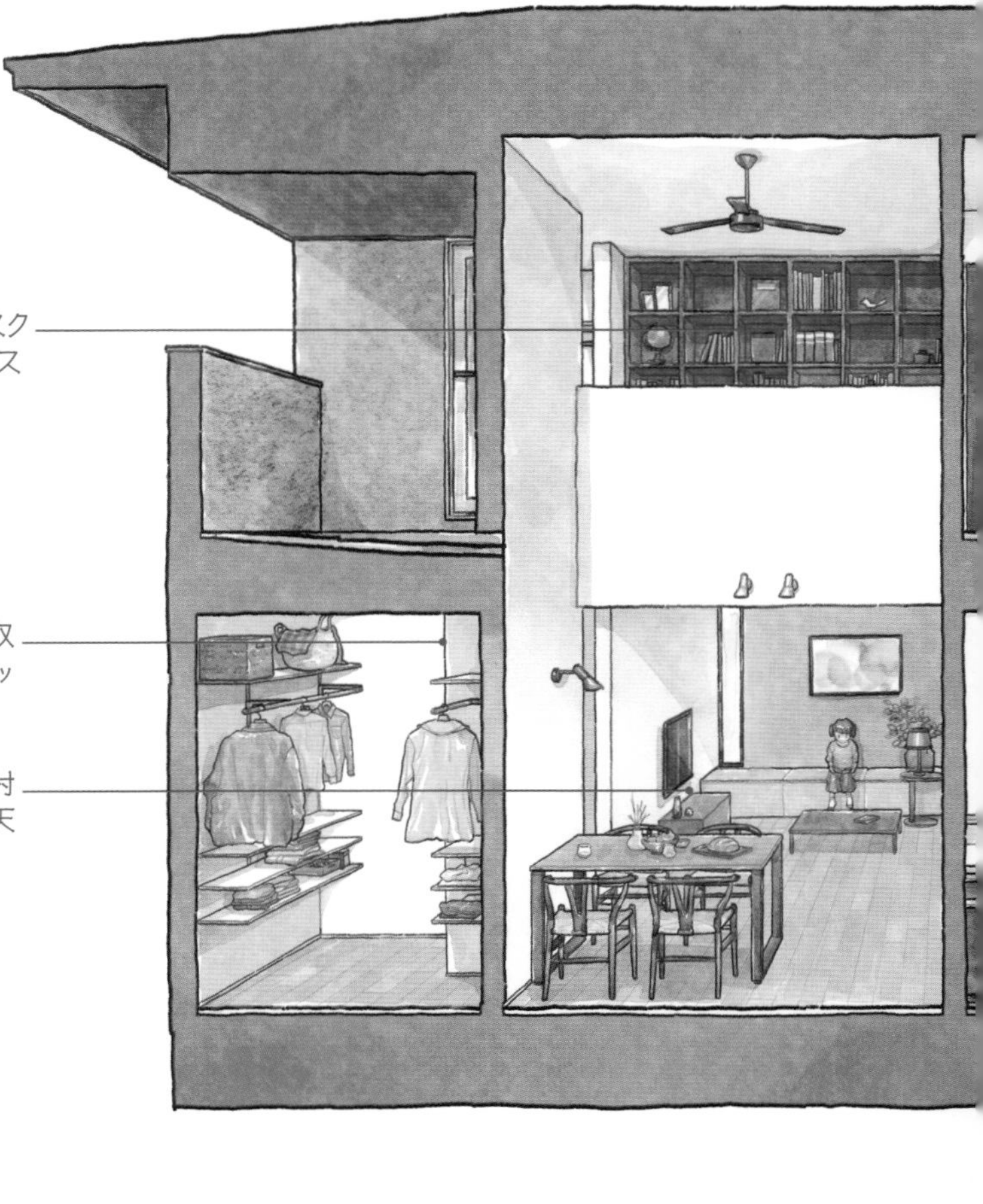

家族共用の本棚とデスクを置いたフリースペース

勉強、仕事、裁縫…etc.使い方は自由

家族全員の普段着を収める大容量クローゼット。服の迷子がない

庭からたっぷりの陽射しが届くダイニング。天井が高く気持ちいい

Data
夫婦＋子１人（10歳）
床面積……
1F：80.3㎡｜2F：23.2㎡

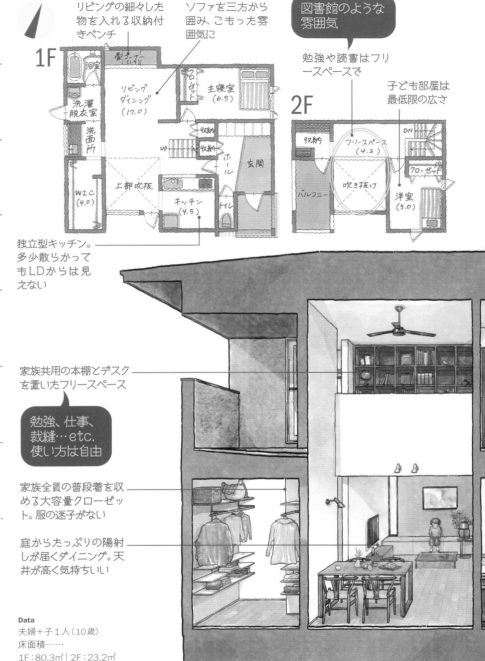

長女が中学生になるまでに家を建てようと考えていた近藤さん。「私たちは夫婦共に兄弟が多く、小さい頃は個室がありませんでした。だから〝自分の部屋〟に憧れがあったけど、兄弟同室の楽しさも知っていて……」と、子ども部屋の間取りに悩んでいたそうです。そんなとき、注文住宅で家を建てた友人宅を訪れて感動！「ふたつの子ども部屋は横並びで入口は別々。でもハシゴを上るとロフトはひとつにつながっていて、『これ、わが家でもやりたい！』と設計士さんを紹介してもらいました」

このプランを採用すべく、2階に個室を集約。東に主寝室、西に子ども部屋を振り分けました。子

部屋は別でもロフトでつながる
メリハリのある姉弟部屋

ども部屋はそれぞれ引き戸の入口で、手前に勉強スペース、奥に収納。上はロフトのベッドスペースで、二部屋がつながっています。「勉強するときと、兄妹や友人と遊ぶとき、上下で分けて使っている様子。1階の家事動線もばっちりで、狭い家ながら大満足のマイホームになりました」

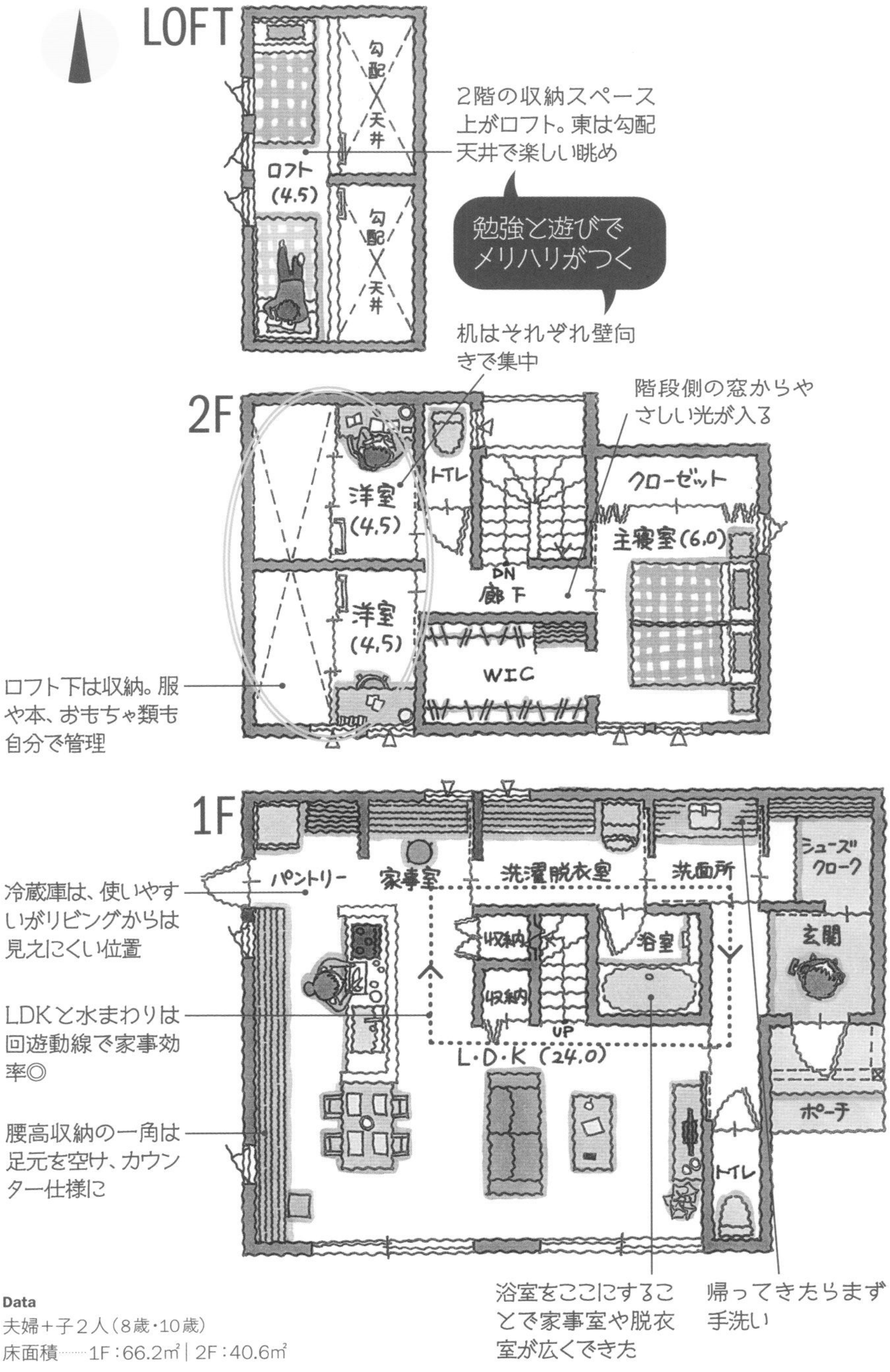
LOFT
勾配天井
ロフト(4.5)
勾配天井
2階の収納スペース上がロフト。東は勾配天井で楽しい眺め
勉強と遊びでメリハリがつく
机はそれぞれ壁向きで集中
2F
階段側の窓からやさしい光が入る
洋室(4.5)
トイレ
クローゼット
主寝室(6.0)
DN
廊下
洋室(4.5)
WIC
ロフト下は収納。服や本、おもちゃ類も自分で管理
1F
パントリー
家事室
洗濯脱衣室
洗面所
シューズクローク
冷蔵庫は、使いやすいがリビングからは見えにくい位置
収納
浴室
玄関
収納
UP
LDKと水まわりは回遊動線で家事効率◎
L・D・K(24.0)
ポーチ
腰高収納の一角は足元を空け、カウンター仕様に
トイレ
浴室をここにすることで家事室や脱衣室が広くできた
帰ってきたらまず手洗い

Data

夫婦＋子2人（8歳・10歳）

床面積……1F：66.2㎡｜2F：40.6㎡

上岡さんは高校生の息子たちと暮らす3人家族。「常に子どもに目を配らなきゃ、という時期は過ぎました。これからは、家が、それぞれにとって〝好きな時間に好きなことができる場所〟になったらいいなって」と振り返ります。

ちょっと珍しいのは、ダイニング脇に寝室があること。「食卓の隣にベッド!?　と思われるかもしれませんが、将来は平屋的に暮らすつもりなのでこれが最適解。玄関↓ウォークインクローゼットの帰宅動線ともつなげているので、とても便利です」。子ども部屋は2階に独立させプライバシーを尊重。ルームシェアのような軽やかな暮らしを楽しんでいます。

吹き抜けが気持ちいいLDK 1階に寝室で平屋的に住む

吹き抜けに階段、大きな窓で、カフェのようなLDです

① 2階と1階の窓から自然光が気持ちよく差し込む

② 階段は黒く塗装したアイアンの手摺りとウォルナットの踏板で、インダストリアルな雰囲気

③ タイルと魅せる棚でカフェ風のキッチン

④ 階段下はハイチェアを置いたカウンタースペース

⑤ 母の寝室は埋め込み式ロールスクリーンで仕切れるように

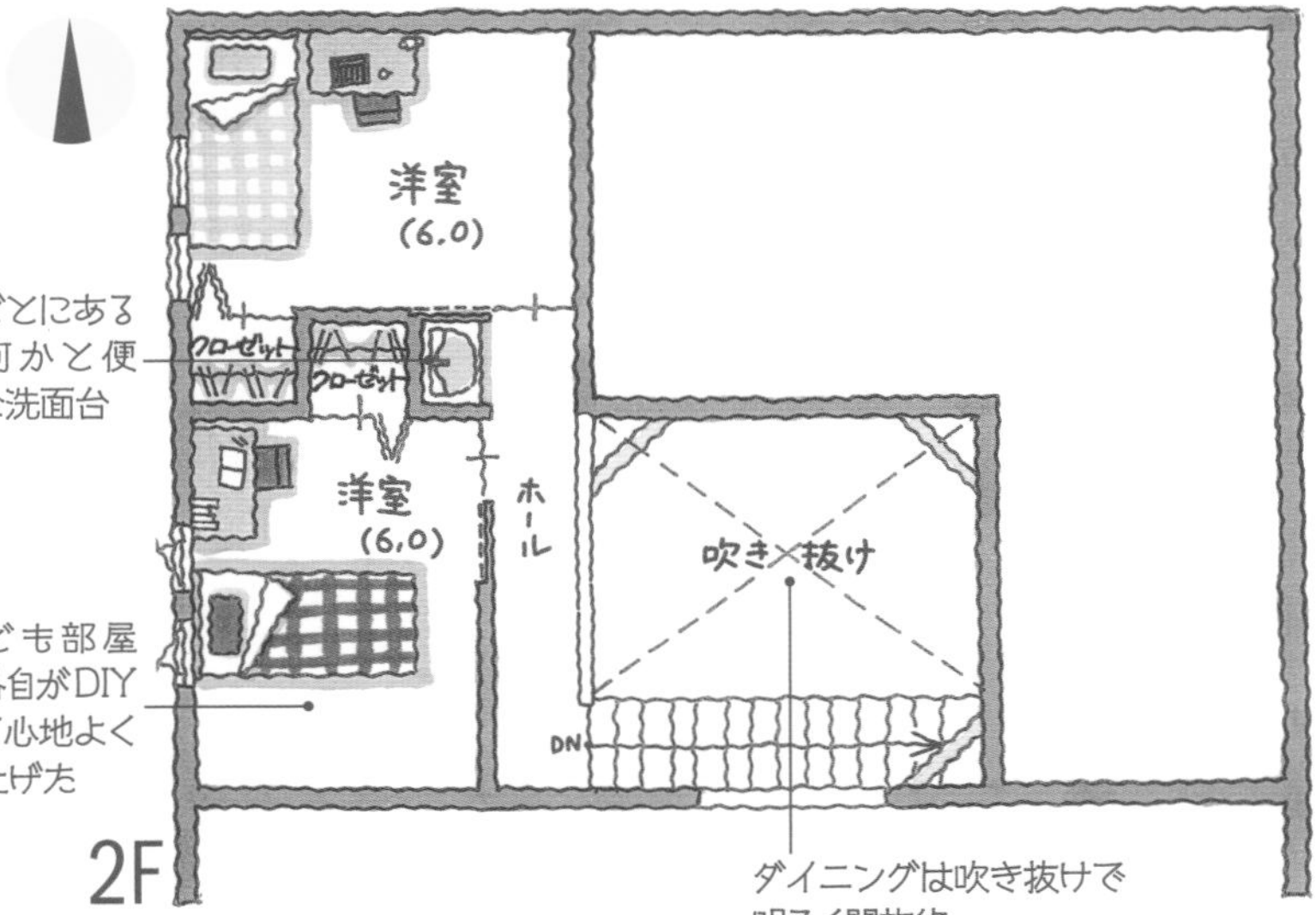
洋室
(6.0)
クローゼット
クローゼット
洋室
(6.0)
ホール
吹き抜け
DN

2F

階ごとにあると何かと便利な洗面台

子ども部屋は各自がDIYして心地よく仕上げた

ダイニングは吹き抜けで明るく開放的

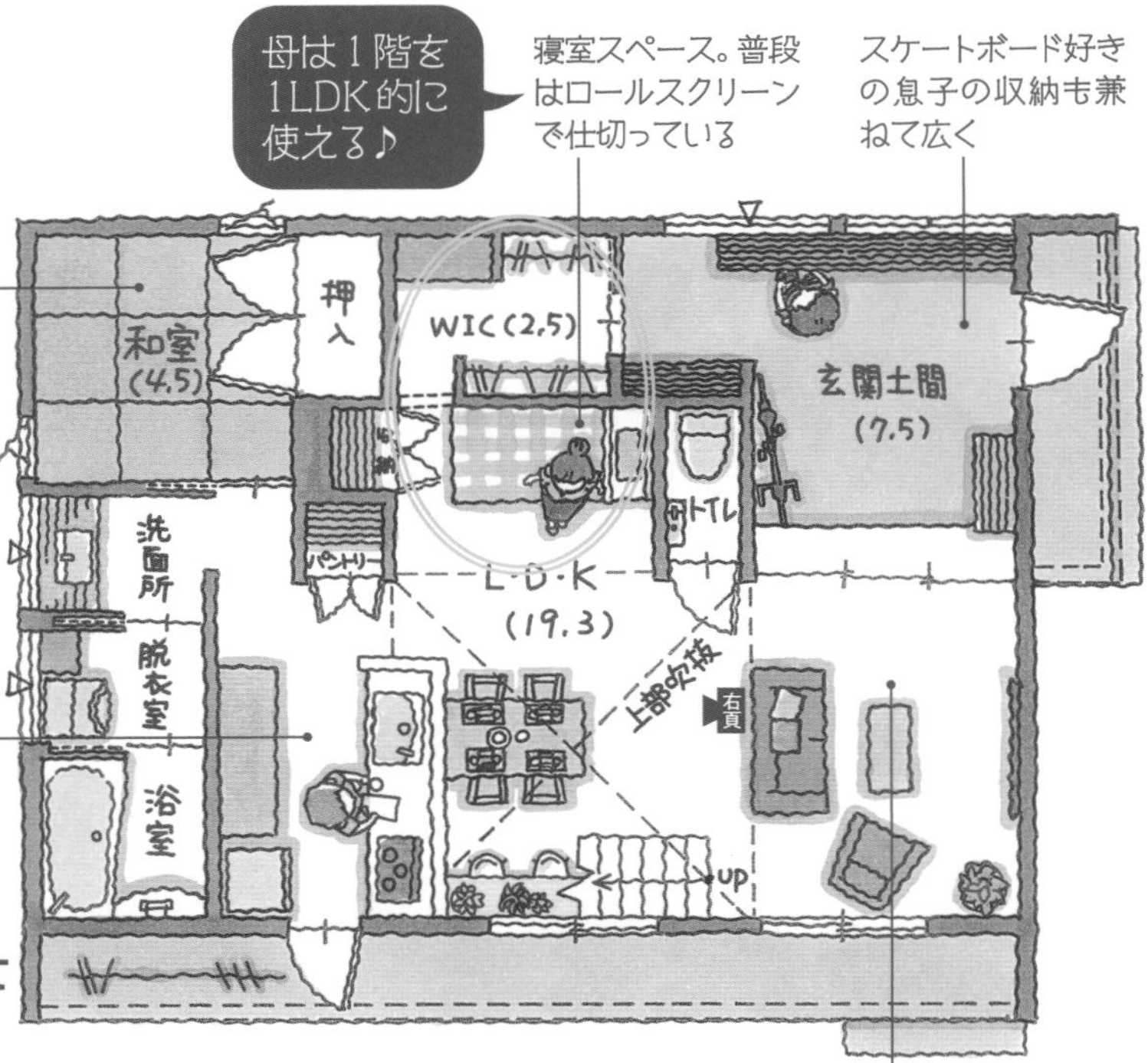
母は1階を1LDK的に使える♪
押入
和室
(4.5)
WIC(2.5)
玄関土間
(7.5)
パントリー
洗面所
脱衣室
浴室
L・D・K
(19.3)
上部吹抜
UP

1F

寝室スペース。普段はロールスクリーンで仕切っている

スケートボード好きの息子の収納も兼ねて広く

水まわり近くの和室。来客も気がねなく宿泊できる

調理器具をディスプレイした、使い勝手のよいキッチン

リビングは天井を低めにおさえ、落ち着きを演出

Data

母＋子２人（16歳・18歳）

床面積……1F：72.9㎡｜2F：26.5㎡

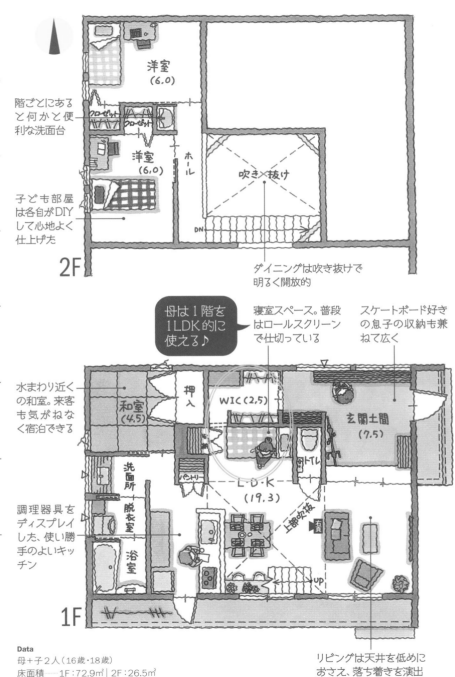

ふたりの息子と両親の5人で暮らす清水さん。看護師として多忙な日々を送るシングルマザーです。家づくりのきっかけは、両親の将来を見据えた二世帯住宅の話からでした。「とは言えふたりともまだ元気。自分のことは自分でできるし、むしろ私のほうが助けてもらうことが多そうだなって、間取りの相談をしながら思いました（笑）」

毎日の家事について、「やっていいなら」と実母も前向き。そこで共用キッチンの調理台は実母の身長に合わせてやや低めの設計に。普段の食器はすべて背面棚に収め、作業しやすく整えました。「おばあちゃんが料理していると息子たちもよく手伝うんですよ。通路幅

朝夕はおばあちゃんのごはん
看護師ママを支えるDK

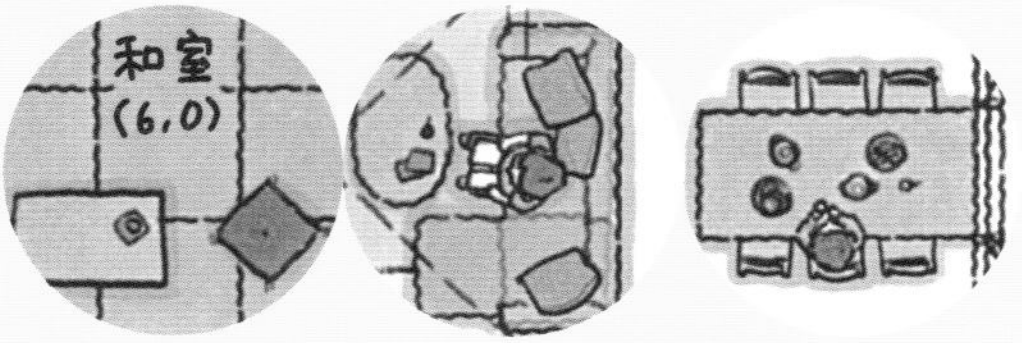

もゆったりめにしておいてよかったです」。家族全員そろうときは、新しく購入した大きなテーブルでごはんを囲みます。

一方、配慮したのは洗濯関係の間取りです。「私の帰宅時間が不定期なので、洗濯が夜中や午後になることも。洗いたいタイミングや音の問題が気になりました」。そこで子世帯のランドリースペースは、親世帯から離れた位置に。物干しポールと、カゴを置いたりアイロンをかけたりできるカウンターもつけ、取り込んで、たたんで、各自部屋まで運ぶシステムに決めました。「もう自分のことは自分でできる年齢。それがしやすい家になり助かっています」

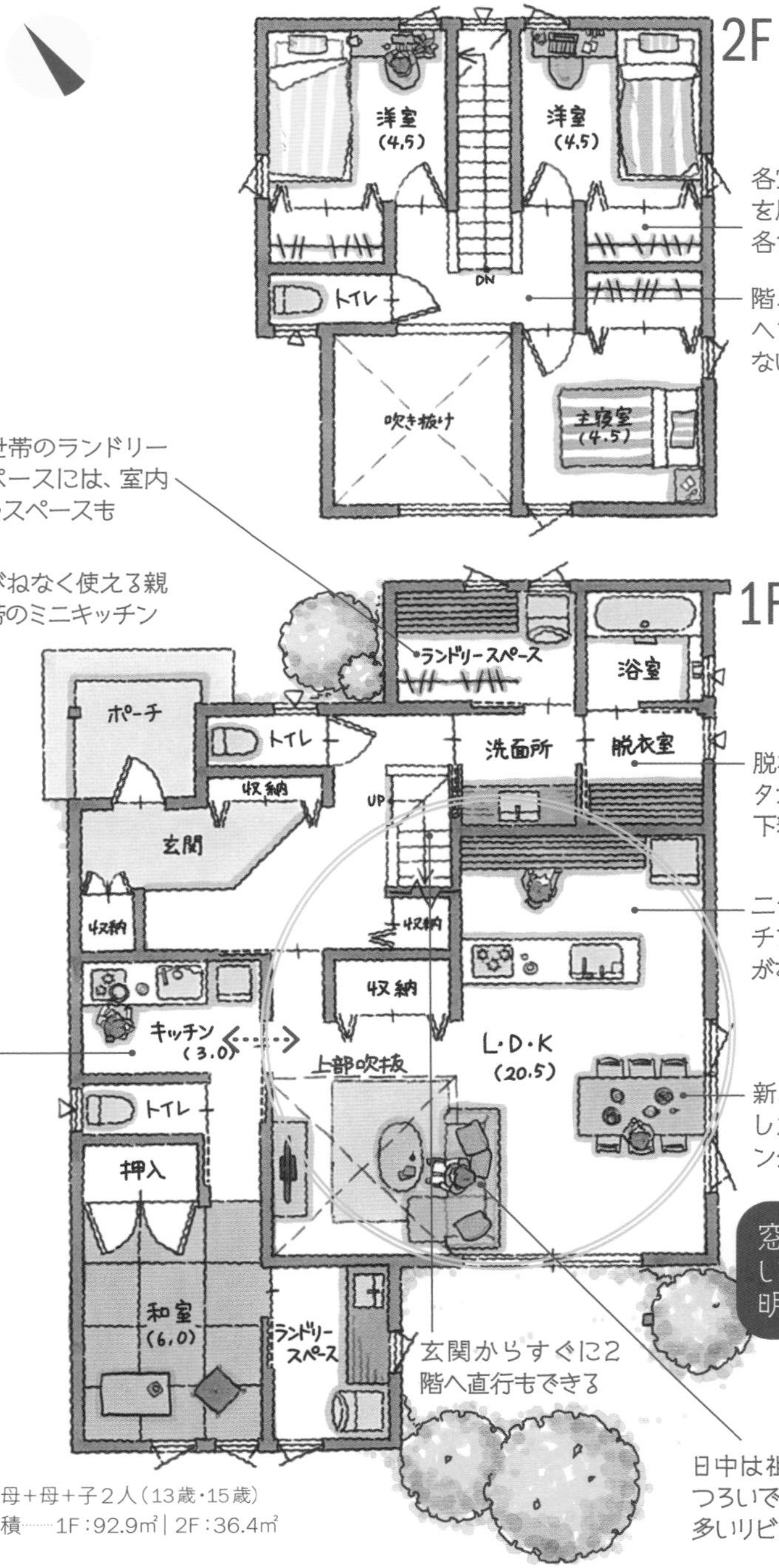
2F
洋室
(4.5)
洋室
(4.5)
DN
トイレ
吹き抜け
主寝室
(4.5)
1F
ランドリースペース
浴室
ポーチ
トイレ
洗面所
脱衣室
収納
UP
玄関
収納
収納
収納
キッチン
(3.0)
L・D・K
(20.5)
上部吹抜
トイレ
押入
和室
(6.0)
ランドリースペース

各室にクローゼットを用意。しまい方も各自にお任せ

階段からすぐ各室へつながる無駄のないプラン

子世帯のランドリースペースには、室内干しスペースも

気がねなく使える親世帯のミニキッチン

脱衣室の収納には、タオルやパジャマ、下着類を収納

二世帯共有のキッチン。空間にゆとりがあり作業しやすい

新居のために購入した大きなダイニングテーブル

窓際に置き
いつも
明るい食卓に

玄関からすぐに2階へ直行もできる

日中は祖父母がくつろいでいることが多いリビング

Data
祖父母+母+子2人（13歳・15歳）
床面積……1F：92.9㎡｜2F：36.4㎡

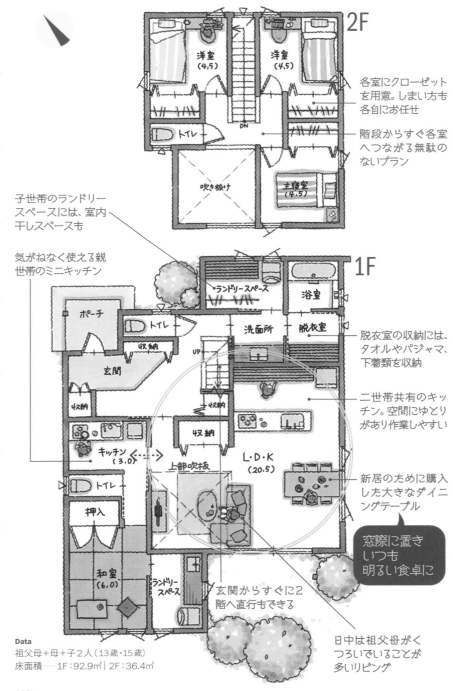

両親の家の隣地を買い取り、土地をつなげて大きな二世帯住宅を建てた北村さん一家。門を入ると、中央の外廊下を挟んで東に親世帯、西に子世帯が並びます。

「親戚が多く、お盆には15人ほど集まるので、大勢に対応できる部屋が必須でした」。そこで親世帯に二間続きの和室を計画。襖を開けるとひとつの大空間となり、親戚も気がねなく過ごせます。

「せっかくの新居、何か新しいことをしたい」と、この部屋で始めたのが、住み開きです。「家を地域に開放し、地域に貢献する活動です。わが家は学童のような場として提供。平日は小学生が自由に出入りし、生活に活気をくれています」

地域の子どもが集まる「住み開き」をする二世帯住宅

広さを持て余さない！ 家のこれからの活用例

① 玄関から直接アクセスできる。中庭や廊下が緩衝地帯になり、寝室やLDKのプライバシーを確保

② 中庭に面した位置には地窓。少しでも緑が見えると解放感がある

③ ふたつの押入には、季節家電や、親戚が泊まる際の布団などを収納

④ 人数が少ないときやふたつのグループに分かれて活動したいときは、襖を閉めて二部屋に

⑤ LDKに面した襖を開ければさらに大空間。親戚一同で食事をするときなどは開け放つ

外廊下にも屋根が
かかっているので
雨でも平気

門を入ると外廊下。左右の二世帯が、一つの屋根でつながる

中庭に面した窓から光と風が入り、目覚めが気持ちいい

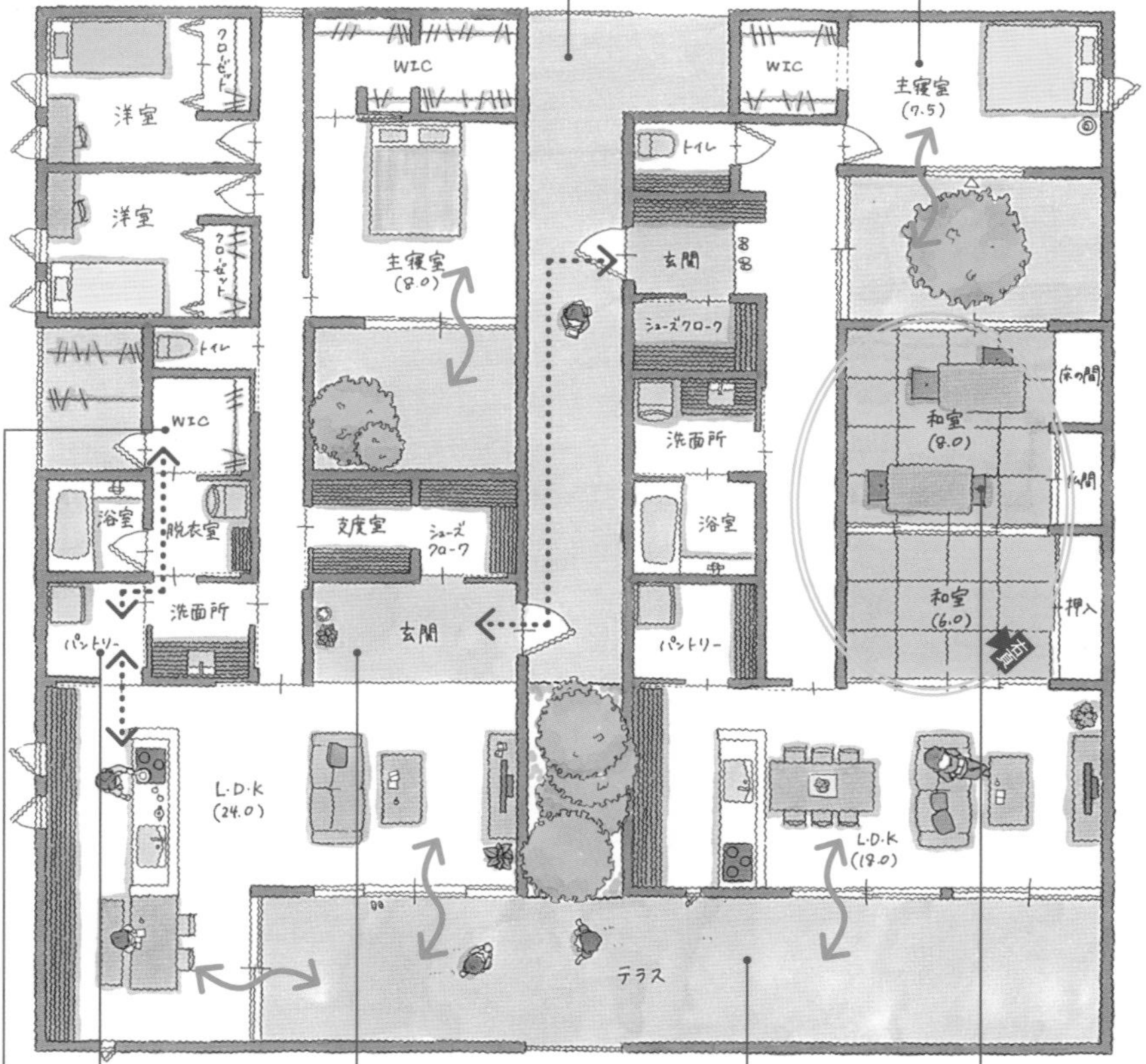

キッチンからパントリー、水まわりへつながる家事ラク動線

子世帯の玄関はリビング脇。廊下を通らず、ダイレクトに「ただいま!」

住み開きに使う二間続きの和室。親戚の集まりにも重宝

家族全員の部屋着、下着、パジャマなどを収納。外干しから取り込むのもラク

2世帯の交流の場のテラス。DKの通風・採光を確保する役割も

Data
祖父母+夫婦+子2人(1歳・4歳)
床面積……1F:215.3㎡

趣味室、寝室、通路幅
介護を見据えて建て替えを

夫の母親との同居を機に、二世帯住宅を決めた谷口さん。いわゆる〝ファミリー向け建売住宅〟だった実家を、大人３人、介護も視野に入れた家に建て替えました。

「とは言え今はまだまだ元気。妻と一緒に編みもの教室に通っていて、うちにもそんな場所ができたらね、なんて話していました」

完成したのは、生活機能がほぼ1階で完結する住宅。車椅子を使うようになっても暮らしやすいよう配慮しました。「母の部屋へは、玄関からだけでなく、道路側の窓からも出入りできるようにしました。デイケアなどに通うようになると、とても便利だと聞いて」。部屋は6畳とコンパクトですが、広いクローゼットを別途設けたおかげでスッキリしています。隣には念願の編みもの部屋。「東は川と田んぼでいい景色。妻と母とで大量の毛糸を買ってきては、ここにこもって編んでますよ」

家事に関わる場所は、妻の意見を反映しています。「キッチンの収納は広くなくてOK。代わりに、洗濯をラクにしたくって」と、以前は狭くて暗かった洗面脱衣室の悩みを相談しました。設計士から提案されたのは、ガス乾燥機と大きなウォークインクローゼット。「外干しをやめ、服も寝室まで運ばなくてよくなったら、体の負担がぐんと減って。衣替えも不要になり、快適です」

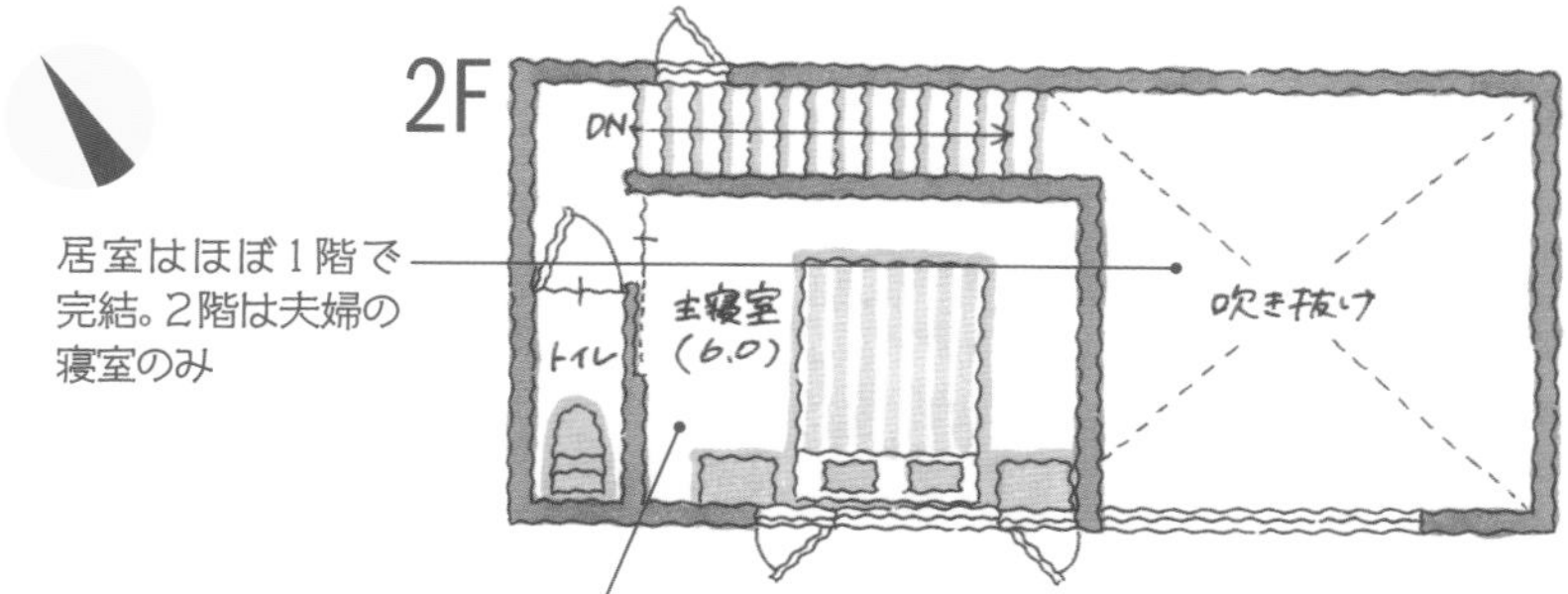
2F
DN
トイレ
主寝室
(6.0)
吹き抜け
居室はほぼ1階で完結。2階は夫婦の寝室のみ
夫婦の寝室は2階でプライバシー確保

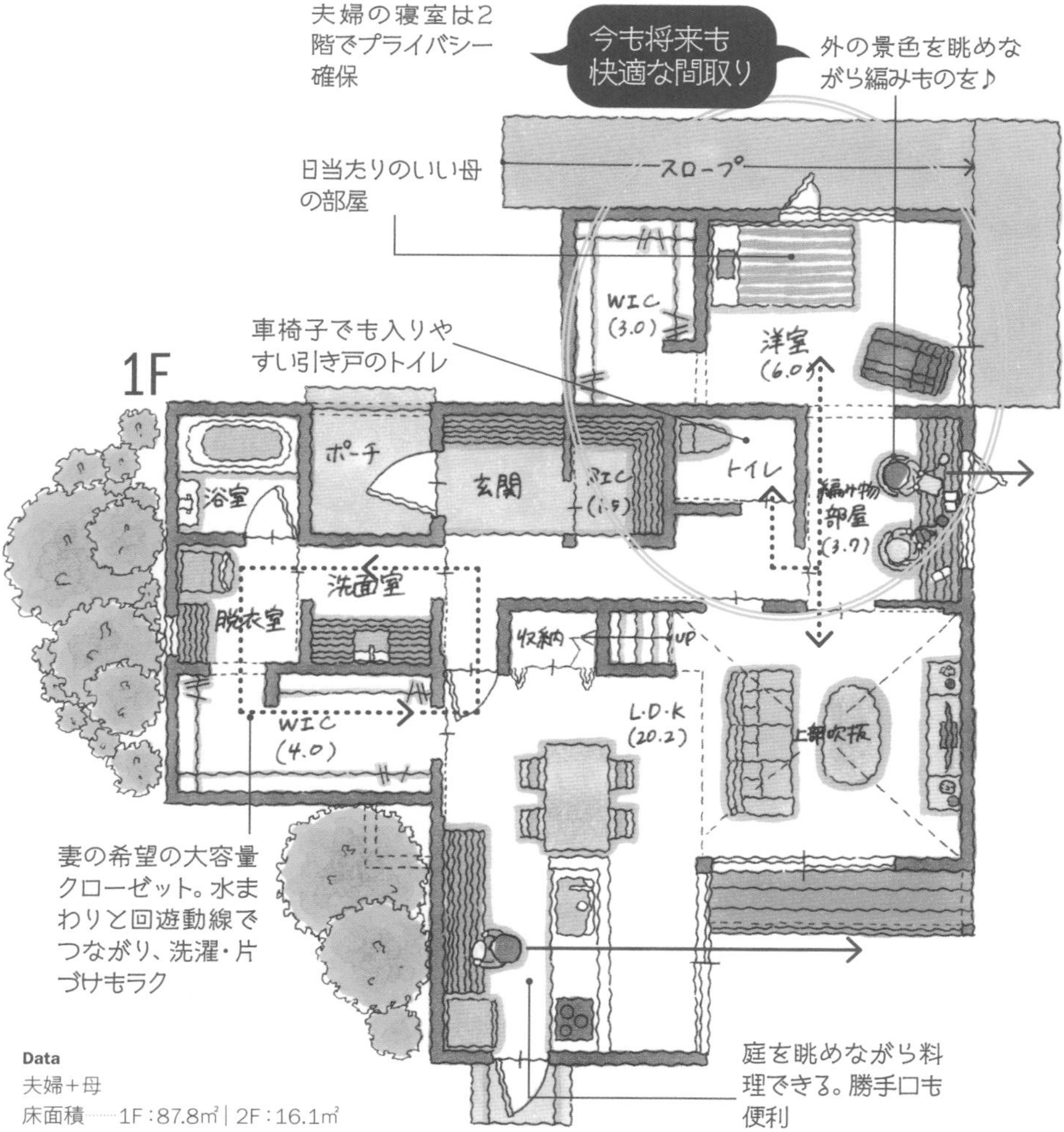
今も将来も快適な間取り
外の景色を眺めながら編みものを♪
日当たりのいい母の部屋
スロープ
WIC
(3.0)
洋室
(6.0)
車椅子でも入りやすい引き戸のトイレ
1F
ポーチ
浴室
玄関
SIC
(1.5)
トイレ
編み物部屋
(3.7)
洗面室
脱衣室
収納
UP
WIC
(4.0)
L・D・K
(20.2)
上部吹抜
妻の希望の大容量クローゼット。水まわりと回遊動線でつながり、洗濯・片づけもラク
庭を眺めながら料理できる。勝手口も便利

Data
夫婦＋母
床面積……1F：87.8㎡｜2F：16.1㎡

車椅子でもできる限り自立したい バリアフリーで安心の二世帯

恩田さんファミリーが建てたのは両親との二世帯住宅。夫の母は足が不自由で車椅子を使っています。「前の家では廊下や部屋の出入りに不便がありました。私たちが一緒に住むことも含め、間取り大改造の建て替えをすることになりました」

親世帯が暮らす1階は、車椅子の動きに合わせた工夫がいっぱいです。元々家事は好きなほうというお母さん。「できることはできるだけ自分でしたい」という希望が強く、キッチンはスペースを大きくとったL字型にしました。車椅子のままでも動きやすく、食器棚や冷蔵庫も車椅子の高さに合わ

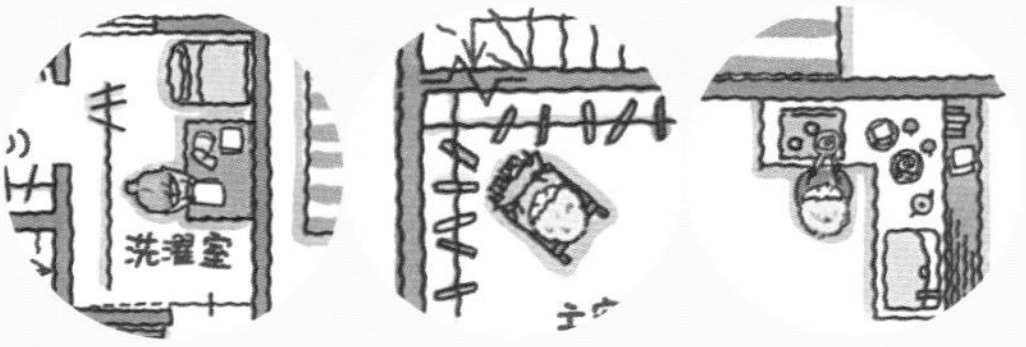

せて造作したことで、以前より料理がぐんとしやすくなったと言います。

また、廊下やトイレ、浴室、寝室への出入り口はすべて引き戸に。部屋から部屋へ無理なく移動できるようになりました。「以前は小さな段差があったり開き戸で開閉が大変だったりしましたが、この家ではそれが解消でき、生活がとてもスムーズになりました」

2階は子世帯の住まい。玄関は1階と別ですが、扉1枚でつながっています。「自立した生活ができることが両親の元気の源。でも、何かあった時はすぐに駆けつけられるので、私たちも安心です」

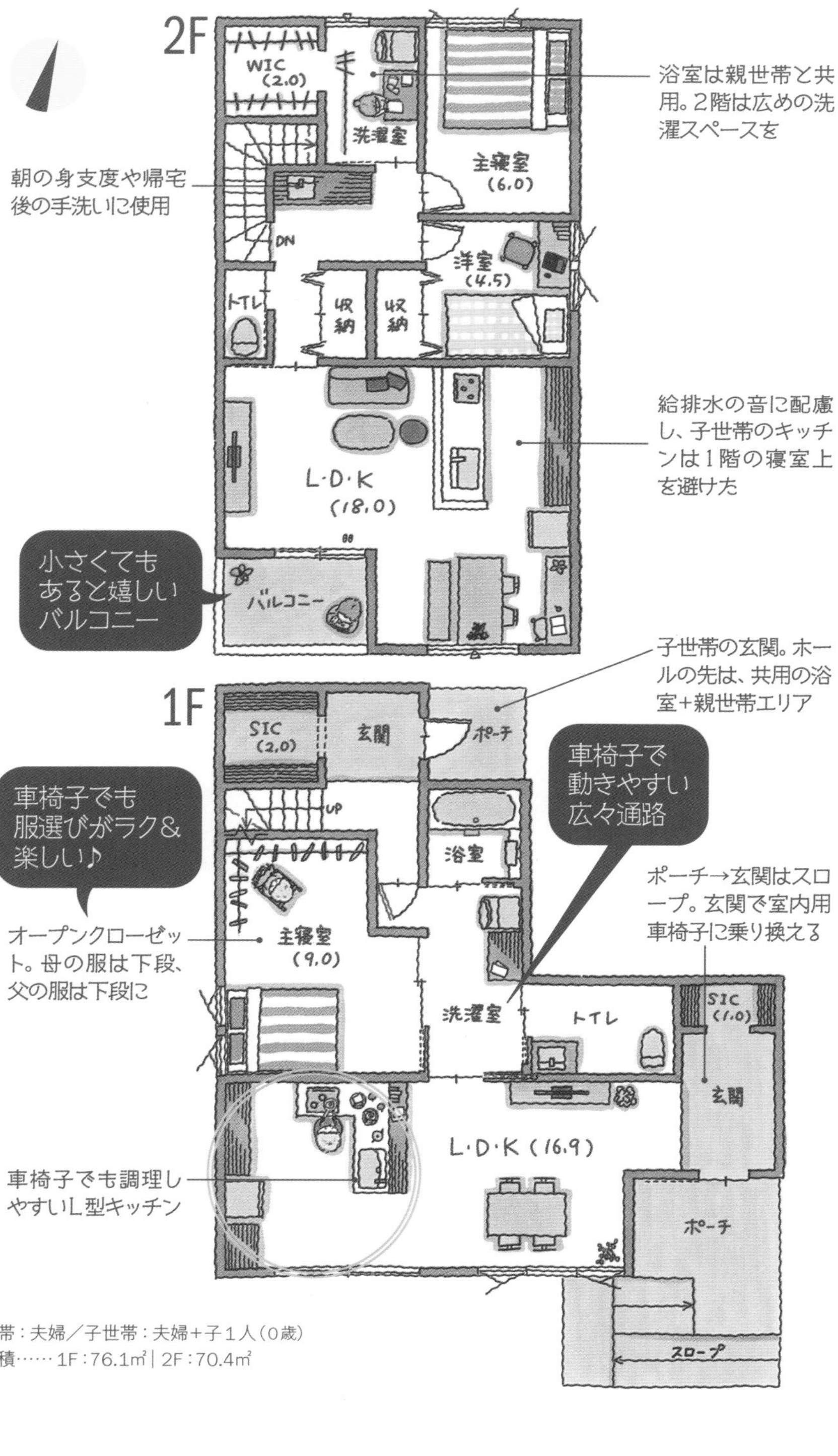
2F
WIC (2.0)
洗濯室
主寝室 (6.0)
DN
洋室 (4.5)
トイレ
収納
収納
L·D·K (18.0)
バルコニー
浴室は親世帯と共用。2階は広めの洗濯スペースを
朝の身支度や帰宅後の手洗いに使用
給排水の音に配慮し、子世帯のキッチンは1階の寝室上を避けた
小さくてもあると嬉しいバルコニー
1F
SIC (2.0)
玄関
ポーチ
UP
浴室
主寝室 (9.0)
洗濯室
トイレ
SIC (1.0)
玄関
L·D·K (16.9)
ポーチ
スロープ
子世帯の玄関。ホールの先は、共用の浴室+親世帯エリア
車椅子で動きやすい広々通路
車椅子でも服選びがラク＆楽しい♪
ポーチ→玄関はスロープ。玄関で室内用車椅子に乗り換える
オープンクローゼット。母の服は下段、父の服は下段に
車椅子でも調理しやすいL型キッチン

Data

親世帯：夫婦／子世帯：夫婦＋子１人（0歳）

床面積……1F：76.1㎡｜2F：70.4㎡

夫婦とも60歳を過ぎた近藤さん。「子どもたちがようやく独立。不要な部屋も出てきたし、これからの我々に合う家に住み替えようと話しまして」と振り返ります。

敷地は以前の約3分の2。2階建てから平屋と変わり、比べるとずいぶん小振りです。「むしろそれが希望でした。家じゅう掃除機をかけてまわったり、洗濯物を持って階段を上ったりするのはもう億劫で」。新居では、寝室からウォークインクローゼット、脱衣室、風呂、洗面所までがコンパクトにつながる回遊動線。朝夕の身支度や洗濯・片づけが最短距離で行えます。「体力的に、うんとラク。住んでみてわかりました」とふたりで声をそろえます。

短い動線と畳リビング
念願叶った住みよい平屋

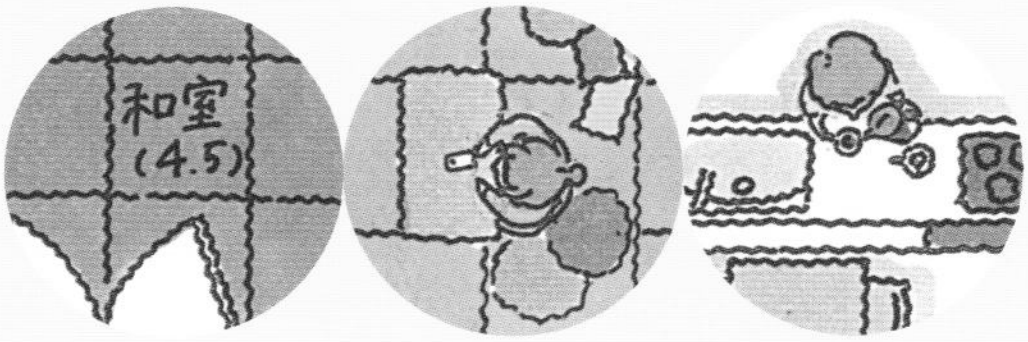

夫・敏夫さんのお気に入りは床座リビングです。「フローリングに、畳を埋め込むように敷きました。段差がなく、雰囲気もモダンでいいですね。3歳の孫は自宅に畳がないので珍しいのもあってか、遊びに来るとずっとここに居たがります」

一方、妻・彩子さんは対面式キッチンのおかげで料理が楽しくなったそう。「以前は調理場が壁向きだったので、なんだか孤独だったんです。でも今は庭が見えるし手元が明るい。ごはん作りも義務から趣味に近くなって、何十年ぶりにパンを焼いたりもしています」

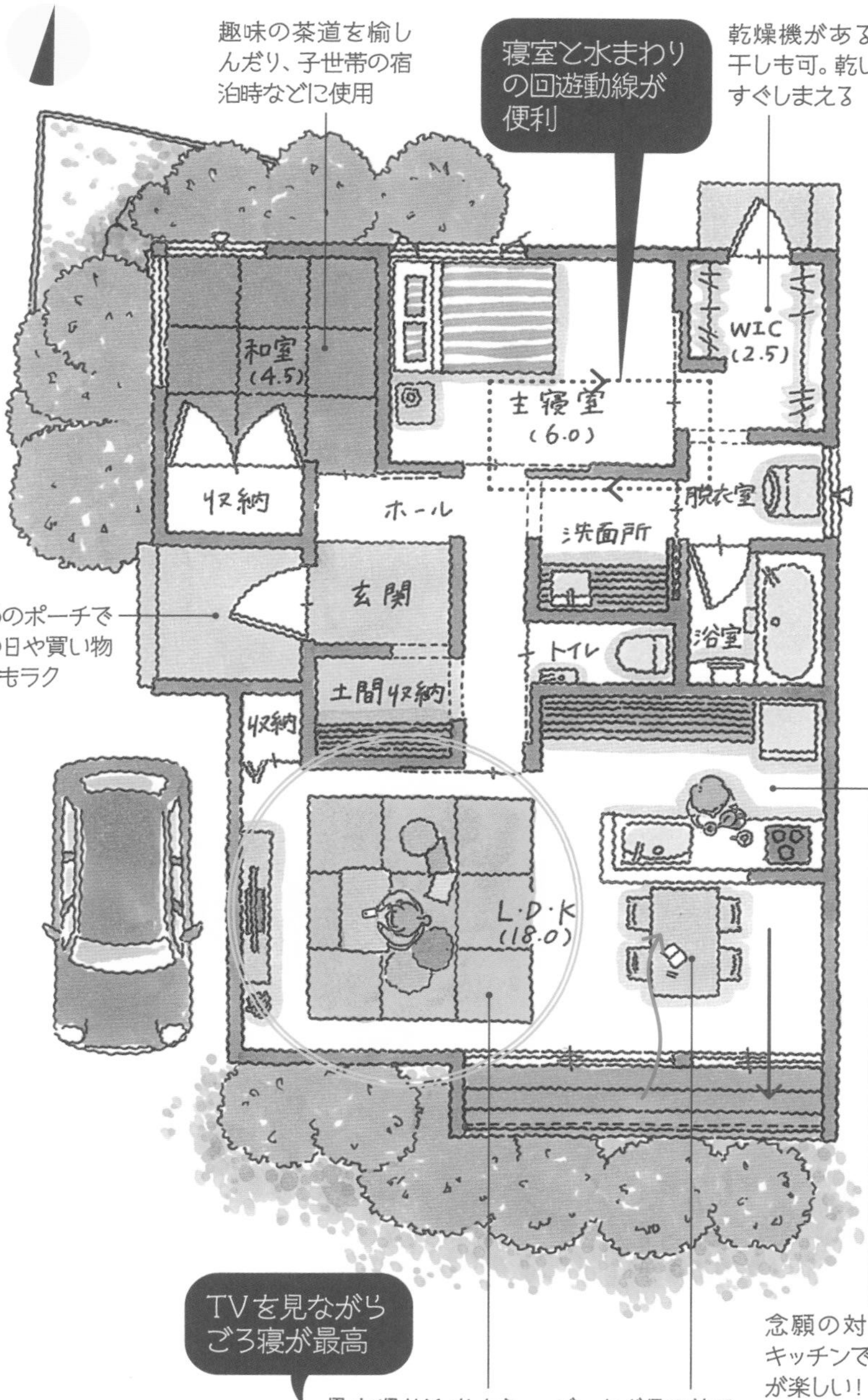
趣味の茶道を愉しんだり、子世帯の宿泊時などに使用
寝室と水まわりの回遊動線が便利
乾燥機があるが外干しも可。乾いたらすぐしまえる
広めのポーチで雨の日や買い物帰りもラク
TVを見ながらごろ寝が最高
畳を埋め込むように敷いたリビング
デッキが目の前で明るく風通しのいいダイニング
念願の対面式キッチンで料理が楽しい!

Data
夫婦
床面積……74.5㎡

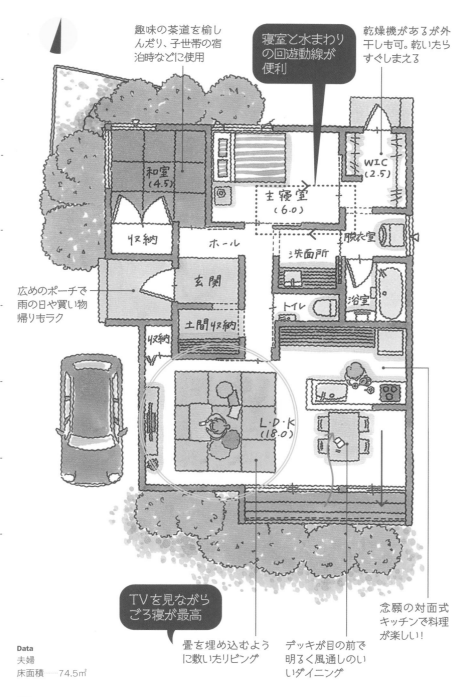

きれい＆効率的な

玄関SNAP

木のドア枠で
温かみをプラス

テクスチャーのある石目タイルでモダンに

玄関のたたきと外壁に、石目模様のタイルをセレクト。一枚一枚異なり本物の石のような風合いながら、コストもメンテナンス性も◎。

かわいい＆便利なカーブの框

框をカーブに設計すれば、直線より辺が長くなるため一度にみんなが出入りしてもまだ余裕。おしゃれなだけでなく、朝夕のラッシュが緩和されました。

畳で迎える和風玄関

ゆったり2畳とった畳敷きの玄関は、祖父母にも子どもにも好評です。ご近所さんやママ友とのちょっとしたおしゃべりもここで完結！

家族みんなが片づけ上手に

3.5畳のシューズクローゼットを脇に。雨具やボールも置いておけるし、オープンなので「きれいに並べる」意識が自然とわくようになりました。

ブルーグレーの
壁が映える♪

ベンチで出発をスムーズに

子どもたちに靴を履かせるにも荷物を置くにも便利なベンチ。翌日の持ち物を置いておく定位置にしたら、朝も慌てず快適に。

リビングに入る前に手洗いを

「帰ったらすぐ・必ず手洗い」を徹底したくて、正面に手洗いを設置。小さな庭を眺められるのも気持ちいい場所です。

リビングとつながる＆区切れる土間

モルタル調のアクセントクロスの壁に、趣味のロードバイクを見せる収納。普段は引き戸を開け放って、リビングとひとつながりの広々空間を楽しんでいます。

引き戸は2枚とも
引き込める

玄関も廊下もLDも
造作家具に「飾って、しまう」

コレクションしているスニーカーを愛でられる家に暮らしたいという夫と、インテリア好きで知識豊富な妻。沢村夫妻は、「建てるなら、隅々まで自分たちのセンスに合う家を」という同じ想いをもっていました。2年間の構想を経て完成したのは、壁の色や床の素材、家具、もちろん間取りにもこだわった住まいです。

ポーチを入るとまず広がるのは、まっすぐ延びる土間玄関。正面の窓はブロックガラスで、やわらかな自然光が差し込みます。左の壁は一面スニーカー棚を設えました。「ずらりと50足以上。ショーウィンドウを眺めている気分です」と夫自慢のスペースです。その背面は、真っ白な壁がキャンバスのような廊下。「子どもが描いた絵や日常の写真を飾っています」

LDKは、いろいろなショールームに何度も通って考え抜いた集大成。日当たりのいい大きなワンルームに、オリジナルでつくってもらったテレビ台とソファ、ダイニングテーブルが並びます。生活感の出る収納や水まわりは、ギュッと集めてコンパクトに。LDKは、あくまでくつろぎやおもてなしの場として守りました。「とくに満足度が高いのは造作家具。この部屋のサイズと、僕たちにとっての使いやすさにぴったりマッチしています」

ロフトベッドの下は収納にして空間を有効利用

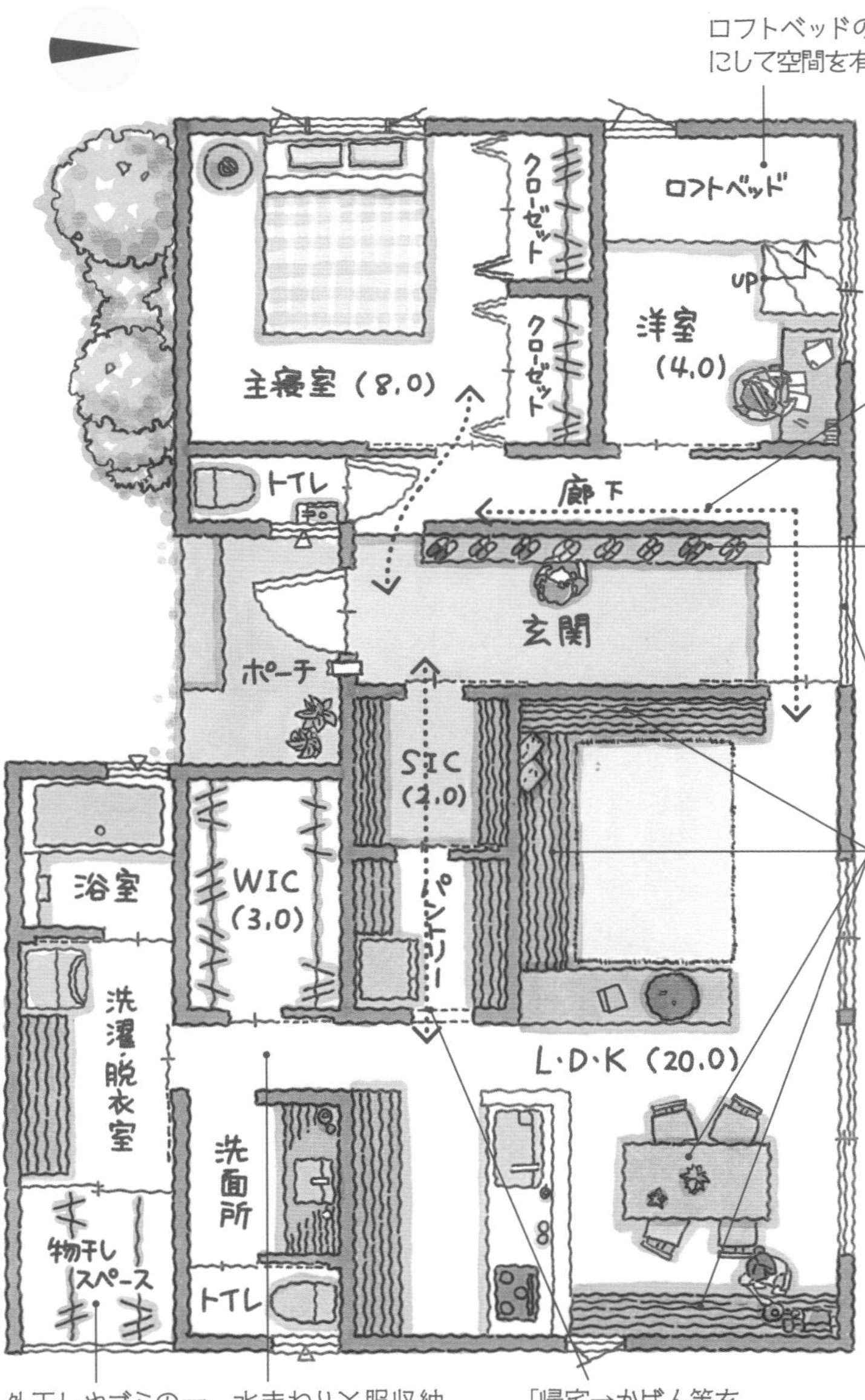

真っ白な壁は子どもの作品を飾る場所

普段の靴置き場兼スニーカーコレクションの飾り棚

UVカットのブロックガラス

大物家具は大好きな家具ブランドで特注

統一感のある美しいLDKに

外干しやゴミの一時置き場に使用

水まわりと服収納が近く、朝も夜も身支度がラク

「帰宅→かばん等を置く→買ってきた食料をしまう」が一直線

Data

夫婦＋子１人（５歳）

床面積……102.7㎡

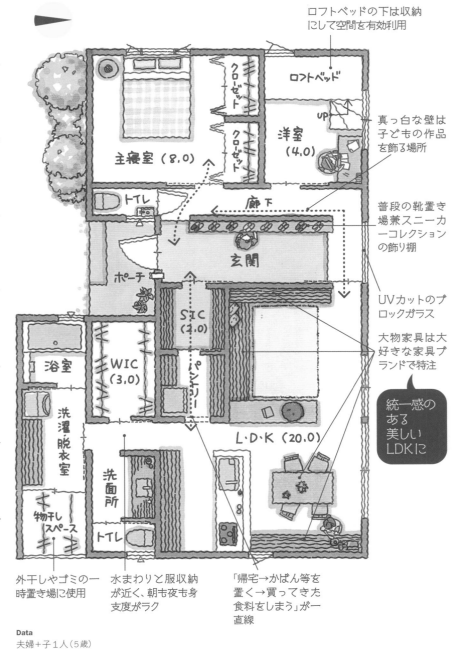

ハンドメイド作品の制作＆発送
宅配物のやりとりもラクに

岸さんは、ハンドメイド作家の妻と看護師の夫、ティーンの子どもたち3人の5人家族。「趣味でアクセサリー作りを続けていたら、ポツポツと注文をいただくように。本格的に仕事にしてみようと考えていたところに、家を建てる話が持ち上がって」。子どもたちも「自分の部屋がほしい！」と大合唱。妻の趣味室と子ども部屋のある家を目指しました。

アトリエ兼収納として使う趣味室は1階の中心に配しました。3カ所ある出入口はキッチン、玄関、洗面所につながります。「そろそろ料理しなくちゃ！というときや、宅配便で荷物が届いたとき、すぐに対応できるので便利です」。リ

ビングが散らからなくなったことも大きなストレス減だと感じています。「以前はリビングの一角で作っていたけれど、今はこの部屋があるので快適。家族の物と混ざることもなし、片づけ時間がぐんと短くなりました」

また、作品の発送や材料の受け取りに便利なよう、玄関ポーチは広く取り、風や雨が入らないよう一部を壁で囲っています。宅配ボックスは2台設置。制作に没頭しているときや留守中の置き配に活用しています。「これは私だけでなく、ネットショッピングをよく使う家族みんなに大好評です」

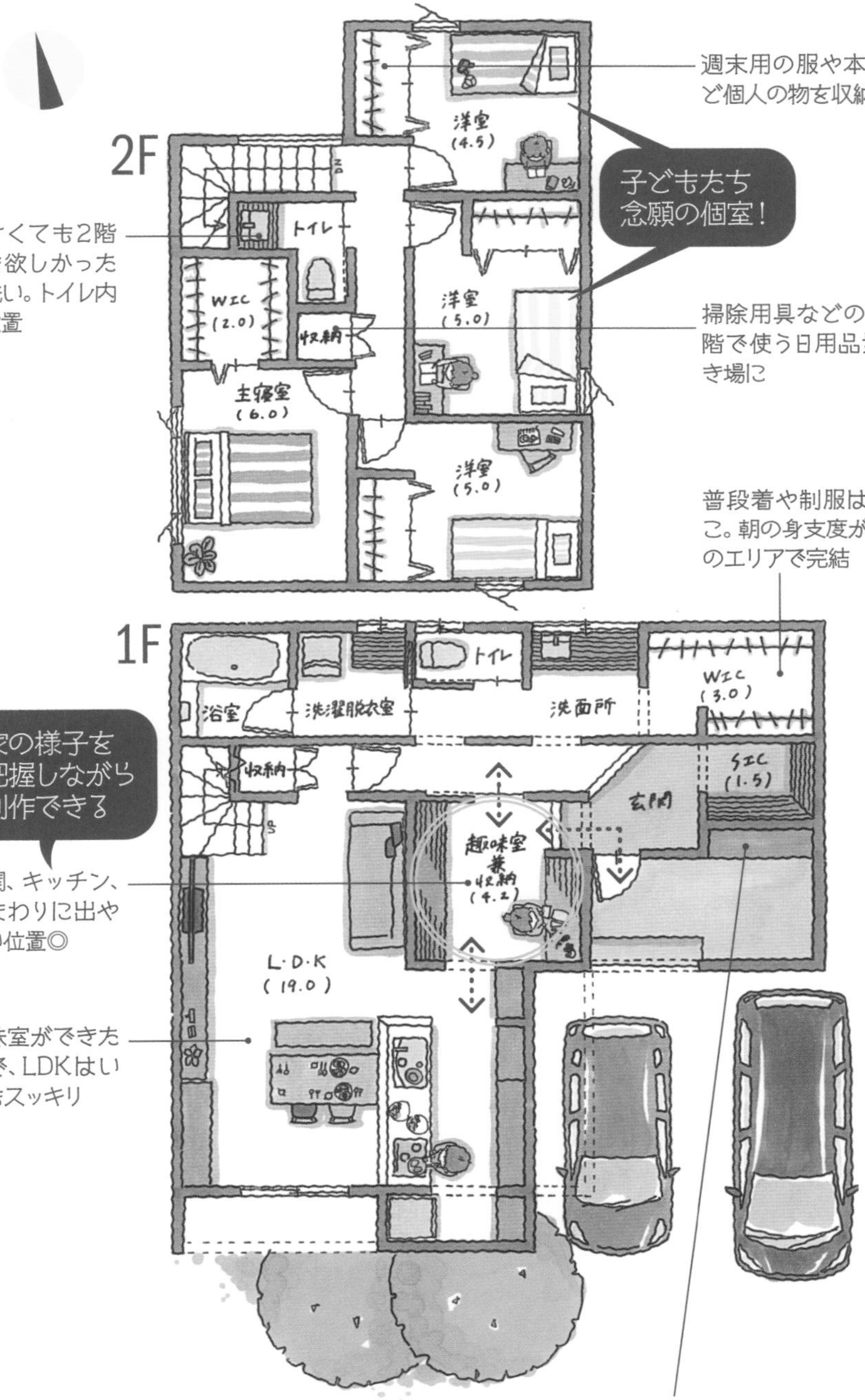
週末用の服や本など個人の物を収納
子どもたち念願の個室！
小さくても2階にも欲しかった手洗い。トイレ内に設置
掃除用具などの2階で使う日用品置き場に
普段着や制服はここ。朝の身支度がこのエリアで完結
趣味室兼収納
家の様子を把握しながら制作できる
玄関、キッチン、水まわりに出やすい位置◎
趣味室ができたので、LDKはいつもスッキリ
広いポーチに宅配ボックスを2台設置

Data

夫婦＋子３人（10歳・13歳・14歳）

床面積……1F：69.1㎡｜2F：53.0㎡

家族３人＋愛犬と暮らす三好さん。「おしゃれな平屋に住みたくて、デザイン性の高い設計事務所を選びました。ただ心配だったのは、物が多いのに片づけが苦手なこと。おしゃれさと収納力を両立できるか不安でした」

提案されたのは、収納を①あちこちに設けること②客間やＬＤＫから見えない位置にすること。そこで、キッチンは背面棚＋パントリー、水まわりは脱衣室横の小部屋、衣類は大型クローゼットと、物を使う場所のすぐそばに収納を設けました。「全部、家族用の動線上なので、そこは多少煩雑でもＯＫ。『このあと来る?』なんて急な誘いもできるようになりました」

収納を家族用動線に集約 「いつもきれい」と褒められる平屋

生活感のある物はバックヤードにしまえるから、いつも快適なLDです

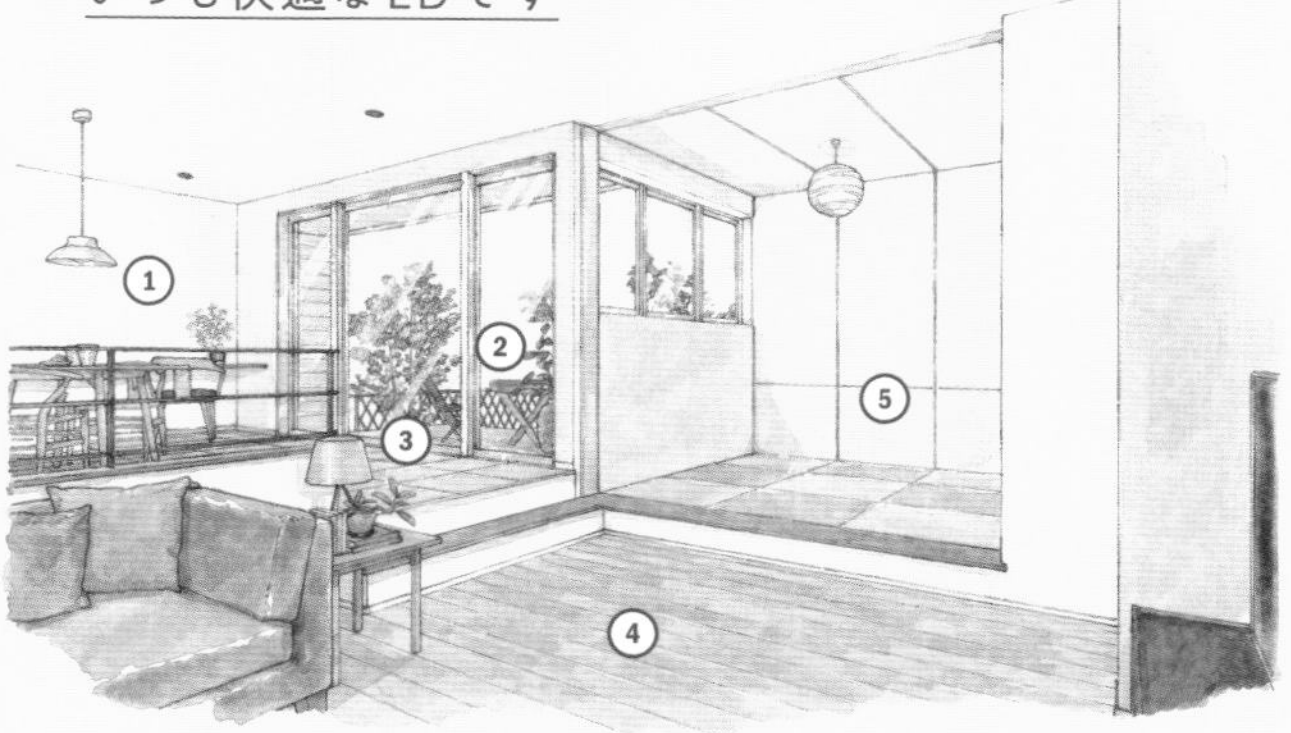

① リビングより40cm高いDK。壁面につけた浅めのカウンターは、視覚的な引き締め効果も
② ダイニングからフラットに続くテラス。天気のいい日は愛犬と日向ぼっこしたりも
③ タイルの床は夏涼しく、冬は床暖房でぽかぽか
④ ナチュラルなフローリングのLDK
⑤ リビングより20cm高い和室。畳や壁の色、デザインにこだわりLDKとなじむ空間に

パントリーはキッチン⇔水まわりへの通路も兼ねる

DKや和室より床を低くし、落ち着くリビング

リビングから2段分床が高いDK。フロア全体に視線が延びる

床の段差と素材が個性的なLDです

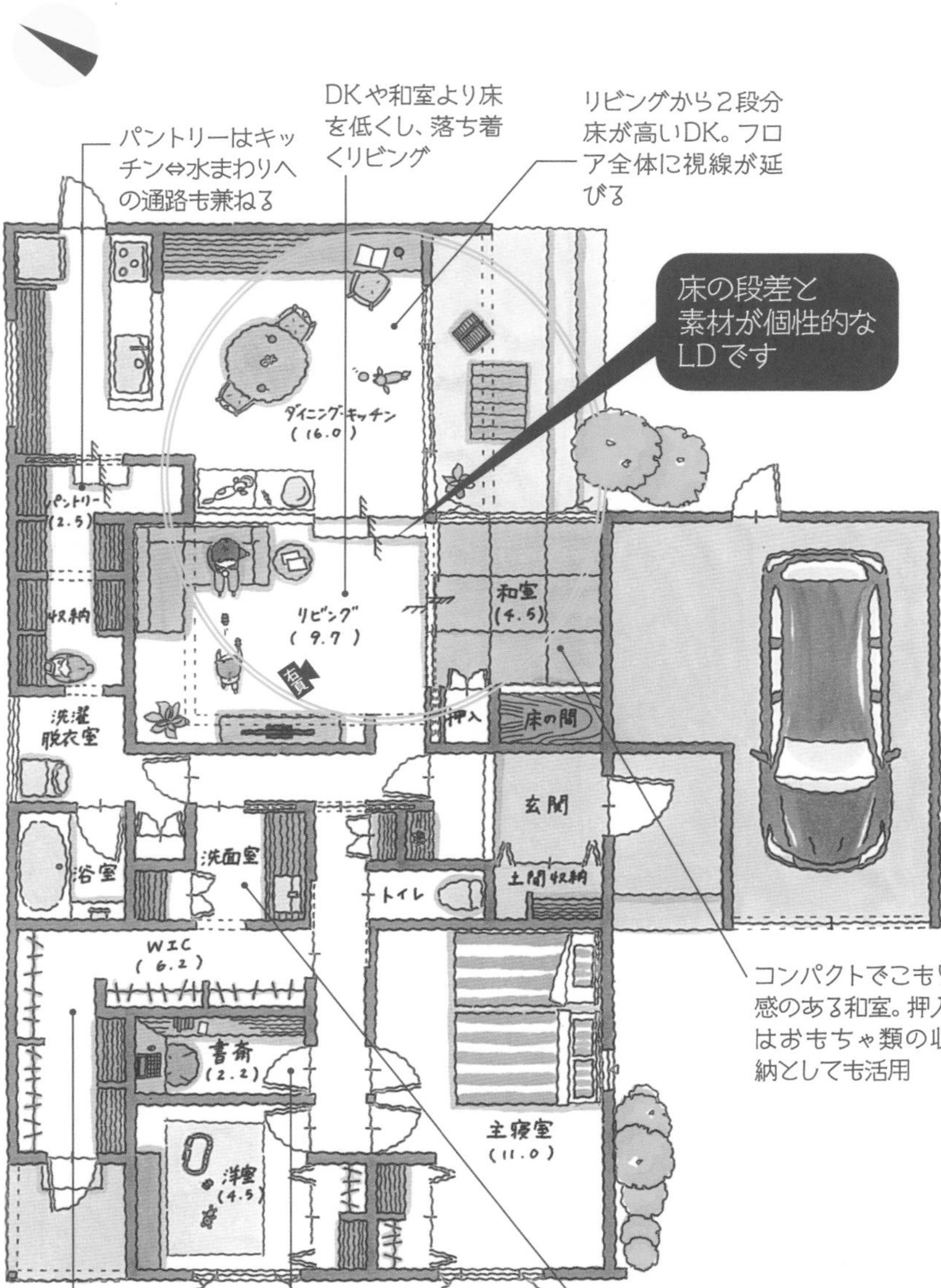
ダイニング・キッチン
(16.0)
パントリー
(2.5)
収納
リビング
(9.7)
和室
(4.5)
押入
床の間
洗濯
脱衣室
玄関
浴室
洗面室
トイレ
土間収納
WIC
(6.2)
書斎
(2.2)
洋室
(4.5)
主寝室
(11.0)

コンパクトでこもり感のある和室。押入はおもちゃ類の収納としても活用

6.2畳の大容量。洗面室からも寝室からもアクセスしやすい

在宅勤務や帰宅後の作業時に利用

1日に何度も使う洗面所が家の中央だと、どこからも行きやすくて◎

Data
夫婦+子1人（1歳）
床面積……169.0㎡

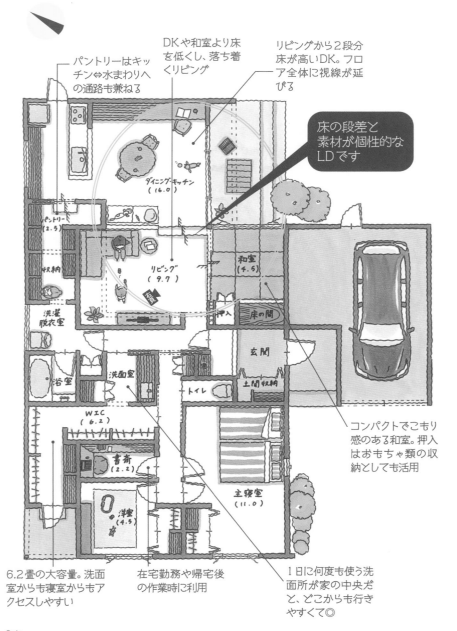

２匹は悠々空中散歩
人間とのエリア分けもしっかり

２匹の猫と暮らす中島さん夫妻。「以前の家は遊び場が少ないのがストレスだったのか、よくケンカしていたんです。実は引っ越して半年足らずだったのですが、私たち、猫ファーストなので」と、注文住宅を建てることに。もちろん目的は、２匹が喜ぶ工夫いっぱいの家にすることです。

好奇心旺盛で高いところが大好きという猫ちゃんたち。家じゅうを自由に歩きまわれるよう、ＬＤＫの壁にはぐるりと一周、吹き抜けには３本の梁状にキャットウォークを設けています。また、寝室はロフトに。平屋でありながら、２階建てのような楽しさもあります。

人間にとっての暮らしやすさにも同時に配慮。たとえばキッチンやウォークインクローゼットの間には鍵付きドア。いたずらや粗相のトラブルを事前に防いでいます。「のびのび暮らす猫たちを眺めるのが私たちの日々の幸せです」

家中が猫たちの楽しい遊び場

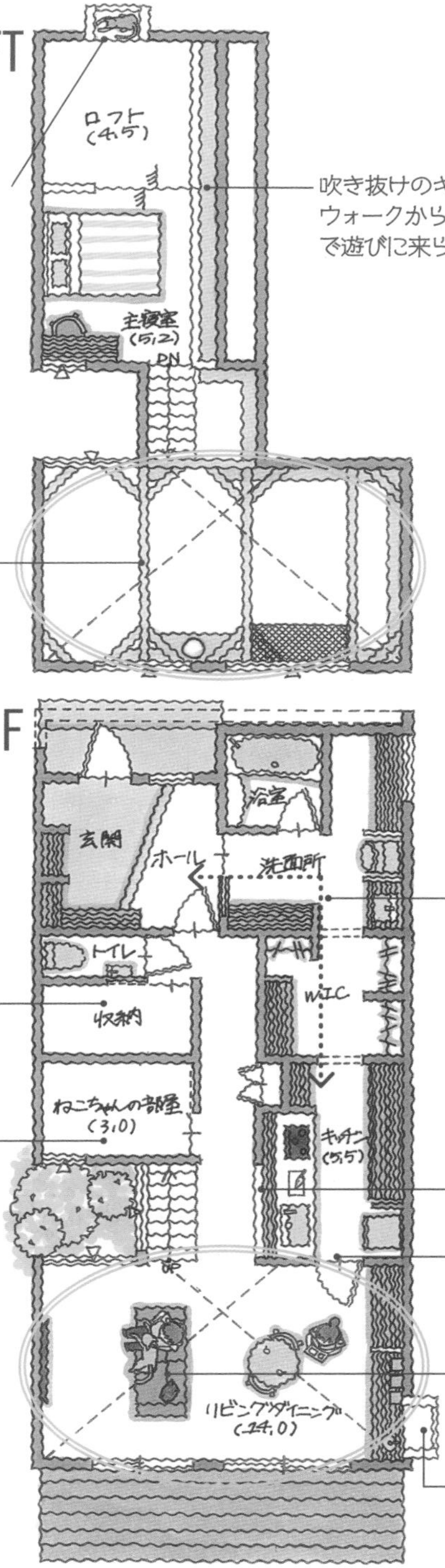
LOFT
ロフト
(4.5)
主寝室
(5.2)
DN
1F
浴室
玄関
ホール
洗面所
トイレ
WIC
収納
ねこちゃんの部屋
(3.0)
キッチン
(5.5)
リビングダイニング
(14.0)

猫たちが大好きな出窓。ここと1階LDに設置

吹き抜けのキャットウォークからここまで遊びに来られる

3本のキャットウォークは 各250mm幅。2匹がすれ違える

帰宅後は手洗い、着替えを済ませてからLDKへ

おもちゃやキャリーケースなどを収納

キッチン前にはガラスをつけ、猫の侵入を防止

猫専用の個室。ケンカしないようトイレはふたつ

火を使うキッチンは危険！ 扉はリビング側に開く仕様

ソファに座って見上げると空中散歩中の猫と目が合う♪

猫が外を眺められるよう奥行きを深く造った出窓

Data
夫婦
床面積……77.8㎡

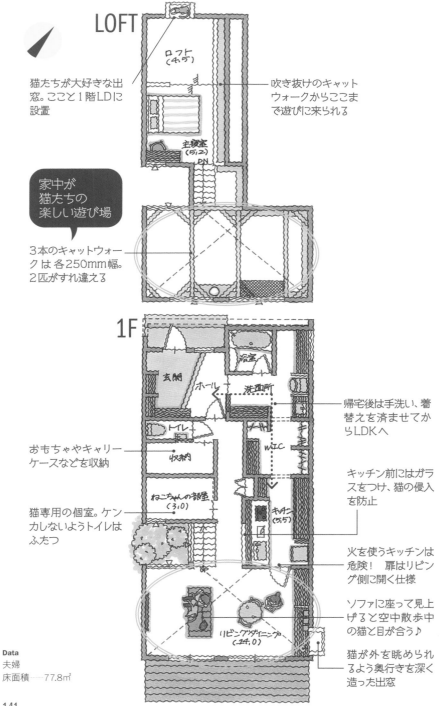

隅々までこだわりいっぱい！
大きな平屋で5匹と暮らす

4匹のトイプードルと1匹のスタンダードプードルが児玉家の主役。「大型犬が安心して遊べる場所が近所にないのが悩みでした。自宅にドッグランがあれば！というのが、家づくりのきっかけです」。購入した土地は、すこし郊外の2区画分。以前お住まいの2階建てではワンちゃんを抱っこして階段を上り下りするのが大変で、新居は平屋と決めました。

念願のドッグランはなんと約50畳。「LDKよりも広いんです(笑)。雨の日は軒のあるウッドデッキでよく遊んでいます」

もちろん室内も隅々まで愛犬に配慮。5匹用の寝室にはニオイ対策で換気扇を設置、トイレ室には水や汚れに強いキッチンパネルを壁に張っています。「犬たちは、家の中とドッグランを自由に行き来して本当にのびのび暮らしています。そんな犬たちを眺められるのが、私たちにとっても何より幸せな時間です」

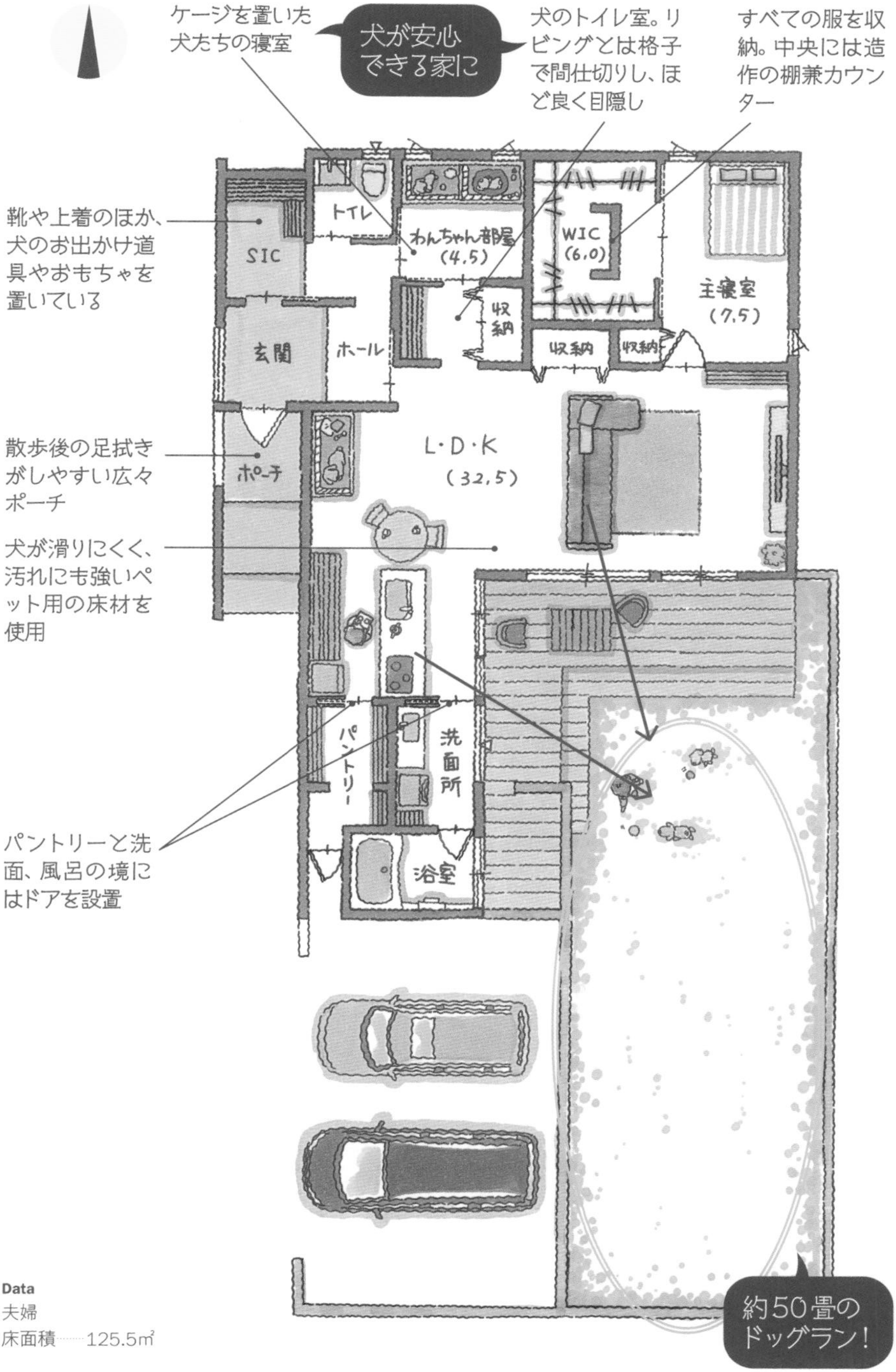
犬が安心できる家に
ケージを置いた犬たちの寝室
犬のトイレ室。リビングとは格子で間仕切りし、ほど良く目隠し
すべての服を収納。中央には造作の棚兼カウンター
靴や上着のほか、犬のお出かけ道具やおもちゃを置いている
散歩後の足拭きがしやすい広々ポーチ
犬が滑りにくく、汚れにも強いペット用の床材を使用
パントリーと洗面、風呂の境にはドアを設置
約50畳のドッグラン！
トイレ
わんちゃん部屋
(4.5)
WIC
(6.0)
主寝室
(7.5)
SIC
玄関
ホール
収納
収納
収納
L・D・K
(32.5)
ポーチ
パントリー
洗面所
浴室

Data
夫婦
床面積……125.5㎡

岡田さんは、勤めていた銀行を50代で退職。「『定年まで勤めたら、第二の人生を楽しむ体力は残っているのかしら』とふと思って」と、アーリーリタイアの道を選びました。そして計画、実行したのは、それまでとはまるで違う生き方、暮らしです。

　実は長年、手芸が趣味で、国や時代を問わずたくさんの関連本や布、糸などを買い集めていた岡田さん。手芸を通じて知り合った人と気軽に集まったり一緒に制作したりできる場所がほしいとずっと思っていたそうです。「そんな場が自分の家にあったら、これからの人生がうんと充実しそう」と、設計事務所を訪れました。

アーリーリタイアして建てたのは
趣味で人とつながる家

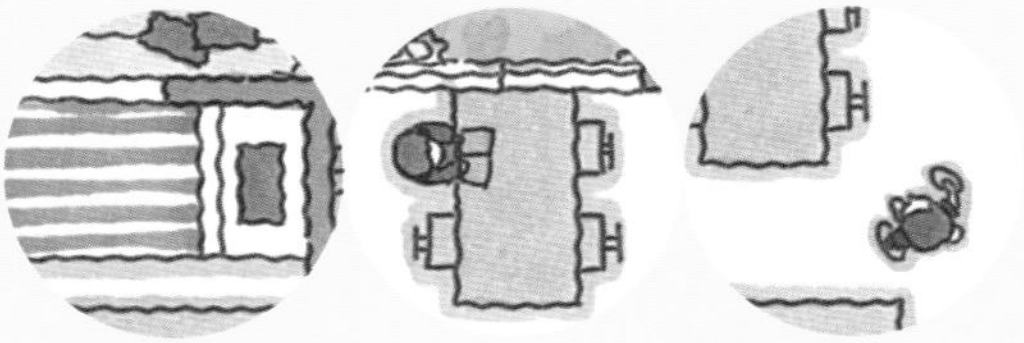

閑静な住宅地、路地に面して完成したのは、手芸サロンを併設した平屋です。建物全体は70㎡ありますが、プライベートなスペースは１ＬＤＫとコンパクト。「ひとり暮らしなので、水まわりや寝室は最低限の広さで十分。その代わり、趣味を楽しむ場所＝サロンをゆったりとりました」

　サロンには、本や作品を飾る棚のほか、おしゃべりしながら手芸を楽しむテーブルが2台。「手芸仲間はもちろん、ご近所さんも気軽に立ち寄ってくださったら。地域の縁側のような場所になれば嬉しいです」

空と緑を眺めながら手芸を楽しめる

私用玄関。郵便物などが届くのはこちら

手芸やおしゃべり、季節行事など気ままに楽しむ交流の場

客用玄関。開室時は中の様子がわかるよう、ドアの一部をガラスに

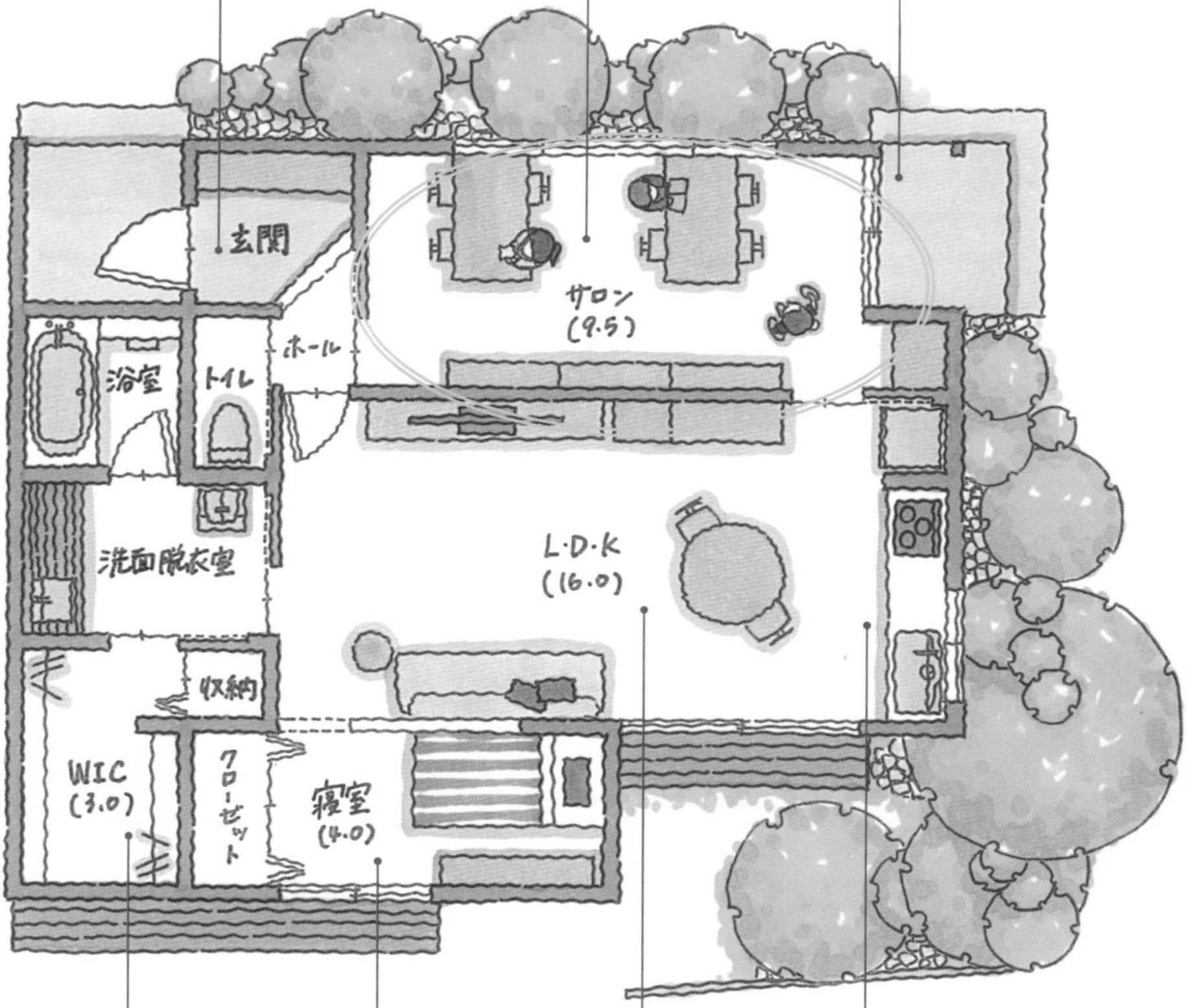
玄関
サロン
(9.5)
ホール
浴室
トイレ
洗面脱衣室
L·D·K
(16.0)
収納
WIC
(3.0)
クローゼット
寝室
(4.0)

衣類や旅行グッズなどたっぷり収納できるクローゼット

寝室はコンパクトな4畳

LDKは日当たりのいい16畳。プライベートな時間はこちらで

サロンへの出入り口近くにキッチンがあると何かと便利

Data
単身
床面積……70.0㎡

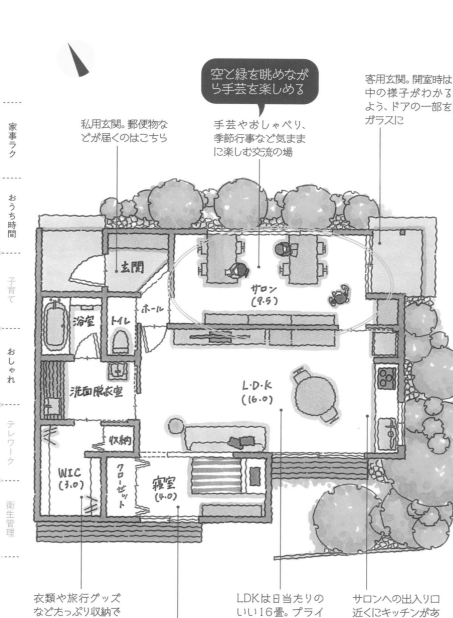

料理と愛車のメンテナンス
それぞれの趣味を存分に

料理好きの妻と車好きの夫とふたりのティーン。佐野家の間取りは、両親それぞれの趣味と、子どもの居場所を尊重して考えられています。

　設計士が最初に提案したのは、意外にも洗濯動線の簡略化でした。『料理以外の家事は集中してパパッと終わらせたい』いう私の希望を叶えるプラン。ここが成立してこそ、希望のキッチンや趣味室をつくれるんですね」。そう話す通り、洗濯脱衣室とウォークインクローゼット、外干しスペースは西側にまとめて配しています。「確かにこの家に住んでから、時間に余裕がうまれるように。洗濯・片づけが時短になる間取りのおかげ

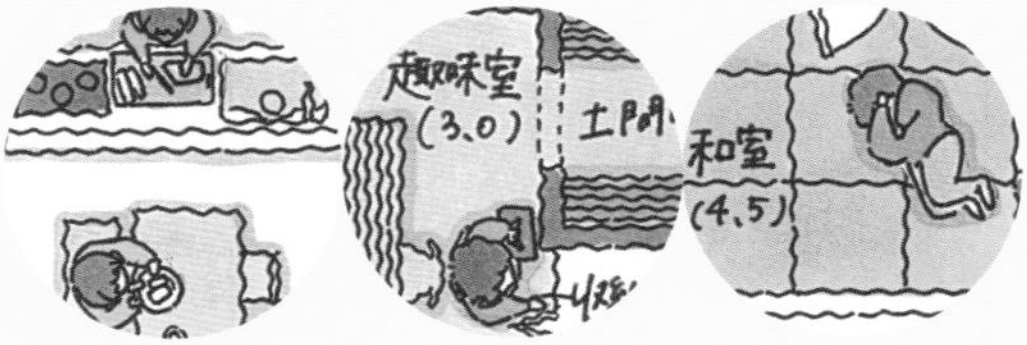

なんですよね」。そのぶん時間を使えているのは、もちろん料理。「凝った料理をゆっくりつくれるのが嬉しいです」

　一方、夫も趣味の車いじりに没頭する時間が増えました。「ガレージから直接出入りできる趣味室をつくってもらいました。パーツの調整をしたり専門誌を見たり、目の前の愛車を眺めながら過ごす時間は最高です」

　子どもたちには、念願の個室を確保。オンラインゲームが大好きですが、「それは自室ではなくリビングで」というルールのもと、個室はコンパクトに、リビングはゆったりと設計しています。

玄関からも車庫からも入れ、土足OKな夫の趣味室
小上がりの和室。料理の合間に一息つきやすい

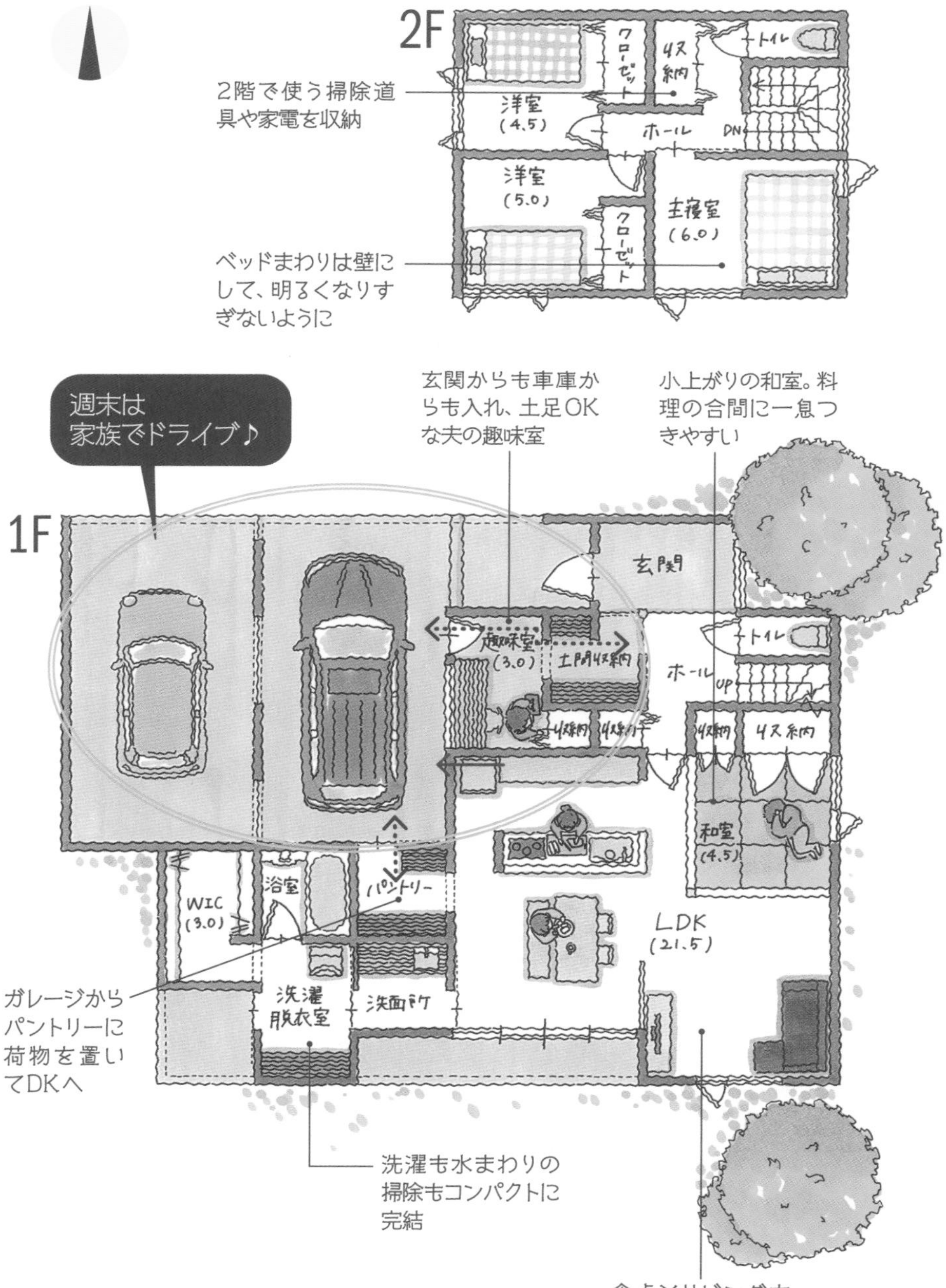
ガレージからパントリーに荷物を置いてDKへ
洗濯も水まわりの掃除もコンパクトに完結
食卓とリビングを分け、テレビ時間にメリハリを

Data

夫婦＋子２人（11歳・15歳）

2階で使う掃除道具や家電を収納

ベッドまわりは壁にして、明るくなりすぎないように
週末は家族でドライブ♪

床面積……1F：134.2㎡｜2F：39.7㎡

三島さん夫妻の趣味はロードバイク。2台ずつ所有する自転車を、インテリアのように取り入れる家に憧れていました。「まったりできるリビングと、かっこいい土間。それから、できれば平屋が希望。敷地は限られているのに、欲張りですよね（笑）」

約22坪の中に、そのすべては叶いました。自転車と整備道具を飾るように収める趣味室、その様子を眺められるリビング、そして床を一段下げた土間ダイニングです。「いちばんのお気に入りはやっぱりリビング。床暖房を入れたので冬も快適です。土間ダイニングもカフェみたい。理想以上で、人を呼びたくなる家になりました」

自転車を眺めるリビングや土間ダイニングでおしゃれに、気ままに

大切な自転車を見ながらくつろぐリビング

① FIX窓のフレームは黒いスチール。趣味室を切り取る額縁のよう
② 4台の自転車は壁に専用フックで掛けて
③ メンテナンス道具もすっきり収納
④ 床暖房を採用し、フローリングにごろ寝も気持ちいい場所に
⑤ 土間に合わせたグレーの塗り壁。観葉植物やポスターを飾って

普段着はすべてここ。衣類は厳選し必要数だけもつ主義

ダイニングから一段高く、庭へ気持ちよく視線が抜ける

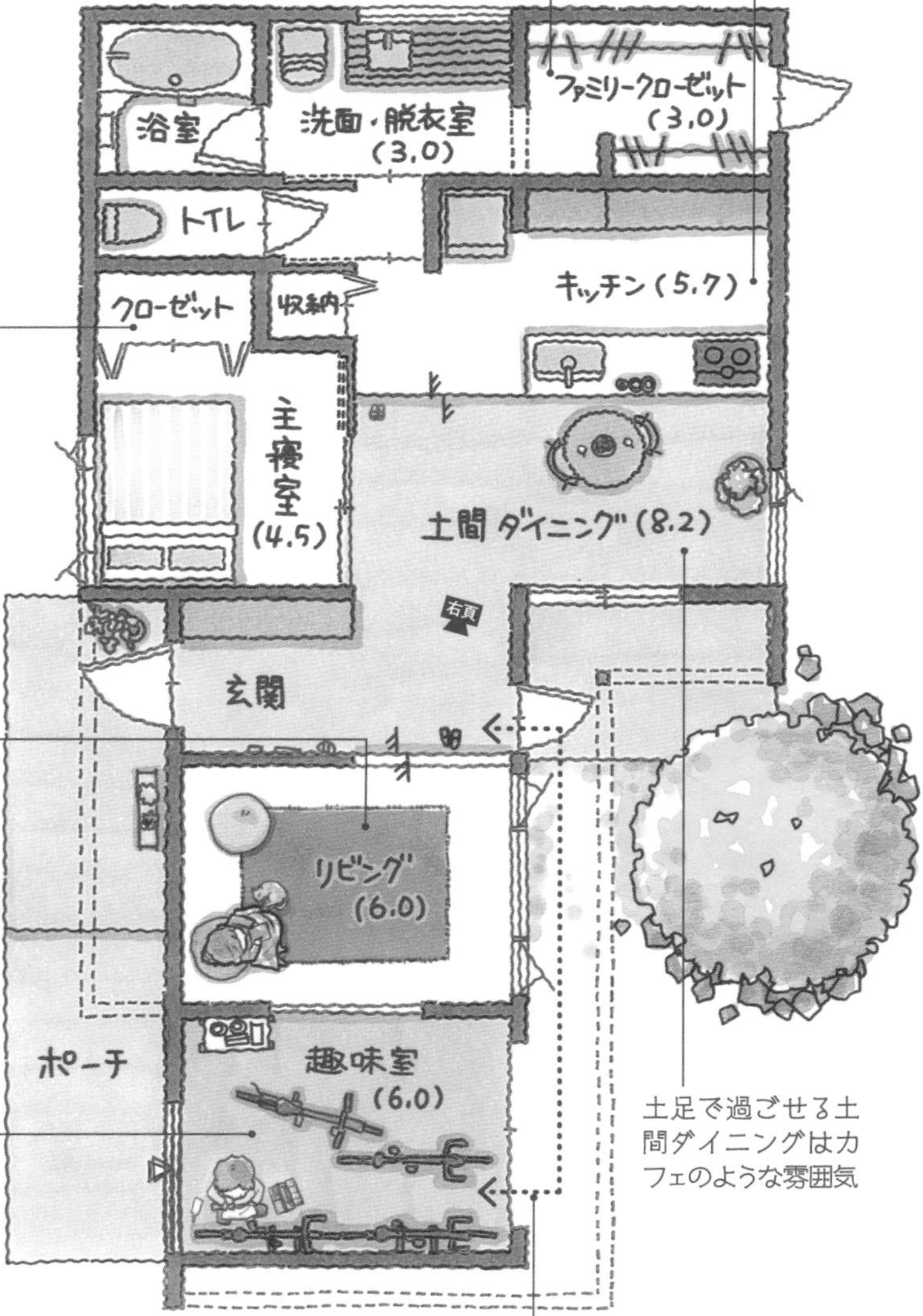
浴室
洗面・脱衣室
(3.0)
ファミリークローゼット
(3.0)
トイレ
キッチン (5.7)
クローゼット
収納
主寝室
(4.5)
土間ダイニング (8.2)
右頁
玄関
リビング
(6.0)
趣味室
(6.0)
ポーチ

フォーマルウエアや小物類を収納

土間ダイニングからリビングへは靴を脱いで上がる

夫婦でお気に入りの場所♪

整備もしやすい広さを確保。天気のいい日はシャッターを開けて

土足で過ごせる土間ダイニングはカフェのような雰囲気

趣味室へは庭から軒下を通って行き来する

Data

夫婦

床面積……72.9㎡

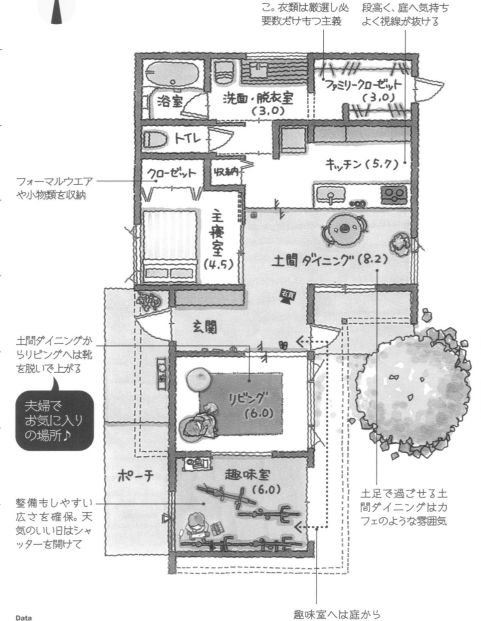

長女の小学校入学に合わせ新築を決めた山辺さん。整体師の妻の長年の夢だった自分の店も、併せて実現することになりました。「家のことと仕事を両立させるには最高の環境。でもひとつ屋根の下に開くので、お店のほうに生活感が漂っていかないかはすこし心配でした」

そんな悩みを受けて提案されたのは、来店から退店まで、客からは自宅が一切見えない間取りです。「お店の入口は自宅玄関と近いのですが、その存在がわからないような位置関係。施術室は窓を小さく、西側だけにして、お客様のプライバシーも守りました」

自宅エリアはコの字型につながります。しかし間にある庭をのぞめるのは、自宅のリビングの窓からのみ。お店の様子を気にする必要はありません。

自宅エリアと店エリア
それぞれがくつろげる間取り

洗面所・脱衣室・浴室は、ＬＤＫの横に並びます。「家事ラクのテッパンですから」と設計士に薦められたそうですが、夫の在宅勤務が増えた今、その意味を実感しています。「私はお客様対応、夫は在宅ワークという平日もけっこうあるのですが、そんなとき水まわりが近いと、『昼食後にちょっと○○しておいて』など頼みやすいんです」。家事ラクは家族みんなのため。誰が片づけ、洗濯、掃除するにもコンパクトな動線が役立っているようです。

マッサージ室 (8.0)
ポーチ
高い位置のポツ窓で、客のプライバシーも守る
道路から見えない位置に自宅用玄関を配置
ポーチ
洗面所
店舗入口
トイレ

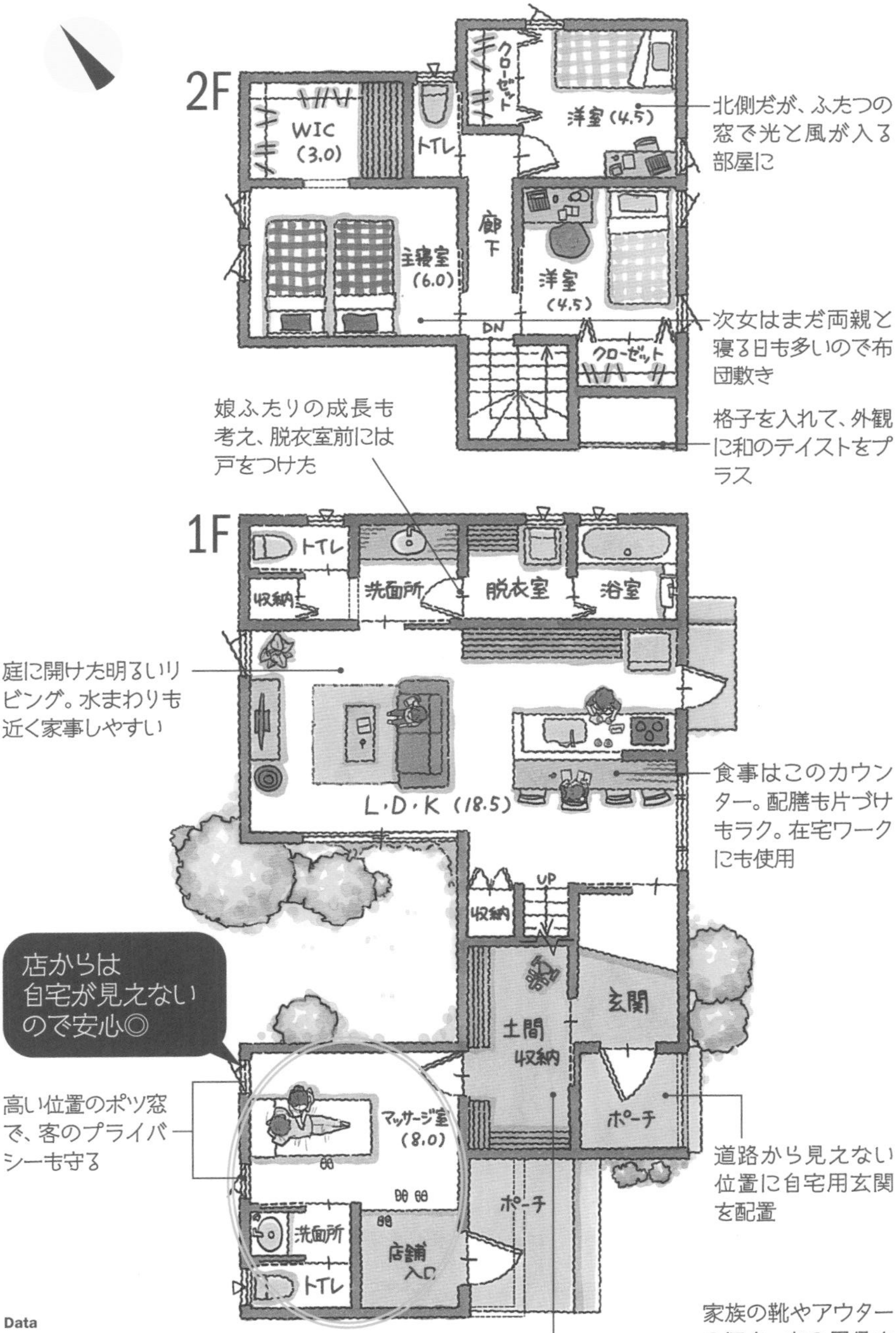
家族の靴やアウターのほか、店の用具も置く土間収納

Data

夫婦＋子２人（4歳・8歳）

WIC (3.0)
トイレ
クローゼット
洋室 (4.5)
北側だが、ふたつの窓で光と風が入る部屋に
主寝室 (6.0)
廊下
洋室 (4.5)
次女はまだ両親と寝る日も多いので布団敷き
DN
クローゼット
娘ふたりの成長も考え、脱衣室前には戸をつけた
格子を入れて、外観に和のテイストをプラス

トイレ

洗面所
脱衣室
浴室
庭に開けた明るいリビング。水まわりも近く家事しやすい
L・D・K (18.5)
食事はこのカウンター。配膳も片づけもラク。在宅ワークにも使用
UP

店からは自宅が見えないので安心◎
玄関

床面積……1F：72.9㎡｜2F：41.4㎡

念願の自宅ヘアサロン
プライベートは2階でゆっくり

美容師の妻・舞子さんは、独立を機に自宅で美容室を開くことに。「1対1の完全予約制サロンです。自宅兼の二階建てですが、『公私の区切りはしっかりつけたい』と依頼しました」

　リクエスト通り、表の顔はあくまでもヘアサロン。道路に面した入口は客用で、ガラス戸越しに店内の様子がうかがえます。「自宅用玄関は道路から見えない位置。トイレや洗面も別途設けました」

　調剤室は舞子さんだけが使うため、ここからは自宅ゾーンに出入りできます。仕事が終ればホールから2階へ。ここからは完全なプライベートエリアです。「夫婦ともに家で過ごすのが好きなので、LDKはゆったり、欲を言えば一人になれる部屋も……とお願いしました」

　そこでリビングは南側。大きなバルコニーに面し、戸外のような開放感です。「フローリングではごろ寝ができない」との一言から生まれた畳スペースは、小さいながらも立ち仕事の疲れを癒す場所。舞子さんのお気に入りです。

　また、夫婦それぞれの書斎は2畳ずつ。デスク脇のみ壁をつけ、互いの気配は感じながらも作業中は集中できるつくりです。「書斎を出ればすぐキッチン。一息つきたくなったらカウンターでコーヒーを淹れて話したり。公私共に理想が叶った家になりました」

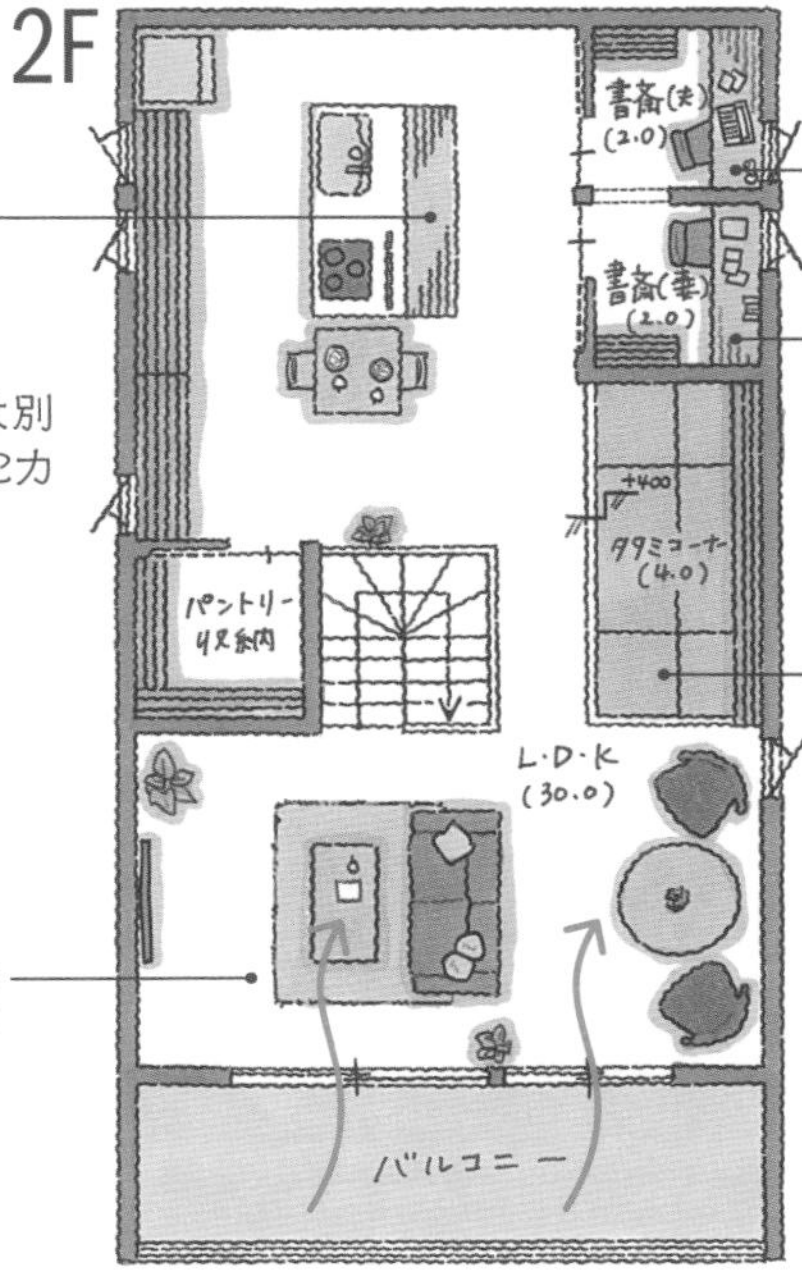
2F
書斎(夫)
(2.0)
書斎(妻)
(2.0)
+400
タタミコーナー
(4.0)
パントリー
収納
L・D・K
(30.0)
バルコニー

ダイニングとは別に、キッチン前にカウンターを設置

夫と妻の書斎。完全な仕切りはなく、連続した空間

疲れたときにごろ寝ができる小上がりの畳スペース

大きな窓から風も光もたっぷり入るリビング

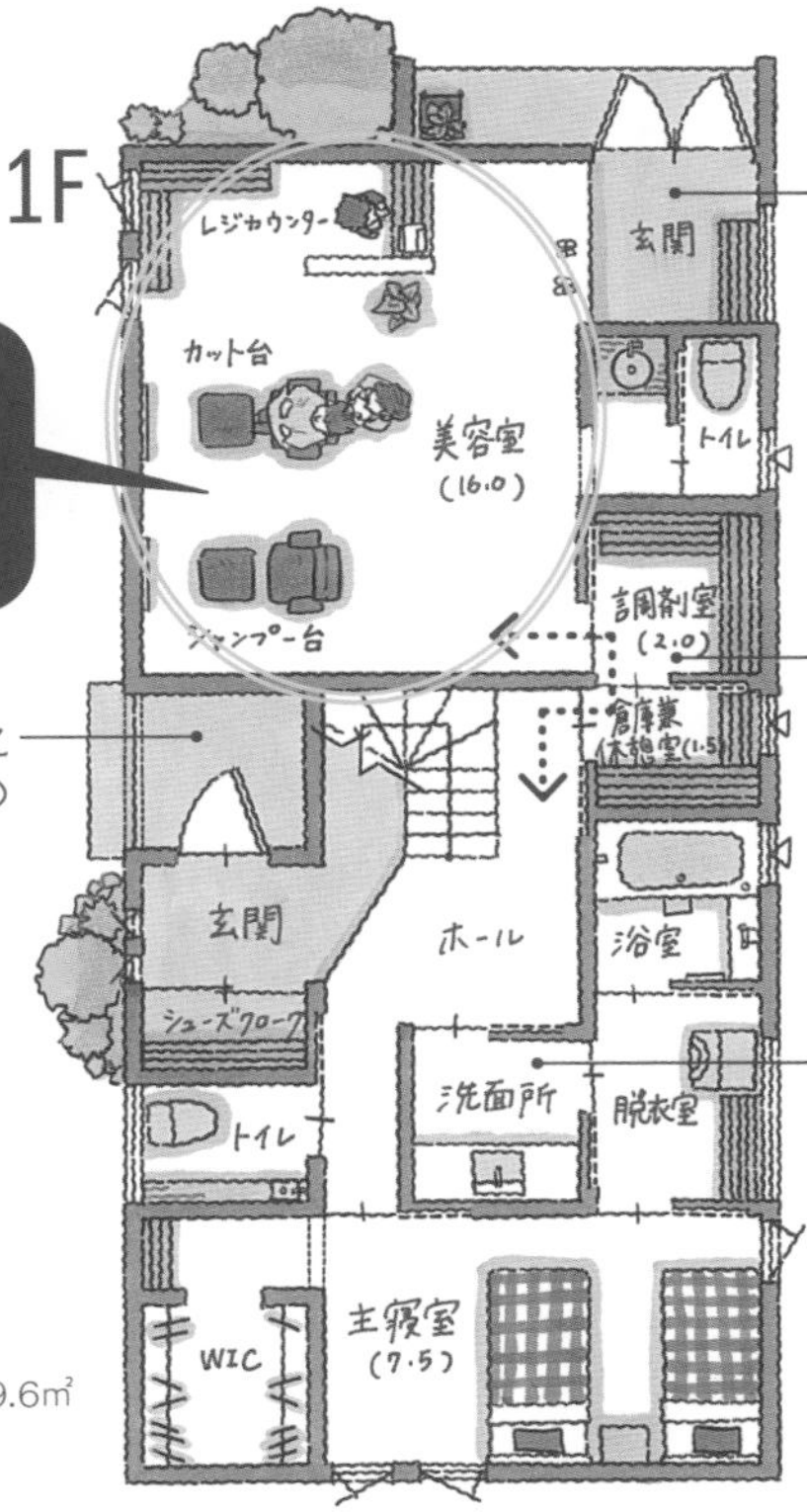
1F
レジカウンター
カット台
美容室
(16.0)
シャンプー台
玄関
トイレ
調剤室
(2.0)
倉庫兼休憩室(1.5)
浴室
ホール
玄関
シューズクローク
トイレ
洗面所
脱衣室
主寝室
(7.5)
WIC

美容室の入口。道路側から入りやすい位置に配置

完全予約制のプライベートヘアサロンを開業

調剤室を介してプライベート空間へ行き来できる

道路側からは見えない位置に家族の玄関を配置

寝室と水まわりは1階南側。お風呂→寝るが近くて便利

Data
夫婦
床面積……1F：83.6㎡｜2F：69.6㎡

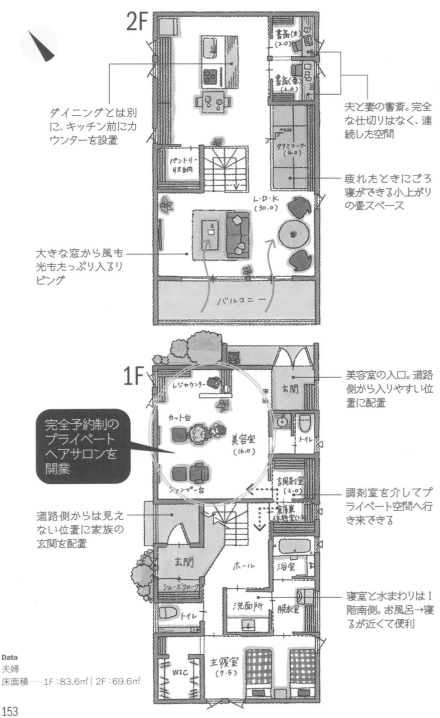

きれい＆効率的な

サニタリーSNAP

洗面所と洗濯室を分ける

身支度に使う洗面所とは別に洗濯室を設置。洗濯機、乾燥機、スロップシンク、物干しを備えたスペースで、育ち盛りの三人兄弟の泥汚れや習字道具の手入れに大活躍！

照明や金物も
じっくり探しました

インテリア性にこだわって

モスグリーンの壁紙に、マットホワイトのカウンター一体型シンクで、おしゃれな手洗いコーナーに。アンティーク調の鏡がしっくりなじみます。

子どもと一緒に手洗い＆拭き掃除もラク

子どもと一緒に手や顔を洗うので、幅約1.2mの長い洗面台をチョイス。ボウルがカウンターに収まっている一体型なので、溝が少なく掃除がラクなのも良いところ。

洗濯、片づけ、息抜きも

洗濯→片づけを一カ所で完結すべく、洗濯機・乾燥機、家族分の下着や部屋着収納を置いた大きなランドリールームを設計。中庭では外干しやちょっとした息抜きも。

半オープンな家事室

洗濯脱衣室の隣に約4.5畳の家事室を設けました。アイロンがけや室内干しのほか、今は在宅ワークもここで。写真手前はカウンター越しにLDKとつながっています。

白+大理石調で美しく

「とにかくスッキリ、美しく保てるように」と生活感が漂う収納は一切なし。カウンターと床は大理石調で統一し、浮遊感ある鏡を引き立たせます。

身支度ラッシュを解決！

2台の洗面ボウル+壁一面の鏡は、姉妹+ワーキングママの強い要望。奥のスペースではスキンケアやネイルをゆっくり。

背面は中庭。自然光が気持ちいい

すこし広めのゆったりトイレ

一体化してコストダウン

「洗面所もトイレも、明るく、掃除しやすい場所に」との希望で、二つの空間を一体化。廊下をなくし、配管も近くなることで、コストダウンにもつながりました。

コラボハウス一級建築士事務所

2008年に愛媛県松山市にて創業。愛媛県、香川県を拠点に「設計士とつくるデザイナーズ住宅」を手掛け、これまでに1000棟以上の住宅を供給。全国に100社の加盟店を擁するコラボハウスネットワークのFC本部として、「住みやすくて、使いやすくてちょっとかっこいい家」を広める設計セミナーや事業支援も行っている。

公式サイト：http://collabohouse.info/

公式インスタグラム：https://www.instagram.com/collabo_house/

代表者インスタグラム：https://www.instagram.com/seike_shugo/

間取りのお手本 続き

2023年3月13日　初版第1刷発行

2023年8月18日　　　第2刷発行

著者

コラボハウス一級建築士事務所

発行者

澤井聖一

発行所

株式会社エクスナレッジ

〒106-0032

東京都港区六本木7-2-26

https://www.xknowledge.co.jp/

問合わせ先

[編集] TEL 03-3403-1381　FAX 03-3403-1345　info@xknowledge.co.jp

[販売] TEL 03-3403-1321　FAX 03-3403-1829